Educación inicial

Casa y jardín

Complejas relaciones entre
el **Nivel Inicial** y **las familias**

Isabelino A. Siede

HomoSapiens
EDICIONES

Siede, Isabelino A.
 Casa y jardín: complejas relaciones entre el nivel inicial y las familias.
 - 1a ed. 2a reimp. - Rosario: Homo Sapiens Ediciones, 2019.
 236 p. ; 22x15 cm. - (Educación inicial / Laura Pitluk)

1. Educación Inicial. I. Título
CDD 372.21

1ª edición, febrero de 2015
2ª reimpresión, abril de 2019

© 2015 · **Homo Sapiens Ediciones**
Sarmiento 825 (S2000CMM) Rosario | Santa Fe | Argentina
Tel: 54 341 4243399 | 4253852 | 4406892
editorial@homosapiens.com.ar
www.homosapiens.com.ar

Queda hecho el depósito que establece la ley 11.723.
Prohibida su reproducción total o parcial.

Este libro se terminó de imprimir en abril de 2019
en **Talleres Gráficos Fervil SRL** | Santa Fe 3316 | Tel. 0341 4372505
fervilimpresos@gmail.com | 2000 Rosario | Santa Fe | Argentina

ÍNDICE

Prologo 5

Introducción y agradecimientos 8

Capítulo 1. **Lo que llamamos familia** 15

Capítulo 2. **Miradas sobre las familias
　　　　　　en las tradiciones del Nivel Inicial** 30

Capítulo 3. **Tensiones actuales entre familias
　　　　　　y jardines** 99

Capítulo 4. **Dentro y fuera del jardín** 119

Capítulo 5. **Tratos, contratos y sustrato** 131

Capítulo 6. **Las reglas del juego** 154

Capítulo 7. **La diversidad como problema** 171

Capítulo 8. **El riesgo de las buenas intenciones** 191

Capítulo 9. **Senderos abiertos entre familias y jardines** 205

Bibliografía 218

Prólogo

Incorporar a un autor como Isabelino Siede a nuestra colección implica un placer y un orgullo fuertes y conmovedores. Por su trayectoria, por sus saberes, por su increíble modo de compartir conocimientos y experiencias, por la sostenida coherencia en las ideas y el compromiso con las diferentes realidades educativas.

A eso le sumamos la fortaleza de un libro que desarrolla temáticas referidas a los vínculos entre las familias y las escuelas, tan significativos para la Educación Inicial, que evidentemente implican un complejo trabajo cotidiano. La necesidad de roles diferenciales y, a su vez, de vínculos cercanos y tareas compartidas puede trasladar decisiones de un ámbito al otro perjudicando el accionar profesional. Por lo tanto, las mismas deberán estar sostenidas en el respeto, la comprensión y el cuidado, que posibilitarán priorizar a los niños y a su educación, "estableciendo los límites dentro de los cuales se puede 'jugar el juego' de aprender y enseñar en el jardín", considerando especialmente "aquellas que afectan la convivencia en la diversidad y la tarea pedagógica", como nos plantea el autor.

Retomándolo, destaco que "hay una gran variedad de elecciones, tradiciones y prácticas culturales sobre las cuales suele haber divergencia y las familias tienen derecho a que se reconozca su modo de vida, en tanto no afecte la dignidad ni los derechos de terceros". Isabelino nos permite a través del texto, entre otras cosas, pensar "¿Hasta dónde la escuela puede intervenir en las decisiones de crianza de los grupos familiares? ¿Hasta dónde los grupos familiares pueden realizar sus propias elecciones si con ellas afectan la vida cotidiana del jardín? ¿Sobre qué cuestiones debería la escuela pronunciarse en términos de obligaciones y prohibiciones? ¿Sobre qué cuestiones la escuela debería transitar el sendero de las promociones y los permisos?" Nos ayuda a reflexionar sobre las problemáticas que se vivencian cotidianamente en muchas escuelas y las búsquedas de posibles variaciones y/o modificaciones. Sabemos que cuando se logra un desarrollo solidario y no competitivo se favorecen las posibilidades en la comunicación y en la educación, si las acciones institucionales pueden sostenerse desde la comprensión, la reflexión y la toma de decisiones pensadas y fundamentadas.

Este libro presenta, a su vez, la idea fundamental acerca de la influencia de los procesos sociales y culturales en lo que ocurre en el ámbito escolar, y presenta dos preguntas significativas: ¿Qué normas son justas y pertinentes para los procesos formativos de la primera infancia? ¿Por qué tiende a haber desavenencias entre las personas o entre las instituciones cuando se trata de definir las reglas? Y nos dice: "Numerosas escenas cotidianas dan cuenta de la licuación de lo obvio: lo que para unos es tan evidente que no requiere argumentación, para otros puede ser sumamente objetable. Todos creemos jugar el mismo juego pero, al perder las reglas básicas, ya no sabemos cómo desarrollarlo".

Para finalizar, deseo retomar algunas ideas del autor que sintetizan la identidad de este importante y significativo libro que les invitamos a compartir: "si hay un espacio donde el conocimiento es no sólo una posibilidad sino un imperativo, ese es la escuela, o al menos lo es una escuela interesada en cumplir sus mejores promesas. Finalmente, si hay un momento del proceso formativo en el que la relación con los otros es suficientemente elástica, esa es la primera infancia, el tiempo en que las enojosas armaduras que nos distancian todavía no se han pegado a la piel de niñas y niños". "Educar en reglas de juego más inclusivas, justas y democráticas es un desafío permanente para garantizar que sigamos jugando el juego de la vida en sociedad".

LAURA PITLUK

*A Belén, porque la amo y le debía un libro.
A mis hijas: Paula, que se prepara para
ser docente, y Guadalupe, que transita sus
primeros años como alumna en el jardín.
Gracias a las tres por regalarme lo mejor
de cada día.*

Introducción y agradecimientos

La relación entre el Nivel Inicial y las familias es un tema candente de conversación en los equipos docentes, que frecuentemente se enreda en representaciones de larga data. Curiosamente, una de las cuestiones que más preocupa en las escuelas y que más demandas suscita en la capacitación, tiene todavía escasa presencia en la formación inicial de los docentes. Hace unos años, en una de las asambleas en las que se discutía una reforma del plan docente, sugerí dedicarle más atención a la relación con las familias y una estudiante, con cierta altanería, preguntó: "¿Qué nos van a enseñar? ¿A tener reuniones de padres?" Esta temática le resultaba tediosa y de pequeño valor, en comparación con los estudios pedagógicos y didácticos en los que estaba embarcada. Hoy quizá es ya docente en alguna institución y está buscando cursos sobre la relación con las familias... La desdeñosa respuesta de aquella estudiante me llevó a pensar que, efectivamente, no sólo la tradición pedagógica había dedicado poca atención a la relación entre familias y escuelas, sino que aun hoy hay pocos estudios sobre este tema, al menos en el entorno local. Algo de este libro comenzó a gestarse en aquel intercambio.

Mi primera aproximación a esta temática fue desde la Didáctica de las Ciencias Sociales, cuando escribí un artículo y compilé un libro, junto con Adriana Serulnicoff y Silvia Calvo, sobre la enseñanza escolar acerca de los grupos familiares[1]. En la presentación de ese libro, mencionábamos algunas imágenes inscriptas en frases habituales de la escuela: el adjetivo "familiar" indica algo cercano, querido o conocido; el verbo "familiarizarse" indica la acción de acercarse o conocerse; las "familias de palabras" reúnen a las palabras de un mismo origen; la "familia del 40" son los números que tienen al 4 en posición decimal, tienen algo en común y "somos una gran familia" es la frase que expresa la ausencia de conflictos o la intención de ahuyentarlos cuando aparecen. Decíamos que, a través de esas expresiones, la escuela considera que en las familias todos se conocen, están unidos, tienen un mismo origen y tienen pocos o ningún conflicto. Aunque aquel texto tenía una clara intención didáctica, suscitó numerosos llamados a involucrarme en paneles y disertaciones sobre la relación entre las familias y las escuelas. Fruto de aquellas intervenciones fue el diálogo con Patricia Redondo, que publicó la revista *La educación en nuestras manos*, del SUTEBA[2], el Módulo "Infancias y familias", que integra el curso de posgrado "Educación Inicial y primera infancia" de FLACSO y algunas conferencias que luego se publicaron para su difusión masiva[3].

En esos años, me tocó coordinar el equipo de Formación Ética y Ciudadana en los diseños curriculares de la Ciudad Autónoma de Buenos Aires y luego en los de las áreas equivalentes de la provincia de Buenos Aires (Formación Personal y Social, en el Nivel Inicial) y Córdoba (Identidad y Convivencia, en el Nivel Inicial y Primer Ciclo). En todos los casos, la pregunta sobre las responsabilidades diferentes y convergentes de las familias y la

---

1. Calvo, Silvia; Serulnicoff, Adriana y Siede, Isabelino (Comps.) (1998). *Retratos de familia en la escuela*. Buenos Aires, Paidós.
2. N° 73, junio-julio de 2005. Edición digital: http://www.suteba.org.ar/revista-la-educacin-en-nuestras-manos-n-73-junio-julio-de-2005-1880.html
3. Por ejemplo, "Familias y escuelas: entre encuentros y desencuentros" (San Martín, 9 de mayo de 2007, publicada por la Dirección General de Cultura y Educación de la Provincia de Bueno Aires, bajo el título *La educación inicial hoy: maestros, niños, enseñanzas*) y "El contexto social y el Nivel Inicial" (La Plata, 25 de agosto de 2009; edición digital: http://www.ciieberazategui.com.ar/junio2013/conferencia2009.pdf.

escuela atravesaba las definiciones curriculares. Allí afloraron cuestiones que retomo nuevamente en este texto, sobre las legitimidades de cada ámbito y la construcción de autoridad y de confianza entre los adultos que participan de la crianza desde el hogar o desde la educación formal.

Finalmente, tuve la oportunidad de coordinar numerosos talleres con docentes de diferentes niveles de enseñanza de distintas provincias del país. Esos talleres me ofrecieron la oportunidad de escuchar y acompañar lo que estaba sucediendo en las instituciones, al mismo tiempo que podíamos pensar colectivamente cómo encarar un vínculo que iba adquiriendo nuevos rasgos epocales y se multiplicaba en muy variados matices, según las características socioeconómicas y culturales de las comunidades. En esos talleres, durante los últimos quince años, propuse a diferentes grupos de docentes producir y analizar situaciones de la vida cotidiana escolar vinculadas con la justicia escolar. De todas aquellas producciones, he seleccionado cinco situaciones que incluyo en los capítulos 4 a 8 de este libro. Se trata de casos reales, escritos por sus protagonistas o transcriptos a poco de escuchar sus relatos orales. En general, el trabajo con este tipo de escenas me ha permitido establecer relaciones firmes entre teoría y práctica, pues la reflexión sistemática sobre un caso permite evaluar los criterios con los cuales actuamos, sopesar las razones que los sustentan y postular alternativas.

Uno de los factores a tener en cuenta en el análisis es que no hay una única respuesta a cada situación, no se busca una verdad definitiva acerca de lo que habría que hacer, sino un espacio de legitimidad de las respuestas posibles, que a veces presenta un abanico de alternativas. En algunos casos, a partir de definir lo que no es legítimo hacer en cierta situación, se va delimitando un espacio de lo que sí sería pertinente, aun cuando no lleguemos a un resultado certero o universal. En los talleres de capacitación, algunos docentes protestan porque les faltan datos para interpretar el caso. Es cierto, pero también lo es que, en cada institución, a veces sucede lo contrario: hay gran cantidad de datos que tapan la visión de los que son relevantes para analizar ese caso específico. Por otra parte, reflexionar y dialogar sobre un caso ajeno, algo que les pasó a colegas de otras latitudes, no resuelve nuestros dilemas específicos, pero nos ayuda a construir criterios. Nos invita a pensar y eso no es poco.

Mi intención original era reunir esos casos en un libro destinado a la relación entre escuelas y familias, incluyendo al Nivel Inicial junto al Primario y Secundario. La gentil invitación de Laura Pitluk a escribir para la colección que ella dirige me obligó a centrar mi mirada en las relaciones entre las familias y el jardín, un nivel que no he transitado como docente. Por tal motivo, decidí apelar a voces más autorizadas que yo para dar cuenta de la especificidad del Nivel y la actualidad de los procesos que se narra en esas escenas. Por eso, entre octubre de 2013 y marzo de 2014 entrevisté a ocho directoras (o exdirectoras hasta poco tiempo antes), de jardines públicos, privados y de gestión social, de la Ciudad de Buenos Aires y las provincias de Buenos Aires, Córdoba, Santa Cruz y Santiago del Estero. La generosidad de sus aportes enriqueció mis reflexiones y aporta un plus valiosísimo a este texto.

Tras este primer capítulo de presentación, el texto se desagrega en nueve capítulos que menciono a continuación. El capítulo 1, "Lo que llamamos familia", presenta una breve reseña de las investigaciones históricas, antropológicas y sociológicas sobre el fenómeno familiar desde la antigüedad hasta nuestros días. Obviamente, se trata de una síntesis muy apretada de una amplia gama de estudios. Mi intención al dedicarle algunas páginas a esa reseña, es poner en cuestión algunas imágenes triviales que expresan una mirada esencialista y ahistórica sobre las familias. Lejos de agotar el tema, me alegraría saber que ese capítulo suscita interés en los lectores por indagar en la bibliografía que le da sustento, ya que se trata, sin duda, de un tema tan apasionante como poco conocido fuera de ámbitos académicos.

El capítulo 2 se denomina "Miradas sobre las familias en las tradiciones del Nivel Inicial". Confieso que desconocía buena parte de los textos fundamentales de la pedagogía de la primera infancia, como Pestalozzi, Froebel o Montessori, y me intrigaba saber si habían anticipado de algún modo los problemas actuales de la relación entre familias y jardines. Fue enormemente placentero leer esos textos y ponerlos en diálogo con otros de la tradición local, como los de Sarmiento y Manso, para pensar cómo se habían gestado algunas de las representaciones aún vigentes sobre la continuidad e indiferenciación entre la escuela y la crianza doméstica. Continuar el recorrido hasta los textos señeros del siglo XX fue tanto fruto de la necesidad como de la curiosidad por saber cuándo y cómo aparecieron las primeras preocupaciones sobre este vínculo.

El capítulo 3, que se llama "Tensiones actuales entre familias y jardines", se mete de lleno en el presente. A partir de algunas noticias restallantes de la última década del siglo XX y las primeras del XXI, la relación entre familias y jardines preocupó a la opinión pública de la Argentina y puso de manifiesto algunos de los problemas más relevantes. Entre ellos, menciono las tensiones en torno a la confianza, la autoridad, la legitimidad, la comunicación y la cooperación, que describo en ese capítulo. También presento allí a las ocho directoras que dieron su testimonio para este libro y describo someramente las comunidades con las cuales trabajan.

El capítulo 4 se denomina "Dentro y fuera del jardín" y se centra en el análisis de una escena titulada "El horario de entrada al jardín". Allí comento algunas vicisitudes del pasaje del entorno doméstico a la educación formal, tanto en la entrada y la salida de cada día como en los trabajosos meses de inicio del año escolar.

El capítulo 5 se llama "Tratos, contratos y sustrato" e incluye la escena "¿Caracterización o disfraces?", en la que un equívoco suscita enconos durante un tiempo prolongado y nos da elementos para revisar la comunicación institucional, en tres estratos diferentes e interconectados.

El capítulo 6, que se llama "Las reglas del juego", alude a la normativa escolar, a partir del análisis de la escena "La varita mágica". Las tribulaciones de una madre, frente al deseo de su hija de llevar un juguete al jardín, nos permiten revisar las regulaciones existentes en el ámbito de la escuela y su relación con la que atraviesa la cotidianeidad de los hogares.

El capítulo 7, "La diversidad como problema", parte de una escena en la que diferentes miembros dele quipo docente toman posiciones divergentes frente al pedido específico de una mamá. "Cumpleaños feliz" suele ser una de las escenas más controvertidas en los talleres con docente y es probable que siga suscitando polémicas entre los lectores de este libro, porque los docentes actuales reivindicamos la diversidad pero no sabemos muy bien qué hacer con ella cuando golpea las puertas de nuestras instituciones.

El capítulo 8 se denomina "El riesgo de las buenas intenciones" y aborda el espinoso terreno de las legitimidades diferenciales y convergentes de las familias y el jardín frente a diversos aspectos de la crianza. La escena "Comer sano" sirve como puntapié para analizar las posibles consecuencias de acciones bien intencionadas pero no necesariamente legítimas desde la educación formal.

Finalmente, el capítulo 9, "Senderos abiertos entre familias y jardines", no cierra ni concluye todo lo que este texto intenta abrir en los capítulo previos, pero retoma la cuestión de la cooperación entre ambos ámbitos como un camino que necesitamos recorrer en la experiencia particular de cada institución.

Aunque la cita bibliográfica mencione una autoría individual, este texto es fruto de intercambios y numerosas colaboraciones que, sin duda, le dan al libro sus mejores cualidades. En particular, quiero agradecer a Laura Pitluk por invitarme a escribir en esta colección y confiar en que saldría algo decoroso. Compartimos varios años como docentes en el IES Juan B. Justo y sé que esta colección da continuidad a su compromiso en el aula. También agradezco muy especialmente a las ocho Directoras entrevistadas para este libro: Cecilia, Elena, Inés, Judith, Leonor, Liliana, Nancy y Nidia. Me comprometí a preservar sus identidades, para cuidar también la confidencialidad de sus testimonios. No sólo les agradezco su generosidad para conversar conmigo sin vueltas ni remilgos, sino también su enorme dedicación a la tarea docente, que apreciarán ahora todos los lectores. Varios amigos y colegas facilitaron las entrevistas a esas directoras: Daniel Bressky, Diana Guinao, María Belén Janjetic, Inés Abripa y Liliana Simari. Ximena Hernández desgrabó las entrevistas con esmero y prolijidad. Me prestaron libros y sugirieron lecturas: Graciela González, Elisa Spakowsky, Roxana Ponce y Mónica Fernández Pais. Algunas obras clásicas pude encontrarlas en la Biblioteca "Profesor Guillermo Obiols" de la Facultad de Humanidades y Ciencias de la Educación de la

Universidad Nacional de La Plata, donde siempre me atendieron con calidez y dedicación. Agradezco y recuerdo con afecto a numerosas directoras y docentes de diferentes provincias que pusieron a disposición sus relatos en instancias de capacitación o discutieron con amable fervor los relatos de colegas. Finalmente, leyeron y criticaron los primeros borradores Mónica Fernández Pais, Graciela González, Mariela Helman, Nancy Mateos, Guillermo Micó, Laura Santillán, Gabriela Scarfó, Gustavo Schujman, Elisa Spakowsky y Adriana Serulnicoff. A todos ellos les agradezco sus aportes y acompañamiento, al mismo tiempo que los eximo de responsabilidad sobre los resultados de este trabajo.

Agradezco también, en la vastedad de un tiempo cada vez más lejano, a mis padres y mis maestros. Aquellos me llevaron por primera vez al Jardín de Infantes en la Escuela Mitre de Villaguay. A mitad de la sala de cinco, nos mudamos a Buenos Aires, donde continué la escolaridad en un jardín de la calle Moreno, hoy inexistente. Incautos, ni mis padres ni mis maestros suponían que algún día hablaría públicamente de ellos en un libro como este, por lo que me enseñaron a leer y escribir. En el fondo, cuando hoy reflexiono sobre familias y jardines, no hago otra cosa que revisar el eco de aquellas viejas experiencias en mis pensamientos actuales.

Las páginas iniciales suelen ser las últimas que escribe el autor y este es el caso. Suelen ser, también, las primeras que recorre el lector, así que cuento con la ventaja de saber cómo sigue el derrotero. Lo que no puedo prever es cómo circularán mis reflexiones entre las ideas y las valoraciones de quien las lea, porque es allí donde el texto cobra forma definitiva y alcanza su sentido último. Ojalá que el lector perciba el respeto y el cariño que siento por las escuelas y los docentes, aun cuando critico algunas de sus prácticas.

Capítulo 1

Lo que llamamos familia

En las escuelas, como en otras instituciones, se juzga a las familias contemporáneas al trasluz de un "paraíso perdido". Suele mentarse "la familia" en un tono nostálgico de matiz tanguero: "familias eran las de antes", "se ha perdido la familia", "estos chicos no tienen familia", "adónde iremos a parar con estas familias...". Como en los versos de Manrique, la familia tiene un pasado que, por haberlo dejado atrás, tendemos a considerar bueno o mejor que la situación actual.

Esas miradas de añoranza imaginan un ayer armónico y exento de tensiones, con roles claramente definidos y gozosamente aceptados por cada uno: un padre trabajador, recto y responsable del sustento; una madre afectuosa, hogareña, hacendosa y pródiga en cuidados; unos hijos criados a semejanza de su padre, pícaros y aventureros, pero respetuosos de la autoridad y dispuestos a enmendar sus errores; unas hijas discretas, aseadas, colaboradoras de sus madres en los quehaceres domésticos y atentas a la llegada de un príncipe azul al cual adosar sus proyectos de vida, saliendo del amparo paterno para ponerse bajo el ala protectora de un varón soñado. Estas representaciones idílicas se parecen a numerosos cuentos de hadas, a los libros escolares de lecturas instructivas y moralmente edificantes, a los relatos de las abuelas en la sobremesa familiar. Se parecen poco, sin embargo, a la experiencia cotidiana de muchos hogares, a lo que dicen las estadísticas, a los relatos domésticos que se mencionan con sigilo, a lo que farfullan las abuelas cuando creen que nadie las escucha, a lo que cada familia esconde bajo la alfombra como pasado vergonzante, doloroso o juzgado como inmoral. En esos discursos subterráneos, circulan los maltratos de un patriarcado despótico, las uniones conyugales extendidas por deber cuando el amor se había agotado o nunca había florecido, la crianza violenta, la represión de las expresiones sexuales, las uniones consideradas ilícitas, los abandonos y las apropiaciones de niños como parte de circuitos extralegales de filiación, entre otras máculas que afean aquella imagen de fantasía.

Las relaciones familiares han sido muchas veces conflictivas y, en algunas ocasiones, tortuosas. Muchos de los conflictos de otras épocas se resolvieron mediante la conquista de nuevas modalidades de relación y expresión de la autonomía de cada uno de sus miembros, pero al mismo tiempo suscitaron mayor inestabilidad en los vínculos y rompieron los pactos de silencio de las intimidades agobiantes. ¿Se ha perdido la familia o se ha transformado? ¿Familias eran las de antes o hemos conquistado relaciones más democráticas y menos despóticas? Más aún, ¿siempre hablamos de lo mismo cuando hablamos de familias?

Familias de antes

En las imágenes que mencionamos más arriba, aludimos a padre, madre e hijos, es decir, lo que habitualmente se denomina la familia nuclear moderna. Se trata de un patrón de organización familiar que se instituyó en cierto contexto histórico y fue adoptado como modelo moral de normalidad por algunas de las instituciones que buscaron modelar las conductas sexuales y reproductivas, como las religiones y los Estados nacionales. Así lo afirma Elizabeth Roudinesco: "En cuanto a la llamada familia conyugal 'nuclear' o 'restringida', tal como la conocemos hoy en Occidente, es la culminación de una larga evolución —del siglo XVI al siglo XVIII—, en el transcurso de la cual el núcleo padre-madre-hijo(s), del que habla Lévi-Strauss, se separó de lo que constituía antaño *las familias:* un conjunto, una casa, un grupo, que incluía a los demás parientes, los allegados, los amigos, los domésticos. No obstante, esta estructura nuclear básica parece haber existido en Europa desde la Edad Media, mucho antes de convertirse en el modelo dominante de la época moderna" (2003: 19-20). En consonancia con esta descripción, la etimología de la palabra "familia" indica que este término proviene del latín y significa literalmente "conjunto de esclavos". En la antigua Roma, se refería a los que servían en la casa, cultivaban los campos, cuidaban el ganado y atendían los negocios (Gil Bera, 2003). Esposas e hijos formaban parte de ese conjunto más o menos amplio de personas sometidas a la voluntad del *pater*, amo supremo del ámbito doméstico, con derechos casi ilimitados sobre sus subordinados. La idea de familia asociada al amor, la confianza y el apoyo emocional entre sus miembros está muy lejos de reflejar los vínculos existentes en el grupo primario del antiguo imperio: "La constitución de la familia romana, a partir de entonces, se centra en la autoridad del varón, quien tiene derechos absolutos sobre todos los miembros que la componen, inclusive el de darles muerte, derecho este último que, más tarde, le fue limitado por la obligación de consultar un consejo formado por cinco vecinos y por amigos (juicio doméstico)" (Signorelli, 1970: 140). Lo usual era que los hijos se eliminaran cuando nacían deformes o monstruosos, según los parámetros de la época. Si salían esbeltos, el padre podría venderlos más tarde, como parte de sus pertenencias. Para los antiguos romanos, como para tantos otros pueblos, establecer la filiación de un recién nacido era una cuestión relevante y no necesariamente asociada a la comprobación de un lazo sanguíneo, sino al ritual de reconocimiento que establecía un vínculo entre la criatura y quien lo nombraba como hijo suyo: "Inmediatamente después del parto, el recién nacido era conducido a las rodillas del padre, donde se depositaba. [...] No se pone sobre las rodillas a un malparido y tampoco se amamanta al que no pasa por ellas. Cuando el *paterfamilias* romano no levanta al hijo depositado a sus pies [...], el niño queda excluido de la *domus*; se mata, vende o expone. Los expósitos se dejaban al pie de la columna lactaria, ante el templo de la Pietas, en Roma" (Gil Bera, 2003: 104-106). El destino de un niño no estaba necesariamente ligado a su origen biológico, sino a la inscripción de linaje que el ritual concedía o negaba.

Estas tradiciones romanas, que pueden parecer muy estrambóticas para las sensibilidades actuales, encontraban variaciones en otros pueblos, pero siempre con rasgos que nos escandalizarían o indignarían en nuestros días. No es difícil hallar algunos ejemplos de la Biblia:

- Abraham, considerado el padre y fundador del judaísmo, se casó con Sara, que además de ser su media hermana era estéril. Sara ofreció a Abraham que hiciera un hijo con su esclava Agar. De esa unión nació Ismael. Cuando, tiempo después, Sara dio a luz milagrosamente a Isaac, exigió a su marido que expulsara a Agar, por lo cual Ismael es considerado el padre de los beduinos nómadas del desierto. El relato del fallido sacrificio de Isaac remite a la antigua costumbre cananea de matar al primogénito como ofrenda a la divinidad. El gesto de Abraham habría interrumpido aquella práctica.
- Jacob, hijo de Isaac, compró la primogenitura de su hermano Esaú por un plato de lentejas (Génesis 25:34). También quiso comprar como esposa a su prima Raquel, hija de su tío Labán. Éste le exigió siete años de trabajo a cambio de desposarla, pero al término de ese plazo le entregó a su hija Lea. Tras las protestas de Jacob, también le entregó a su hija Raquel a cambio de otros siete años de trabajo gratuito.
- Onán es otro personaje bíblico del cual procede el término "onanismo". Según se narra, tras la muerte de su hermano mayor, él debía desposar a su viuda Tamar y engendrar un hijo en ella, obligación incumplida antes por su hermano. Sin embargo, cada vez que Onán mantenía una relación sexual con su cuñada, descargaba su simiente sobre la tierra, es decir, practicaba el coitus interruptus. Esta conducta puede atribuirse a diferentes motivaciones, pero hay una de efectos prácticos: según la ley de su tiempo, un hijo tenido con Tamar no sería considerado suyo, sino un niño tardío de su hermano, por lo cual heredaría los derechos de la primogenitura, desplazando a un segundo lugar a Onán.

Estas historias no son más que un puñado de la vasta lista de ejemplos posibles y muestran organizaciones familiares particulares, que se alejan del modelo nuclear moderno. Expresan modos de contrato conyugal, filiación y crianza poco apegados a las tradiciones occidentales de los siglos más recientes. Sin embargo, también en esos siglos podemos hallar numerosos ejemplos atípicos, como el frustrado amor de Eloísa y Abelardo, los matrimonios de Enrique VIII o los de Leonor de Aquitania. Lo interesante de estas historias no es lo que tienen de extraordinarias, sino lo que expresan de común y usual en cada circunstancia: la historia de las organizaciones familiares es más enrevesada de lo que suponen nuestras imágenes triviales. No predominaron, en ese pasado, los tiempos calmos e idílicos, exentos de tensiones, sino los tironeos entre múltiples modelos, expectativas personales y legislaciones que más de una vez abroquelaban los proyectos de vida.

Más que un pasado tranquilo, cualquier análisis histórico expresa que lo propio de las familias es entrar periódicamente en crisis por los ciclos vitales de sus miembros (uniones, nacimientos, muertes) y por adecuación a contextos cambiantes (crisis económicas, guerras, etc.). En una historia sesgada por invasiones, hambrunas, pestes, exclusiones, genocidios y desbarajustes económicos, políticos y sociales, ¿podrían las familias mantenerse indemnes, seguras y apacibles? En absoluto: a cada revolución le ha correspondido un trastocamiento de la vida doméstica; a cada cambio de timón en la cúspide del poder, un reacomodamiento de las vidas privadas; a cada torcimiento del rumbo en la vida de los países, un seguro realineamiento de las organizaciones familiares para dar continuidad a la vida de sus integrantes.

Durante siglos y hasta nuestros días, los representantes de diferentes cultos han asumido prédicas específicas sobre la vida doméstica, buscando intervenir en las almas de los fieles a través de la moral familiar. En tiempos recientes, los procesos de secularización llevaron a que, particularmente en Occidente, la voz de los predicadores religiosos se solapara y, a veces, se contradijera con la voz de los gobiernos. Frente a la diversidad y el desorden, que preocupaban a los planificadores y estadistas, durante los últimos siglos, diferentes instituciones dependientes de los

Estados nacionales, entre las cuales la escuela ocupa un lugar preponderante, se han encargado de propagar una doctrina homogeneizadora, naturalista y moralizante sobre la estructura familiar. Un buen ejemplo de ello es este fragmento de una lectura escolar de 1910: "El padre es el jefe de la familia, el que la dirige o gobierna, y la madre es su compañera. [...] El padre, la madre y los hijos, que se hallan unidos por lazos naturales, forman la *familia*, que habita el hogar doméstico. El amor que los buenos hijos tienen a sus padres, es lo que se llama *amor filial*, amor que no consiste sólo en palabras de agradecimiento, promesas y actos de sumisión y respeto, sino en hacer por inclinación propia todo lo que les evite fatigas y disgustos, y les proporcione, en cuanto sea posible, alegría y bienestar. Cuando una familia vive en buena armonía, todo marcha bien en la casa, como en una máquina bien construida. Cada cual trabaja con gusto y empeño, ayudando complacido a los demás. El padre y la madre indican, disponen y dirigen; los hijos y las hijas ejecutan. Todo se hace a tiempo, sin descuido ni aceleramiento" (García Purón, 1910: 48-49). El texto plantea una supuesta universalidad esencial de la noción de familia y promueve la creencia en que las familias de esa época eran así. Eso podría contribuir a explicar por qué se ha instalado en la opinión pública cierta mirada trágica sobre las familias, a las que suele evaluarse como carentes, degradadas o deformes respecto a una "época dorada" que habría quedado atrás.

Del mismo modo, la Declaración Universal de Derechos Humanos, aprobada por las Naciones Unidas en 1948, establece que "La familia es el elemento natural y fundamental de la sociedad y tiene derecho a la protección de la sociedad y del Estado" (Art. 16, Inc. 3). En este enunciado, no sorprende advertir la previsión de los redactores sobre la necesidad de que sean reconocidos los derechos de todos los grupos familiares y que cada Estado firmante se comprometa a respetarlos, defenderlos y promocionarlos. Lo que sí llama la atención es el agregado innecesario del adjetivo "natural" para caracterizar a "la familia", mencionada de modo singular en el segmento introductorio a la formulación del derecho. Probablemente esta modalidad de enunciación sea efecto de las pujas habidas durante la redacción, que involucraba a especialistas y delegaciones procedentes de variados países y embanderados en doctrinas variopintas. No parece que fuera necesario afirmar que las familias eran un "elemento natural" para justificar que recibieran protección jurídica y política de los gobiernos, pero el dato ilustra una larga preocupación de diferentes sectores por establecer el origen biológico, universal e inmutable de una organización social que, por el contrario, entendemos como una construcción histórica, contextuada y cambiante.

Familias diversas

Suele mentarse al inefable Levi-Strauss como la autoridad antropológica que afirmó la universalidad de la familia en la sociedad humana de todos los tiempos, a través de sus estudios sobre la prohibición del incesto. Esa universalidad buscaba confrontar con discursos racistas del momento, sin por ello desterrar lo que le preocupaba a Levi-Strauss: demostrar las diversas formas que asume esta institución. En sus rasgos básicos y genéricos, la organización familiar supone la existencia de una alianza, el matrimonio, y una filiación, los hijos de ese matrimonio. Sin embargo, hay una gran variedad de configuraciones familiares, en las cuales esos dos rasgos no se presentan de modo tan claro y estable. Sin ánimo clasificatorio, podemos mencionar las formas nuclear, extensa, monoparental, separada, ensamblada, homoparental, entre otras.

La *familia nuclear* reúne dos generaciones, pues está formada por la madre, el padre y los hijos de ambos, sean éstos por descendencia biológica o por adopción. Es la modalidad que se impuso como "ideal" en Occidente durante los procesos de urbanización e industrialización, por lo que ha sido reconocida como expresión de la modernidad. Hemos mencionado ya que los Estados nacionales, a través de agencias culturales como las escuelas, los hospitales y la asistencia social, han tendido a promover y privilegiar este tipo de organización familiar. Como parte de esas políticas, se ha denominado "familia tipo" a la que conforman la pareja de padres heterosexuales con una pareja de hijos biológicos o adoptivos.

Las *familias extensas* están formadas por más de dos generaciones y reúnen miembros con lazos de parentesco bastante variados como abuelos, tíos, primos de diferente grado, etc. Entre estos parientes, consanguíneos o afines, suele darse un vínculo de integración que no siempre se expresa en cohabitación de una misma casa, pero sí en el reconocimiento de compromisos mutuos y responsabilidades específicas. Se trata de una configuración con una tradición más extensa que la familia nuclear moderna y con una amplia gama de variaciones en diferentes contextos culturales. Entre los pueblos originales americanos, en las zonas rurales y en múltiples vertientes de inmigración reciente hacia la Argentina, provenientes de países sudamericanos o de Medio Oriente, es muy frecuente hallar rasgos de familia extensa, bajo la jefatura de un varón o una mujer que operan como referentes de todos los miembros para las decisiones relevantes.

Se denomina *familia monoparental* a aquella en la que uno o varios hijos viven sólo con uno de sus padres. Un caso tradicional es el de las madres solteras, es decir, aquellas mujeres que asumen solas la crianza de sus hijos, ya sea por abandono del varón progenitor o por decisión acordada. Entre las variaciones habituales, se pueden mencionar las madres solteras adolescentes que, en forma deliberada o no, tienen hijos a temprana edad y se ocupan de su crianza casi en forma simultánea con la dependencia de sus propios padres. La maternidad temprana, hoy vista como problemática desde algunas políticas sociales, tiene una larga tradición cultural y, por el contrario, es el retraso de la maternidad lo que caracteriza un fenómeno reciente. En tal sentido, también forman familias monoparentales las madres añosas o no que eligen tener hijos por inseminación artificial o por otras vías, sin la concurrencia de una pareja. Es menos frecuente que sean los varones quienes eligen estos caminos, pero algunos conforman familias monoparentales por viudez o porque la madre abandonó el hogar. También las familias en las que la pareja de padres se separa pero no vuelve a formar nuevas parejas pueden funcionar como dos unidades monoparentales, entre las cuales se resuelve la crianza de los hijos, algunas veces de modo cooperativo, otras veces en tensión permanente.

La denominación de *familia ensamblada*, que sonaba extraña pocos años atrás, se multiplica en los centros urbanos y resulta cada vez más frecuente. Está compuesta por miembros de dos o más familias que pueden sostener o no los lazos con aquellas. El ejemplo usual es el de un padre o una madre, separados o viudos, que se unen con otro hombre o mujer, que pueden o no tener hijos propios y con los cuales pueden tener nuevos hijos en común. Algunos autores también llaman "posmoderna" a esta configuración, que expresa la inestabilidad del vínculo conyugal, la perdurabilidad de los vínculos filiales y la presencia de nuevas relaciones no siempre sencillas de definir. Las denominaciones tradicionales de "madrastra" y "padrastro" conllevan una carga peyorativa que es rehusada por madres y padres afines, que se ocupan de la crianza de niños que no son sus hijos desde el punto de vista biológico o de la adopción legal, pero que fungen como tales en la cotidianeidad de la convivencia.

La familia *homoparental*, cuyo reconocimiento legal ha sido reciente en Argentina y que en otros países es negada o perseguida, soporta menosprecios de la sociedad y de las instituciones. Está formada por una pareja de hombres o de mujeres que asumen la paternidad y maternidad de uno o más niños, ya sea por adopción, porque uno de ellos es progenitor biológico, por inseminación artificial o por otras vías. Nada indica que esta organización incumpla alguna de sus funciones como familia, pero algunas voces se escandalizan porque creen que sólo un varón puede cumplir el rol paterno y sólo una mujer puede hacerse cargo del rol materno.

Hay también familias conformadas únicamente por hermanos que quedaron huérfanos o perdieron vínculo con sus progenitores y se hacen cargo unos de otros. Estas familias pueden incluir también la presencia de amigos o hermanos de afinidad, donde no hay parentesco de consanguinidad, sino la unión solidaria para la convivencia y la resolución de necesidades comunes o individuales, de forma permanente o temporaria.

Otras modalidades no tienen una denominación estable o legal, aun cuando se presentan bastante frecuentemente. Una de ellas es la de familias unidas por lazos puramente afectivos, ya sea porque no hay lazos sanguíneos o porque el parentesco es lejano y no conlleva compromisos legales. Por ejemplo, un primo o prima de progenitores que han fallecido se hacen cargo de la crianza de sus sobrinos segundos y los adoptan legalmente o no. Otro ejemplo es el de vecinos que cumplen roles familiares de cuidado, acompañamiento e incluso manutención, por afinidad y cariño. Entre este tipo de unidades familiares se encuentran las familias de estructura inestable, en las que algunos miembros aparecen durante un tiempo y luego se ausentan, a veces por motivos de fuerza mayor, a veces por rispideces de la convivencia, pero mantienen algunos aspectos del compromiso familiar, como el aporte económico o visitas periódicas. Otra modalidad usual, sobre todo en localidades pequeñas o cercanas a zonas rurales, es la de familias que toman a su cargo la crianza temporaria de un niño cuyos padres viven en el campo, para que pueda concurrir a la escuela. A veces, esos niños vuelven periódicamente a sus hogares de origen, a veces sólo retornan fuera del ciclo lectivo y otras veces pierden los lazos de filiación o se tornan muy débiles[4].

Este listado está muy lejos de reunir todas las variantes posibles y no pretende ser exhaustivo, pero permite ver que la unidad familiar no se caracteriza por una estructura predefinida e inmutable (padre, madre, hijos), sino por un conjunto de actividades o modos de organización medianamente estables: la reproducción, la crianza, el cuidado mutuo, la unidad económica (de producción o de consumo), la cohabitación (permanente o temporaria), etc. Estas formas y funciones, que distinguen a un grupo familiar de otros grupos sociales a los que este adjetivo les resulta ajeno, pueden apreciarse en estructuras bastante disímiles. Desde una mirada psicoanalítica, Silvia Bleichmar advertía: "Como vemos, hay que redefinir la familia. Yo la redefino en términos de una asimetría que determina la responsabilidad del adulto con respecto al niño. En la medida en que haya dos generaciones, hay una familia; con la asimetría correspondiente que orienta a la obligatoriedad de la transmisión y de la producción de sujetos en el interior de algún tipo de comunidad humana, que básicamente

---

4. Se trata de una tradición que hoy suscita controversias, por el trabajo infantil implícito en ese tipo de ahijamientos.

se estructura con dos personas como base" (Bleichmar, 2008: 45). En este enfoque, disminuyen los requisitos formales de las familias para ser consideradas tales, pero aumentan las responsabilidades de sus miembros, ya que una familia se define por lo que hace.

Familias cambiantes

La enumeración de rasgos esconde la tentación de clasificar y encasillar y puede llevarnos a desconocer la dinámica social que caracteriza la vida doméstica como un paisaje siempre en movimiento. Hasta hace pocas décadas, los historiadores mostraban poco interés por lo que ocurría puertas adentro de las casas, pero eso ha cambiado en las últimas décadas y numerosos investigadores han fijado sus ojos en los avatares del mundo familiar. En el ámbito rioplatense, todas las producciones recientes se han sorprendido de encontrar muchos más conflictos y desórdenes de los que permitían los prejuicios sobre aquel supuesto pasado armonioso: "En las unidades domésticas se ven reflejadas tensiones de diverso tipo. Algunas vinculadas con las relaciones de género; otras con el derecho, cuestión que aparece retrasada respecto de las demandas de justicia y paridad en el seno familiar. Conflictos entre padres e hijos en relación con los roles que cada uno tiene y que no siempre la legislación acompaña. Violencia y desórdenes familiares, conflictos económicos, conforman un cuadro que contradice muchas veces las representaciones simbólicas de la sociedad, en las que la familia aparece como lugar de seguridad y afecto, solaz que todos los integrantes necesitan para desafiar los obstáculos de la vida cotidiana" (Moreno, 2004: 274).

La remisión a la historia para enlazar esta variedad de organizaciones con una trama siempre plural no nos exime de analizar algunas tendencias recientes que afectan a las familias actuales. En referencia a la Argentina, Elizabeth Jelin menciona tres cambios significativos ocurridos a lo largo del siglo XX: "Las transformaciones de la familia a lo largo del siglo XX han sido muy profundas:

- La gradual eliminación de su rol como unidad productiva, debido a las transformaciones en la estructura productiva.
- Los procesos de creciente individuación y autonomía de jóvenes y de mujeres, que debilitan el poder patriarcal, provocando mayor inestabilidad temporal de la estructura familiar tradicional y mayor espacio para la expresión de opciones individuales alternativas.
- La separación entre sexualidad y procreación, que lleva a una diversidad de formas de expresión de la sexualidad fuera del contexto familiar y a transformaciones en los patrones de formación de las familias.

Todo esto apunta a una institución que va perdiendo funciones, que va dejando de ser una 'institución total'. Desde la perspectiva del individuo y de su curso de vida, más que hablar de 'la familia' lo que permanece es una serie de *vínculos familiares* [...]" (Jelin, 1998: 136-137).

El punteo de Jelin expresa una apretada síntesis de procesos complejos y sinuosos. Sin ánimo de simplificarlos, podemos agregar que los cambios en la estructura productiva aluden al pasaje de una economía agroexportadora a modelos económicos que buscaron mayor autonomía y eso significó el temprano pasaje de una población predominantemente rural a una mayoritariamente urbana. Mientras otros países de América Latina se urbanizaron hacia mediados del siglo XX, Argentina ya lo había hecho en las primeras décadas y eso implicó que las familias organizadas de modo extenso como unidades de producción se disgregaran en grupos nucleares que pasaron a funcionar como unidades de consumo, con ingresos salariales de uno o varios de sus miembros. La urbanización y la nuclearización coadyuvaron a la autonomía creciente de jóvenes y de mujeres, que pudieron acceder al mercado de trabajo y obtener ingresos diferenciales. La estabilidad centrada en la dependencia del varón proveedor y protector se ha debilitado desde que mujeres e hijos salieron a buscar su propio sustento. Eso les permitiría, al cabo, tomar decisiones sobre su propia vida, como separarse e independizarse, dejando al macho paterno mascullando sus penas apoyado en el farol. Si tales desparpajos ya eran visibles en la dinámica familiar de mediados de siglo, el golpe de gracia lo dio la llegada de la píldora anticonceptiva, que disminuyó los riesgos de embarazo no deseado, eliminó las tensiones de la "prueba de amor" y dio nuevos bríos a los malos pasos de las costureritas que mencionara el poeta. Lo que cada miembro de la familia ganó en derechos, lo perdió el conjunto en estabilidad: los amores para siempre duraron cada vez menos. Cuando las últimas décadas del siglo XX alumbraron el divorcio vincular y la patria potestad compartida, ya la dinámica social se había diferenciado de las legalidades y seguía un ritmo propio de conquistas y exploraciones. A eso alude la expresión de "vínculos familiares" que propone Jelin, dejando de lado toda expectativa de delimitar y definir lo que es familia para diferenciarlo de lo que no lo es.

Las estructuras familiares son cada vez más flexibles e inestables, pero eso no necesariamente significa que sean peores que antes, sino que cumplen sus funciones de otro modo: la reproducción, la crianza, la transmisión cultural o la resolución de otras necesidades vitales ya no se desenvuelven de manera homogénea y previsible sino en una amplia gama de opciones y ensayos que atraviesan toda la escala social. En tiempos recientes, las organizaciones familiares no sólo se diversifican sino que resisten cualquier embate moralista, repelen los discursos homogeneizadores y proclaman su derecho a la diversidad. Esto asusta y desconcierta a los predicadores morales, ya sea que basen sus planteos en las creencias religiosas, los intereses del Estado o los preceptos de la medicina. Lo advierte Lipovetsky como un aspecto del "crepúsculo del deber": "Durante mucho tiempo los valores de autonomía individual han estado sujetos al orden de la institución familiar. Esa época ya ha pasado: la potencia centuplicada de los derechos individualistas ha desvalorizado tanto la obligación moral del matrimonio como la de procrear en gran número. Los padres reconocen ciertos deberes hacia sus hijos: pero no hasta el punto de permanecer unidos toda la vida y sacrificar su existencia personal. La familia posmoralista es pues una familia que se construye y reconstruye libremente, durante el tiempo que se quiera y como se quiera. Ya no se respeta la familia en sí, sino la familia como instrumento de realización de las personas, la institución «obligatoria» se ha metamorfoseado en institución emocional y flexible" (Lipovetsky, 1994: 162).

Ante la dinámica de renovación familiar, los modelizadores titubean, pero se torna necesario enunciar algunas convicciones éticas que encuadren la mirada de las instituciones hacia los grupos de referencia de niñas y niños. Las familias se definen por sus funciones y esto conlleva un abanico de responsabilidades. Cuando una organización familiar, ya sea con una estructura clásica o con alguna conformación atípica, incumple una o varias de sus funciones o violenta la integridad de sus miembros, bajo formas como las de abuso, maltrato, explotación o abandono, merece ser advertida por las instituciones públicas al solo efecto de preservar y promover los derechos de todos sus integrantes, particularmente de aquellos que han visto vulnerada su dignidad. En definitiva, lo que la Declaración Universal de Derechos Humanos alertaba y sigue propiciando es que las instituciones públicas, entre las cuales la escuela ocupa un lugar destacable, tienen la responsabilidad de velar por las condiciones de vida digna de los grupos familiares y de cada uno de sus miembros.

Paradójicamente, esta exigencia ética de cuidar a las personas de toda práctica que lesione su dignidad en el seno doméstico parece reposar sobre la exigencia igualmente potente de reconocer y respetar la diversidad de opciones valorativas que circulan por las organizaciones familiares. Actuar con y para las familias requiere despejar los prejuicios que pretenden naturalizar un único modo de configuración familiar y desdeñan o condenan cualquier forma alternativa. Afirma Laura Santillán que "la revisión de la noción de familia implica correrla del registro de lo dado. Ningún sistema de parentesco es el resultado puro y exclusivo de la reproducción biológica. Las razones biológicas no pueden por sí solas explicar la existencia de esta institución, y ni la maternidad ni la paternidad se reducen a papeles biológicos. Tampoco los cambios en las configuraciones familiares son externos a nosotros mismos, ni el deterioro de las condiciones generales de la vida. En definitiva, abordar la relación entre las familias y la escuela implica ver qué problemas cruzan a ambas instituciones, dejarlas de pensar como cuestiones escindidas y ver que de alguna manera están unidas por los procesos de fragilidad social" (Santillán, 2010: 15). Puestos a considerar los desafíos de las instituciones de Nivel Inicial en relación con las familias de sus alumnos, se torna necesario revisar las miradas, interpelar los juicios de valor y sopesar las legitimidades en pugna entre los adultos que intervienen en la crianza y en la educación de la primera infancia. Sólo en esa revisión, lo que llamamos familia aparecerá con voz propia, con los derechos y con las responsabilidades que su dignidad le confiere.

CAPÍTULO 2

Miradas sobre las familias en las tradiciones del Nivel Inicial

La relación entre el Nivel Inicial y las familias de los alumnos es hoy un motivo de preocupación y de reflexión sistemática. Ahora bien, ¿cuánto y cómo pensaron sobre ella las figuras más relevantes en la construcción de instituciones para la primera infancia? ¿Qué previsiones hicieron los principales pedagogos, dirigentes políticos y educadores que propiciaron y difundieron los jardines de infantes u otras instituciones semejantes? ¿Cuándo y cómo esta relación comenzó a formar parte de la "agenda" de problemas a resolver en la pedagogía argentina sobre el Nivel Inicial? Un breve rastreo de las imágenes que tenían los autores clásicos y los pioneros del nivel inicial, acerca de la relación entre las familias y el jardín, nos permitirá evaluar en qué medida sus aportes pueden iluminar la reflexión presente y el análisis de los problemas que hoy enfrenta esa relación.

Los discursos fundantes

No es sencillo trazar una raya que indique el inicio de la educación inicial. Sí es posible afirmar que sus orígenes se encuentran en las visiones de infancia que se plasman en el pensamiento y las iniciativas sociales desarrolladas en Europa entre fines del siglo XVIII y comienzos del siglo XIX. En ese período, la preocupación por la crianza de los niños pequeños incluía de modo poco discriminado el análisis de lo que ocurría en las familias y lo que podría ofrecer un espacio institucionalizado que asumiera esa tarea específica. Desde convicciones religiosas, preocupaciones sociales e intereses políticos sectoriales, emergieron voces y prácticas dedicadas a intervenir en lo que, hasta entonces, era exclusivamente ámbito privado, aunque atravesado por las regulaciones morales del culto. Según Abbagnano y Visalberghi, las primeras experiencias se dieron en Francia: "Precursor del moderno jardín de infancia (es decir, con fines educativos, pero sin pretensiones de impartir una instrucción propiamente dicha) fue el pastor protestante Friedrich Oberlin (1740-1826), de Estrasburgo, quien fue el primero en abrir en Europa, en 1770, una 'sala de asilo' en una aldea de Alsacia (Ban-de-la-Roche). Su objetivo social (que no llegará a la conciencia pública en general sino hasta muy entrado el siglo XIX) era cuidar sobre todo a los niños más pequeños que los padres difícilmente podían tener consigo mientras laboraban los campos. Los medios educativos fundamentales eran el juego, el canto, la oración y otras pequeñas tareas análogas" (1957: 449). Esta referencia indica que el impulso originario de los futuros jardines tenía un carácter supletorio de la tarea de los padres y estaba orientado a los sectores populares. Aquellas 'salas de asilo' tenían una finalidad eminentemente social y podemos colegir que respondían tanto a las necesidades de las familias como a las de sus empleadores, en tanto liberaban de las tareas de crianza el tiempo que los campesinos dedicarían a la labor agrícola.

Robert Owen (1771-1858) fue uno de los principales impulsores de estas iniciativas filantrópicas en el Reino Unido, que buscaban respuestas ante una nueva configuración social, expresada en las aglomeraciones urbanas de acelerada expansión por la revolución industrial. La demanda de mano de obra para las fábricas textiles era insaciable y las autoridades ofrecían lotes de niños de los hospicios a los empleadores. Estos aprendices eran entregados a partir de los siete años de edad, y vivían en "casas de aprendices", contiguas a las fábricas. En condiciones miserables, llegaban a trabajar catorce horas diarias, con breves pausas para el desayuno y el almuerzo. En ese contexto desarrolló sus acciones y esbozó sus reflexiones Owen, un empresario, político y reformador social de formación autodidacta, influido por la

Ilustración francesa y el Renacimiento escocés (Gordon; 1993). Él mismo había trabajado desde temprana edad hasta llegar a dirigir una fábrica de tejidos en Manchester. Junto con su labor empresarial, desarrolló sus ideas en los libros "La Formación del Carácter Humano" y "Una Nueva Visión de la Sociedad". Entendía que las condiciones de vida son el factor determinante de la suerte del individuo y, en consecuencia, pretendía mejorar el entorno del hombre para que fuera bueno, para que emergiera su bondad natural. En tanto patrón, decidió implantar un régimen más humano que facilitase un cambio en el carácter y la dignidad de los trabajadores de su fábrica. Su suegro, David Dale, en pos de proteger la salud y la moral de los 500 niños de 6 a 16 años que trabajaban en su fábrica, había adosado una escuela a ese establecimiento. Los niños trabajaban entre las 6 de la mañana y las 7 de la tarde y, después de la cena iban a clase. Dale organizó también escuelas destinadas a los niños que eran demasiado pequeños para trabajar. Owen reorganizó esa iniciativa y construyó una escuela de dos plantas, en la cual se destinaban dos aulas de la planta alta para los niños de 6 a 14 años y tres aulas de la planta baja para los niños pequeños. Su colaborador James Buchanan reprodujo la experiencia en Londres bajo el nombre de Infant's School (Escuela Infantil o de los Niños), denominación que caracterizaría a esta vertiente británica de educación temprana. Owen desarrolló en estas instituciones una experiencia pedagógica innovadora, centrada en su expectativa utópica de cambiar la sociedad. Pocos años después, diseñó su propuesta de establecer una aldea agrícola, que él mismo dirigiría y que sería autosuficiente y se basaría en principios comunitarios. Describió ese proyecto en un "Informe al Condado de Lanark". Uno de los principales elementos del plan era la educación de los niños que 'debían formarse como si pertenecieran todos, literalmente, a una misma familia' (reproducido en Gordon, 1993: 289). Owen llevaría a cabo buena parte de sus ideas en la comunidad de New Harmony, una organización de vida comunitaria que no tuvo el éxito esperado. A los efectos de nuestro análisis, lo que importa destacar es el carácter de reforma social que Owen quiso dar a su proyecto pedagógico: la educación infantil británica se inició con un carácter contracultural, en pleno proceso de avance del capitalismo. Según Mario Alighiero Manacorda, "la de Owen es la más iluminada de las utopías socialistas de principios del siglo XIX y llegó a una puesta en práctica *in vitro*, la cual, aunque finalmente destinada al fracaso, dejó huellas en las experiencias sociales sucesivas: sobre todo, como veremos, en los jardines de infancia" (1987: 429). Desde el punto de vista de la relación entre las familias y la organización escolar, ésta no pretendía suplir a aquellas pero sí ofrecer a los niños mejores condiciones de crianza de lo que ellas podían proponer. Por otra parte, Owen apostaba a un futuro en el que la educación comunitaria predominara sobre la educación familiar y su experimentación con niños pequeños apuntaba en esa dirección.

Con escasos vínculos iniciales con la actividad de Owen en Escocia, la educación de la primera infancia tomaba simultáneamente otros rumbos en el continente. En la línea de Oberlin, se hicieron los primeros ensayos en París, por iniciativa de damas filantrópicas, en los barrios pobres de la ciudad. "El primero en tener éxito fue la apertura de una Salle d'asile en 1826, por obra de Adelaide Pastoret Piscatory, quien más adelante, en 1828, promovió la apertura de una sala de asilo mejor organizada, bajo la dirección de Jean-Marie Cochin, quien había ido a New Lanark, en Escocia, para estudiar la nueva institución ahí creada por Owen. Desde entonces, las instituciones preescolares se difundieron, primero por las ciudades industriales de Francia, y después también por el campo" (Abbagnano y Visalberghi, 1957: 449). En Italia, el cura Ferrante Aporti (1791-1858), que conocía la obra de Owen, fundó en Cremona, en 1828, el primer "asilo infantil" de Italia. Según Manacorda, al comienzo fue para unos pocos niños de familias acomodadas, pero Aporti expresaba que "se ha de promover la fundación de una escuela similar de los pobres" pues entendía que esta institución era un correctivo necesario para la "educación espontánea que los niños más miserables [reciben] o en las casas o en las plazas o barrios" (reproducido en Manacorda, 1987: 439-440). Como se puede apreciar, la incipiente educación infantil mantenía un diálogo bifronte, con familias de las élites y familias pobres, en experiencias que se dedicaban a uno u otro sector social puesto que, al mismo tiempo, detectaban una necesidad en ambos extremos de la escala social. Muchas de estas iniciativas daban respuestas prácticas, en algunos casos pertinentes y creativas, pero carecían de un sustento teórico sistemático como desarrollarían en esa misma época Pestalozzi y Fröebel.

Johann Heinrich Pestalozzi (1746-1837) inscribió su aporte pedagógico en la tradición centrada en el niño enarbolada por Rousseau, pero lo hizo a partir de sus propias prácticas como educador, en un ejercicio constante de búsquedas y reflexiones. Su primera experiencia educativa fue en la granja de Neuhof donde, tras fracasar como agricultor, decidió alojar a "niños abandonados" que "vagaban por las calles" (Vilches y Cozzi, 1966: 14), a los cuales ofreció una formación en oficios industriales y economía rural. Si bien empleó allí interesantes métodos de enseñanza, nunca pudo sanear las finanzas de su emprendimiento y tuvo que cerrarlo. Poco después, tuvo notable éxito con la escritura de una novela que lo hizo famoso en Suiza: "Leonardo y Gertrudis". Gertrudis, el personaje principal, estaba inspirado en Lisbeth Krusi, abnegada sirvienta de su granja, que lo acompañaría durante varias décadas y sería su modelo de mujer valiente, activa, dulce y hábil (Guimps, 1944: 72-73 y 279). Su prestigio literario le acarreó cierta fortuna, mientras se comprometía cada vez más con los movimientos reformadores que, a fines del siglo XVIII, levantaban críticas a la aristocracia y exigían mejoras para el pueblo. Desde ese compromiso, tras la guerra revolucionaria que asoló a la sociedad suiza, ofreció su colaboración al gobierno para hacerse cargo de una gran cantidad de niños huérfanos de la ciudad de Stanz. Quemada durante el enfrentamiento con los austríacos, Stanz presentaba una imagen desoladora y numerosos niños, como ocurre generalmente en las contiendas, habían quedado sin padres ni hogares. La experiencia fue fructífera pero efímera y pronto aquel hogar debió transformarse en hospital militar. Pestalozzi se retiró de Stanz enfermo y agotado. Vagó por varios trabajos menores hasta que logró que el gobierno le cediera el castillo de Burgdorf para un nuevo emprendimiento educativo. Allí realizó gran obra con los niños y estableció también un seminario de maestros, que le granjeó el reconocimiento de diferentes países de Europa. Como representante de Suiza ante Napoleón abogó por la educación escolar obligatoria, pero fracasó en su misión. No era un tiempo calmo para desarrollar proyectos de envergadura y poco después fue conminado a abandonar Burgdorf y cerrar las instituciones que allí funcionaban. Tras un una nueva etapa de zozobra, el Zar Alejandro de Rusia lo convocó para que organizara una escuela allí y lo hizo en Yverdon, donde sus dotes como docente alcanzaron la plenitud y aumentaron su renombre internacional. La experiencia duró dos décadas fecundas y, con la ayuda de buenos colaboradores, él fue perfeccionando y difundiendo su método. En los últimos años, surgieron enfrentamientos y dificultades en el seno de esta institución, por lo cual se cerró el instituto en 1825 y Pestalozzi retornó a Neuhof, donde falleció poco después.

Este sucinto relato deja fuera numerosos matices de la vida de Pestalozzi, pero nos permite advertir que su derrotero estuvo plagado de escollos y sinsabores. En medio de las vicisitudes laborales que mencionamos, fallecieron su único hijo y su esposa, de la que estuvo separado involuntariamente por varios años. La vida de Pestalozzi fue una larga obstinación por superar la adversidad y apostar al futuro a través de la educación. Se lo considera habitualmente como un pionero de la instrucción pública, pero cabe destacar su preocupación por mejorar la educación doméstica. Desarrolló buena parte de sus experiencias con niños "abandonados" y huérfanos de la guerra antes de desplegar su reivindicación de la educación materna. Según declaró en una carta de 1818, "nuestro gran objetivo es el desarrollo del alma infantil, y nuestro gran medio la acción de la madre" (citado en Manacorda, 1987: 410). En la pedagogía de Pestalozzi, la enseñanza posterior no sólo es deudora de la crianza familiar, sino que la continúa e intenta preservar sus mejores rasgos. Así nos cuenta que sus propios ensayos partieron de una delegación materna: "Una excelente madre me confió la educación de su hijito, apenas de tres años de edad. Lo visité durante algún tiempo apenas una hora diaria y pude, gracias a él, también durante ese tiempo tomarle el pulso a mi método" (1967: 62). Fue la confianza de aquella "excelente madre" la que puso a funcionar el dispositivo pedagógico de ensayo y reflexión, de construcción de un método para educar a niños pequeños. Lo que Pestalozzi valora allí es esa confianza. No nos cuenta otras virtudes de aquella mujer a la que juzga con tanta elocuencia. El amor y la bondad son, para él, las principales herramientas con que cuentan las madres para orientar el desarrollo natural y armónico de sus hijos. Sugiere, en consecuencia, una educación no represiva que apunte a fomentar el interés de los niños mejorando los métodos de enseñanza.

Expresó sus ideas pedagógicas en un conjunto de cartas reunidas bajo el título "Cómo Gertrudis enseña a sus hijos". En la decimotercera carta de las catorce que componen el libro, en un tono más emotivo que el resto de sus páginas, Pestalozzi despliega sus reflexiones sobre la importancia del vínculo entre "la madre" y "el niño" para la educación sentimental, moral y religiosa de éste: "Yo me pregunto, pues: ¿Cómo llego yo a amar a los hombres, a confiar en los hombres, a agradecer a los hombres, a obedecer a los hombres? ¿Cómo penetran en mi naturaleza los sentimientos sobre que descansan esencialmente el amor a los hombres, el reconocimiento a los hombres, y las disposiciones por las cuales se desarrolla la obediencia humana? Y yo encuentro que: *ellos tienen su origen principalmente en las relaciones que tienen lugar entre el niño impúbero y su madre*. Es menester que la madre cuide a su hijo, lo alimente, lo ponga en seguridad y lo contente; ella no puede hacer otra cosa, es obligada a ello por el poder de un instinto enteramente físico. Ella hace eso, provee a sus necesidades, aparta de él lo que le es desagradable, viene en ayuda de su impotencia; el niño ha sido cuidado, él está contento: *el germen del amor se ha desarrollado en su corazón*. Un objeto que él no ha visto nunca todavía hiere ahora su vista: él se admira, tiene miedo, llora. La madre lo estrecha fuertemente contra su corazón, juega con él, lo distrae. Su llanto cesa, pero largo tiempo aún permanecen húmedos sus ojos. El objeto aparece otra vez; su madre lo toma en sus brazos protectores y le sonríe de nuevo. Esta vez él no llora ya, y devuelve la sonrisa de su madre con una mirada límpida y serena: *el germen de la confianza nace en su corazón*. A cada necesidad del niño, la madre corre a su cuna. Ella está allí a la hora que él tiene hambre, ella le da de beber cuando él tiene sed. Él se calla cuando oye el ruido de sus pasos; él le tiende las manos cuando la ve; sus ojos brillan, fijos en el seno maternal. Él se ha satisfecho. Su madre y el contento de haber satisfecho su necesidad se confunden para él en un solo y mismo pensamiento: *él agradece*. Los gérmenes del amor, de la confianza, de la gratitud, se desarrollan muy pronto. El niño conoce los pasos de su madre, él sonríe a su sombra, él ama a quien se parece a ella; un ser que se asemeja a su madre es para él un ser bueno. Él sonríe a la imagen de su madre, él sonríe a la figura humana; a quien la madre ama, ama él también; a quien su madre abraza, él abraza también; a quien su madre besa, besa él también. *El germen del amor a los hombres, el germen del amor fraternal ha brotado en su corazón*" (1967: 252-254). ¿Qué madre y qué niño pasaban por la cabeza de Pestalozzi cuando escribía estas líneas? No hablaba seguramente de sus alumnos de Stanz, aquellos huérfanos de guerra con los cuales Pestalozzi desarrolló una experiencia pedagógica extraordinaria. Ellos no contaban con ese primer empuje materno al mundo, a la vida y a los afectos. Parece, más bien, hablar de su propia infancia, al cuidado de su madre y de una criada hacia quienes guardó enorme gratitud hasta el final de su vida. Muerto su padre cuando él contaba con escasos cinco años, ambas mujeres le prodigaron una intensa vida de hogar, mucho más rica y significativa que su posterior experiencia escolar. Puesto a reflexionar teóricamente sobre las bases de la educación sentimental infantil, la memoria de sus primeros años parece haber prevalecido sobre su propia trayectoria como educador y quizá por eso atribuye a la influencia familiar toda la potencialidad del desarrollo emocional futuro de cualquier niño o niña. No es que Pestalozzi valorara la crianza doméstica tal como la encontraba en su tiempo, sino que vislumbraba lo que podría llegar a ser si madres y padres pudieran cumplir sus funciones de otro modo. Parte de sus reflexiones son denuncias sobre el empobrecimiento del entorno que rodea al niño: "¡Pobre niño! Tu mundo es tu pieza de habitación. Mas tu padre es retenido en su taller; tu madre hoy tiene penas, mañana tendrá visitas, pasado mañana no estará de humor. Tú te fastidias; preguntas a tu niñera, ella no te responde; quieres salir a la calle, ello no se te permite; entonces te ves reducido a disputar por un juguete con tu hermana. ¡Pobre niño! ¡Qué cosa tan triste es éste tu mundo, sin corazón y que corrompe el corazón!" (1967: 259). Lo que Pestalozzi buscaba era orientar a las madres para que se ocuparan de la crianza de sus hijos según un método natural. Él confiaba en que las madres se verían complacidas y entusiastas con su propuesta y renegaba de las críticas que recibía de otros educadores, quienes despreciaban el compromiso de las madres en la crianza de su prole. Así lo afirma en su libro: "Se exclama generalmente que las madres no se dejarán persuadir a agregar aún un nuevo trabajo a sus ocupaciones: fregar, barrer, lavar, hacer medias y todas las fatigas de la vida. Y aunque yo les conteste como quiera: no es ningún trabajo, es un entretenimiento, no les roba ningún tiempo, y por el contrario, les llena el vacío de mil momentos de molestia para ellas, no se tiene ningún interés por ello y se me responde siempre: ¡ellas no querrán!" (1967: 76). Hablando de un colega con quien había compartido tareas pedagógicas, reconoce un criterio compartido de educar a las madres para su tarea "natural", que es para él la crianza de los hijos: "Lo que me atrajo principalmente del método fue el principio: formar de nuevo a las madres para lo que ellas han sido tan evidentemente destinadas por la naturaleza, porque yo había partido precisamente de ese mismo principio en mis propios experimentos" (1967: 100).

Desde una perspectiva profundamente religiosa, Pestalozzi consideraba que los males de la educación estaban en los procedimientos defectuosos de los viejos maestros, refractarios al cambio y a la naturaleza infantil, mientras que madres y padres estaban ansiosos de enderezar el rumbo de sus prácticas de crianza: "Yo quiero arrancar la enseñanza escolar tanto al caduco orden de viejos procedimientos defectuosos de maestros decrépitos, tartajosos y serviles como también a la impotencia de los nuevos que ni aun pueden reemplazar a los antiguos en la instrucción del pueblo; yo quiero unir esa enseñanza a la fuerza inmutable de la naturaleza misma, a la luz que Dios enciende y aviva eternamente en el corazón de los padres y de las madres y al interés de los padres en que sus hijos se hagan agradables ante Dios y los hombres" (1967: 153). Según su visión, ante las imágenes del mundo que se abrirían a los niños con el desarrollo de los años, aquellas primeras inclinaciones procedentes del hogar podrían tambalear y perder el rumbo. Sería entonces tarea de la escuela conservar y fortalecer con nuevas herramientas el legado del amor materno: "En este primer ensayo tentado por la inocencia maternal, por el corazón maternal *para conciliar por la inclinación a creer en Dios el primer sentimiento de independencia con los sentimientos morales ya desarrollados*, se manifiestan los puntos fundamentales que deben esencialmente tener en vista la educación y la instrucción si quieren alcanzar con seguridad nuestro perfeccionamiento. Así como los primeros gérmenes del amor, de la gratitud, de la confianza y de la obediencia han sido sólo un simple resultado del concurso de los sentimientos instintivos entre la madre y el hijo, el desarrollo ulterior y progresivo de esos sentimientos en germen pertenece a los hombres y constituye un arte superior; pero un arte cuyo hilo se pierde inmediatamente de nuestras manos tan pronto como perdemos de nuestra vista un solo instante nomás los primeros puntos que han comenzado a formar su fino tejido. Esa pérdida es para el niño un gran peligro, y ese peligro es inminente. El niño balbucea el nombre de su madre, la ama, le agradece, confía en ella y la obedece. Él balbucea el nombre de Dios, ama a Dios, le da gracias, confía en él y le obedece. Pero apenas han germinado en su alma la gratitud, el amor, la confianza, cuando desaparecen los motivos que han despertado esos sentimientos: *él no necesita más a su madre*. El mundo que ahora lo rodea lo llama con todos los atractivos con que esta aparición nueva seduce sus sentidos: ahora eres mío. [...] Humanidad, humanidad, aquí, en la época de la vida en que se verifica la separación de los sentimientos de confianza del niño en su madre y en Dios y los de la confianza en ese mundo nuevo que se lo presenta y en todo lo que él encierra, aquí en esta división del camino deberías tú emplear todo tu arte y todos tus esfuerzos para conservar puros en el corazón de tu hijo los sentimientos de gratitud, de amor, de confianza y de obediencia" (1967: 256-257). Según estas líneas, no debería haber ruptura ni tensiones entre las familias y la educación posterior, sino contigüidad de fines y de valoraciones. Sí podría haber ruptura entre ambas y el mundo, fuente de tentaciones, desvíos y yerros que escuelas y familias habrían de evitar.

Aunque enfatiza el rol natural de la madre en esta tarea, suele incluir a los padres en algunas de sus reflexiones: "Yo adquirí de día en día la convicción de que es realmente posible alcanzar el fin del cual he hablado más arriba, que ha dado tanta vida a mis propias experiencias, a saber: formar otra vez a las madres para lo que ellas han sido tan evidentemente destinadas por la naturaleza, y de que de esta manera puede ser fundado el primer grado de la enseñanza escolar ordinaria sobre los resultados adquiridos de la enseñanza materna. Yo vi preparado un método general, psicológico, por medio del cual cada padre y cada madre de familia, que alimenten en su pecho esa aspiración, pueden ser puestos en estado de educar ellos mismos a sus hijos, cesando así la pretendida necesidad de formar preceptores por medio de costosos seminarios y de bibliotecas escolares y empleando largo tiempo en ello" (1967: 103). Confiaba en que tanto los hombres como las mujeres de los sectores populares estaban ávidos de orientaciones para criar a su prole y que adoptarían su método cuando lo reconocieran como válido y de sencilla aplicación: "Cientos de personas han venido, visto y dicho: 'Esto debe salir bien'. Campesinos y campesinas han dicho: 'Esto puedo aplicarlo yo mismo en casa con mis niños'. Y ellos tenían razón" (1967: 117).

Quizá echen aquí raíces las representaciones actuales de una tarea incumplida, de una alianza vejada por las familias, pues las escuelas ya no pueden asentar en ellas sus bases de sustentación. Quizá sea aquella mítica imagen armoniosa planteada por Pestalozzi la que nos lleva hoy a vivir en duelo por el paraíso perdido. Sin embargo, no es, creo yo, esta imagen edulcorada lo mejor que nos ha legado Pestalozzi, sino su denodado esfuerzo por educar contra toda desesperanza, contra los más variados desplantes del destino y los sinsabores de su entorno. No nos cuenta en estos párrafos sus peripecias docentes sino, en todo caso, lo que le habría gustado encontrar en ellas. Sus costosas experiencias en Neuhof, Stanz y Burgdorf muestran más su coraje como educador que su imaginación como pedagogo. En consecuencia, cabe preguntarse qué sustento podría tener la formación sentimental y moral de aquellos niños y niñas que han carecido del primer envión doméstico, del amor maternal así valorado, idealizado y naturalizado. Tanto entonces como en la actualidad, no son pocos quienes transitan su infancia sin una figura materna tan potente en su capacidad de amar y transmitir ese "germen de amor fraternal" hacia toda la humanidad. Concebir el amor materno como principal o único pedestal de toda la trayectoria formativa posterior implica condenar al destierro educativo a quienes no muestran esas huellas en su origen.

Friedrich Fröbel o Froebel (1782-1852) fue el educador alemán que, en los últimos años de su vida, creó el concepto de "kindergarten" o "jardín de infancia", con el cual se inicia definitivamente la historia del actual Nivel Inicial. Su padre fue un pastor de la iglesia luterana y su madre falleció antes de que Friedrich cumpliera su primer año de vida. El padre, de carácter sumamente severo, contrajo nuevo matrimonio y tuvo nuevos hijos, tras lo cual su nueva esposa trató con cierta hostilidad a sus hijastros. A los diez años fue a vivir con su tío materno, cuando éste advirtió el malestar del niño, que se había vuelto "hosco, grave y cerrado" (Vilches y Cozzi, 1966: 59). Poco después Friedrich se convirtió en el aprendiz de un técnico forestal, tras lo cual estudió matemáticas y botánica en Jena. Nunca estudió para ser docente, pero se entusiasmó con esta tarea al conocer las novedosas ideas pedagógicas de Pestalozzi. Desde 1806 fue maestro y preceptor de tres niños de una familia noble y luego fue a vivir y trabajar en el instituto de Pestalozzi en Yverdon (Suiza). Su relación estuvo teñida de la crisis de ese establecimiento y las fuertes disputas que había dentro del equipo docente, por lo que Froebel volvió a Alemania y enseñó en escuelas de Gotinga y Berlín. Participó como soldado en las campañas contra Napoleón, tras lo cual trabajó en un Museo de Mineralogía. En 1816 fundó el Instituto Alemán de Educación General, junto con compañeros del servicio militar. Publicó varios folletos pedagógicos y, en 1826, su principal obra: "La educación del hombre". En esa misma época fundó el semanario "La educación de las familias". Luego dirigió un instituto educativo y un orfanato en Suiza. En 1837 regresó a Alemania y se dedicó casi exclusivamente a la educación preescolar. Tres años después adoptó la denominación "kindergarten" o "jardín de infancia" para su sistema de enseñanza fundado en el juego, desarrollado en el instituto destinado a niños de dos a seis años. En esa época diseñó los materiales de juego educativo denominado "dones". Las actividades en su instituto incluían cantar, bailar, jardinería, jugar y autodirigirse con los "dones"[5].

Froebel comparte algunos rasgos biográficos con Pestalozzi: la orfandad a temprana edad, la itinerancia por Europa y por diferentes actividades laborales, la escasa formación docente y la pasión por descubrir métodos de enseñanza a través de experiencias pedagógicas a veces exitosas y numerosas veces fallidas. Ninguno de los dos tuvo una vida sencilla, reposada o exenta de privaciones. Según relata la Baronesa Marenholtz-Bülow, "Muchas veces nos ha dicho Froebel cuán grande fue la influencia que ejerció sobre todo su desarrollo el hecho de que desde su niñez no estuvo en armonía con las circunstancias inmediatas que le rodeaban. La prematura muerte de su madre, el trato poco amante de su madrastra y la escasa atención y simpatía que le dedicó su padre, ocupado en los deberes de una profesión que le dejaba poco tiempo libre, y hombre de una naturaleza reservada y algo severa, dejaron al niño en el albor de su vida privado de todo amor solícito y lo iniciaron desde muy temprano en los pesares de la existencia" (Marenholtz-Bülow, 1947: 98-99).

Un dato para destacar es que Froebel desarrolló sus ideas pedagógicas a partir de su propia experiencia como educador, pero sus principales obras teóricas son previas a la creación de los dones y los jardines de infancia, a los cuales se dedicó en los últimos años de su vida. A los 53 años, cuando decidió volver a Alemania, enfocó sus preocupaciones pedagógicas en la primera infancia y cuando falleció, a los 70 años, estaba embarcado apasionadamente en esa tarea. Su interés por la primera infancia apareció en tiempos de su convivencia con Pestalozzi, pues entendía que su método era eficaz para niños mayores de ocho años, pero no era pertinente para edades tempranas (Vilches y Cozzi, 1966: 61). Por otra parte, compartía la expectativa de renovar los modelos de crianza, pero veía que la educación

---

5. Estas ideas sobre el desarrollo infantil y la educación fueron introducidas en los círculos académicos a través de la baronesa Bertha Marie von Marenholtz-Bülow, gracias a la cual el duque de Meiningen le concedió a Pestalozzi el uso de su pabellón de caza para capacitar a las mujeres por primera vez como maestras de kindergarten.

familiar que éste propiciaba estaba lejos de realizarse. Su respuesta a ese problema no era estable. En un primer momento, según Prüfer, adoptó cierto pesimismo sobre la crianza doméstica: "como por el momento la familia no puede cumplir todavía las tareas educativas que le señala Pestalozzi, Fröbel considera necesaria, en primer lugar, la institución de una especie de clase preparatoria en cada escuela, una 'clase infantil' en la cual se haga lo que, según la idea de Pestalozzi, correspondería propiamente a la familia" (Prüfer, 1944: 18-19). Como contrapartida, poco tiempo después, volvía a privilegiar la enseñanza hogareña a la institucional: "cuando más profundizamos nosotros, educadores, con la reflexión y con la experiencia, en la esencia de la educación, tanto más comprobamos que nuestra preocupación debe ser, no ya arrancar los hijos a los padres, sino más bien restituírselos, en lugar de querer representar sin derecho la parte del padre" (Prüfer, 1944: 26). Lo que su biógrafo advierte es una preocupación de Froebel fundada en la grieta abierta entre las familias reales y las que idealizaba Pestalozzi. Esa distancia es la que vendría a cubrir, varias décadas más tarde, la experiencia de los jardines de infancia.

Cuando en 1826 publicó su obra pedagógica más importante, seguía convencido de que la tarea principal era educar a las familias. Allí establece tres grados de desarrollo del hombre, que son la criatura, el niño y el adolescente. Amén de la etapa de criatura, que dedica a los cuidados de la madre, al empezar a analizar el segundo grado plantea: "En este grado de la vida, en que el interior del hombre se manifiesta por el exterior, en que importa buscar el enlace entre el interior y el exterior, y la unidad en la cual ambos se confunden, se inicia la educación del hombre, y se declara, además de la necesidad de continuar prodigándole los cuidados físicos anteriormente reclamados, la necesidad, más imperiosa aún, de los cuidados intelectuales. La educación incumbe aún, por completo, en esta época, a la madre y al padre, es decir, a la familia con la cual el niño forma, según las leyes naturales, un todo indivisible" (Fröebel, 1909: 36). Recién en el tercer grado de la educación, período que él ubica en la adolescencia, debería estar a cargo de la escuela. Para la niñez, él describe la variedad y calidad de conocimientos que los hijos aprenderán de los oficios de sus padres, como el de jardinero, cazador, herrero, tendero, tejedor, tintorero, cordelero y carpintero, entre muchos otros. Luego concluye: "Todo género de comercio o industria, todo arte u oficio, puede de esta suerte convertirse en una fuente de nociones útiles para el niño. [...] ¡Cuánta riqueza de enseñanzas encierra la vida doméstica! ¿Y no parece que el niño lo presienta así, según la constancia con que sigue vuestros pasos? ¡Oh! ¡Guardaos bien de despedirlo cuando viene á encontraros en medio de vuestras ocupaciones! Por absortos que estéis en vuestros trabajos, acogedle, prestad oído benévolo á sus incesantes preguntas. Si le desairáis, recibiéndolo de un modo brusco ó rechazándolo, destruiréis un retoño de su árbol de vida. Pero al contestarle, no le digáis más que lo absolutamente necesario, con el fin de que él mismo complete vuestra respuesta" (Fröebel, 1909: 57-58).

Conviene tener siempre en cuenta que la pedagogía froebeliana está teñida de su concepción religiosa y toda su mirada sobre el mundo familiar responde al ideario cristiano en el cual había sido formado y al cual adhería fervorosamente. Según Hughes, el sentido de la educación doméstica que propone Froebel se liga directamente con sus sentimientos religiosos: "uno de sus grandes propósitos fue el ennoblecimiento de la vida familiar. Deseó hacerla pura, verdadera, amorosa, para que pudiera fijar en la naturaleza del niño tipos de pureza, verdad y amor que se convirtiesen en una representación emblemática de la sociedad perfecta y de las relaciones de la humanidad con Dios" (Hughes, 1925: 342). Esa sociedad perfecta era, para Froebel, el resultado de una cadena de identificaciones en la comunión espiritual: "Este sentimiento de comunidad, uniendo primero al niño con la madre, el padre, los hermanos y las hermanas, y apoyándose sobre una elevada unidad espiritual, a la cual se agrega después el infalible descubrimiento de que el padre, la madre, los hermanos, las hermanas y, en general, los seres humanos se sienten y reconocen en comunidad y unidad con un principio superior —con la Humanidad, con Dios—, este sentimiento de comunidad es el primer germen de todo verdadero espíritu religioso, de toda genuina aproximación para la clara unificación con lo eterno, con Dios" (reproducido en Hughes, 1925: 342).

Según Prüfer, Froebel atravesó una crisis relevante hacia 1836, que lo llevó a reorientar sus prioridades dedicándose de lleno a la primera infancia. Escribió en su diario al comienzo de ese año: "Si queremos pensar en la renovación y el rejuvenecimiento de la vida, de todas las relaciones humanas debemos pensar ante todo en renovar y rejuvenecer las relaciones de familia, la vida doméstica. Si queremos elevar la humanidad a un grado superior de civilización y de vida, debemos dar vida a las relaciones familiares puras, que nunca existieron hasta ahora en su perfección y plenitud, es decir en la clara conciencia omnilateral, debemos dar existencia a la vida familiar pura, genuinamente divina, que reconoce al hombre en su esencia —la divinidad en la humanidad" (reproducido en Prüfer, 1944: 74). Al año siguiente, ya instalado nuevamente en Alemania, adoptó el lema que debía iluminar su trabajo: "¡Desde ahora, vivamos para nuestros hijos" (Prüfer, 1944: 79). En esa época, diseñó sus materiales interactivos como herramienta indispensable para una enseñanza intuitiva y abrió en Blankenburg un establecimiento donde utilizar y difundir esos materiales bajo el nombre de "Institución de juegos y ocupaciones", que luego de 1840 tomó el nombre de Kindergarten o "jardín de niños". En 1839, el año en que falleció su primera esposa, sumó al instituto los cursos de perfeccionamiento para "cuidadores y cuidadoras de niños". Aun en contra de su propia experiencia y de los colegas con los que había trabajado, en esos años adoptó la convicción de que las mujeres eran quienes tenían condiciones naturales para la tarea de educar a la primera infancia. Así lo escribía en una carta a la madre de uno de sus alumnos: "Cuanto más completamente me dedico a la primera infancia, tanto más me percato de que lo necesario para la primera educación del género humano, para la infancia, no puede ser hecho por hombres y especialmente por ellos solos, sino que deben ser asistidos por el sentimiento femenino materno, por el amor materno de las mujeres. [...] Sobre la divina pureza, sobre la profundidad, la plenitud y la eficacia del sentimiento de la mujer como educadora de la infancia, se funda todo el bien de la humanidad naciente" (reproducido en Prüfer, 1944: 100). A fines de ese año comenzó a reunir a algunas señoras de la localidad para formar una asociación de mujeres interesadas en desarrollar sus habilidades educativas. Desde 1843, el consejo comunal de Blankenburg decidió pagar un sueldo a una "madre de los niños", denominación previa a la de "jardinera de los niños", para el período del 1° de abril al 30 de septiembre de cada año. El consejo opinaba que, en invierno, era innecesario un instituto para la custodia de los niños, porque los padres por lo general eran campesinos, y por tanto en aquella estación muerta podían atender por sí mismos a los hijos. Como primera "madre de los niños" fue nombrada Ida Seele. Tanto la denominación, como el período de trabajo dan cuenta del sesgo de continuidad del rol materno que adoptaba la institución y que encontraba sustento en la visión de Froebel sobre la naturaleza femenina.

En las decisiones y los enunciados de Froebel se puede apreciar, en síntesis, la continuidad y contigüidad que él establecía entre las familias y el "kindergarten". "Fröbel no consideraba a los jardines de infancia como fin de sí mismos, pues sabía bien que no habrían podido nunca sustituir por completo la vida familiar, sino sólo como medio para conseguir el propósito de encaminar hacia la ejecución del jardín general de la infancia alemana, es decir de aquella condición ideal de cosas en que el puro sentimiento femenino y la crianza de los niños según la naturaleza habrían formado un todo íntimamente unido" (Prüfer, 1944: 117). En consecuencia, más que relaciones entre las familias y los jardines, podemos ver en su experiencia un lazo indisoluble que va de la familia al jardín aplicando el amor materno a la enseñanza institucional y del jardín a las familias llevando herramientas idóneas (los "dones") para mejorar la crianza doméstica. No había, no podía haber, entre ambas instancias ninguna fractura, disidencia o incoherencia. Estaban diseñadas de modo espejado y armónico.

Las primeras experiencias en Argentina

El "jardín de infantes" propuesto por Froebel pronto se propagó por Alemania y posteriormente hacia los Estados Unidos y el Reino Unido, donde hemos visto que ya había habido experiencias semejantes. En el ámbito rioplatense, Bernardino Rivadavia tomó contacto tempranamente con las experiencias desarrolladas en el Reino Unido y trató de incorporarlas a su gestión política de carácter secularista, a través de diferentes instituciones educativas y asistenciales que atenderían a los huérfanos de Buenos Aires desplazando de esa tarea a la Iglesia Católica. Mariquita Sánchez (1786-1868), relevante dama porteña, entonces viuda de Thompson y casada en nuevas nupcias con Mendeville, adhirió a las ideas del gobierno rivadaviano y aceptó su convite de formar un grupo de mujeres de élite que asumiera la gestión y supervisión de dichas instituciones (Sáenz Quesada, 1995: 86-91). Las referencias a aquella experiencia son muy escasas y el testimonio más relevante proviene de unos cuantos años después, cuando Juana Manso reivindicó la tarea pedagógica de Mariquita Sánchez, fallecida pocos meses antes: "No puedo pasar por alto que en 1823 o 1824, ya se ensayó esta clase de escuelas en Buenos Aires, merced no sólo a los esfuerzos del Sr. Rivadavia, sino de la inteligente señora Da. María S. de Mendeville. Ella recogió de manos del Sr. D. Saturnino Segurola (aquel benéfico Sacerdote temprano amigo de la Educación) el cajón con los aparatos de escuela infantil y frente al paredón del Colegio, alquiló una casa levantando una suscripción entre sus relaciones, y aprendiendo ella misma los métodos, iba diariamente a dirigir los ejercicios que reprodujo a mi vista con algunos cantos todavía en 1866. Aquella escuela desapareció entre nuestras tormentas políticas, y la amable Sra. Mendeville no existe tampoco pero yo siento un triste placer en traer a la luz pública un rasgo de su vida, tan incansable en esta tarea de la educación" (Manso, 1869: 321). Lo que este dato nos indica es que la educación de la primera infancia llegó a la Argentina de manos de los sectores pudientes, con destino a los niños de sectores populares, generalmente carentes de familia, huérfanos o abandonados. La actividad de Mariquita no era avalada por las élites en su conjunto, pues a las disensiones políticas se agregaban las objeciones morales que recibía, por entonces, la viuda de Thompson. Al escándalo que había provocado unos años antes que ella despechara al candidato elegido por su padre para contraer matrimonio con su primo, Martín Thompson, le siguió el provocado por la separación de esa pareja[6]. Más recelos aún causó el hecho de que ella guardara un breve luto tras la muerte de su primer marido y volviera a contraer nupcias poco después, para ser madre nuevamente sin que mediaran nueve meses. Esa era la mujer que algunos consideran "la primera maestra 'jardinera' argentina" (Velásquez, 1967: 32). Lejos del pundonor y el recato que esperaban de ella otras damas de su clase, Mariquita fue una transgresora y su compromiso con la educación infantil era, probablemente, una mancha más en su honra ante los ojos de sus contemporáneos.

Domingo Faustino Sarmiento (1811-1888), otro alborotador de las costumbres, seguiría los pasos de Mariquita en la preocupación por dar enseñanza a la primera infancia. Durante buena parte del gobierno de Rosas, vivió exiliado en Chile, donde se dedicó al periodismo y la educación. Dirigía la Escuela Normal de Preceptores cuando el presidente Manuel Montt le encargó la misión de estudiar los sistemas educativos de Europa y Estados Unidos, a fin de evaluar las posibilidades de traer de allí experiencias enriquecedoras de los sistemas educativos locales. Tras ese prolongado viaje, que impactó hondamente en su visión del mundo, se dedicó a escribir sus impresiones sobre lo observado y presentó al gobierno un informe sobre los sistemas educativos. Sobre la base de dicho informe escribió "Educación popular", el libro en el que difundió ante la opinión pública buena parte de su proyecto pedagógico, basado en las nociones de educación pública, gratuita y laica. Su primer destinatario era la sociedad chilena, pero incluía en sus anhelos la intención de influir en la agenda política argentina, previendo que Rosas abandonaría prontamente el poder. Lo que allí escribe anticipa sus posicionamientos ulteriores y justifica el empeño que aplicaría para formar un sistema educativo moderno, según los parámetros provenientes de sus vivencias en el hemisferio norte.

En su recorrida por Europa, había tomado contacto con las primeras experiencias de educación de la infancia temprana,

---

6. Por aquellos años no se mencionaba el divorcio, pero los maridos se iban "de viaje", como el que llevó a Thompson a los Estados Unidos sin la compañía de su cónyuge.

principalmente en su versión francesa. "Son las salas de asilo la última mejora que la instrucción popular ha recibido. No hace diez años que tuvieron origen en Inglaterra y se ensayaron en Francia bajo la dirección de M. Cochin. En 1847, había en París 26 establecimientos, todas las provincias se esmeraban en organizarlos y una completa legislación había sido producida para reglamentarlas. La opinión pública las considera hoy como el primer escalón indispensable para un sistema completo de enseñanza" (1915: 256). Sarmiento asistió a aquellas Salas de Asilo y reflexionó entusiastamente sobre las potencialidades de dicha experiencia en caso de trasladarla a Sudamérica: "Visité en París con detenimiento varias salas de asilo, habiendo invertido un día entero en una de las más concurridas, acompañado de la señora inspectora Mme. Grasier, que era fundadora y protectora de una cuna inmediata, que visitamos igualmente. [...] Las salas de asilo se me presentaron en toda su tierna simplicidad, y apenas me era dado a veces reprimir la emoción que aquel espectáculo de trescientos niños de dos a seis años de edad, disciplinados por la ciencia, ofrecía a la vista" (1915: 263). Aquellas experiencias educativas de nombre tan poco estimulante eran uno de los núcleos embrionarios del actual jardín de infantes y allí se llamaba "superintendente" a las docentes a cargo. Entre las descripciones de sus rasgos básicos y sus impactos culturales, Sarmiento considera que la función de estas instituciones es reemplazar la crianza doméstica por una educación en manos de personas técnicamente cualificadas para atender a niños de edades tempranas.

En este tramo de la formación, como en la enseñanza primaria, lo que preocupaba a Sarmiento era alejar a los niños de la influencia de sus padres. Consideraba que, fueran estos ricos o pobres, ejercían influencias nefastas para el desarrollo de sus hijos. Es su objeción a la tarea ordinaria de las madres lo que lleva a que, por contraste, valore la experiencia formativa de las salas de asilo: "La madre educa al niño en los primeros pasos de la vida. Pero ¿sabe la madre medir las consecuencias de los actos, de las pasiones, de los gustos, de los hábitos que ella presencia, fomenta o hace nacer?" (1915: 256). Esa es la sospecha básica del pensamiento pedagógico de Sarmiento: "¿Sabe la madre?"

Allí radica, en buena medida, su apuesta por una educación a cargo de personal especializado, particularmente en la geografía rioplatense, pues entiende que "padres bárbaros" darán por fruto hijos de igual talante: "No es posible decir cómo se transmite de padres a hijos la aptitud intelectual, la moralidad y la capacidad industrial, aun en aquellos hombres que carecen de toda instrucción ordenadamente adquirida: pero es un hecho fatal que los hijos sigan las tradiciones de sus padres, y que el cambio de civilización, de instintos y de ideas no se haga sino por cambio de razas" (1915: 26). La educación sería, para Sarmiento, una herramienta tan eficaz como las políticas raciales que entusiasmarían a Alberdi.

El juicio que el educador sanjuanino tenía de la crianza doméstica denostaba tanto a las madres de clase alta como a la de sectores subalternos, las cuales suscitaban deformaciones divergentes pero igualmente perniciosas para la vida de sus hijos: "La madre perteneciente a una clase elevada confía de ordinario, con la lactancia, la primera educación del párvulo a una nodriza de clase inferior. El niño de seis meses de edad siente que él es amo, que su madre adoptiva lo respeta; llora y acuden a hacerlo callar; quiere algo y una servidumbre complaciente se apresura a satisfacer sus deseos. Así, la edad en que por su debilidad estaría el niño condenado a la sujeción que imponen las fuerzas superiores es la edad del poder absoluto. Un niño reina en su casa; su madre misma le obedece; le basta para conseguirlo llorar con tenacidad. Todas las leyes naturales están violadas; hollada la justicia a cada paso; subvertido el orden natural de dependencia de lo débil a lo fuerte, del que recibe al que da. Pedid una gota de gratitud a este corazón, que se ha habituado a creerse el centro adonde converge toda la familia; exigid amistad y benevolencia de esta alma helada ya por el egoísmo. ¿Cómo limitar los deseos del que pide a su nodriza que detenga un batallón que pasa para oír la música que lo entretiene; el que en el insensato orgullo de ver ceder todo lo que lo rodea pide otra vez que le bajen la luna para tenerla en sus manos? [...] La muerte o las enfermedades suelen con frecuencia venir a poner coto al excesivo abrigo de los vestidos, a la abundancia de alimentos, a la falta de ejercicios, a los vicios del aire de los salones, a la violación en fin de todas las leyes naturales, suspendidas, por decirlo así, en el hogar doméstico para que no sufra interrupción la vida ficticia que se le hace llevar" (1915: 256-258). Juicio igualmente desdeñoso le inspira la crianza doméstica de la clase baja: "No es menos lastimosa la educación del pobre en sus primeros años. Entre cualquiera en el cuarto de cuatro paredes reducidas en que viven, comen y duermen padre, madre, hijos, perros, gatos; donde se lava la ropa; donde se prepara la comida. Dejemos a un lado el aire malsano; los miasmas pútridos; el desaseo habitual, la desnudez inevitable; tomemos sólo el espectáculo moral. La madre necesita ocupar su tiempo, y los niños la perturban. Sus actos de represión son, por tanto, simples desahogos de cólera y de venganza. Necesita el terror de un palo, del primer mueble que encuentra, para contener el desorden naciente. El niño presencia las luchas brutales que tienen lugar entre sus padres: la calle es el jardín de recreo que los libra de la estrechez del hogar doméstico; la dureza misma de su vida endurece su corazón contra la dependencia; la falta de instrucción de sus padres aleja de sus ojos toda idea de una mejor condición posible para él; y su ociosidad habitual, donde como entre nosotros no hay fábricas que lo embrutezcan de otro modo, abusando de su naciente fuerza entorpece sus facultades mentales, al mismo tiempo que el sentimiento de la justicia es nulo, el de la mejora imposible. De estos seminarios sale el hombre llamado plebe, roto; ser punto menos que insensible a las necesidades físicas, negado a la acción moral, limitado en su esfera, comprimido por la fuerza brutal, único freno que conoce, dispuesto siempre a ensanchar su acción toda vez que sienta aflojarse la fuerza de coerción que a falta de sentimientos morales lo tiene sujeto" (1915: 258). Conviene destacar que las críticas de Sarmiento a las familias no se centran en su estructura, sino en sus funciones. Soslaya toda referencia a quiénes son los miembros de los grupos familiares y se explaya en cuestionar el modo en que educan a su prole. La crianza doméstica era, para Sarmiento, deplorable entre ricos y pobres de la nación francesa: "He aquí, pues, los dos extremos antagonistas en que es criado el hombre en nuestras sociedades; el rico, depravado por la saciedad de sus deseos, por no conocer límites a su voluntad; el pobre, endurecido por los sufrimientos, anonadado bajo la presión de las necesidades y del imperio brutal de las fuerzas, distraídas de él, que obran en torno de sí" (1915: 259). Si estas crudas descripciones correspondían a las familias francesas, cuánto más calificativos merecerían para Sarmiento las clases equivalentes del retrasado sur americano. Como contrapartida, las salas de asilo ofrecían, a sus ojos, una experiencia formativa altamente benéfica para los niños de ambos sectores y exenta de los riesgos denunciados en el seno del hogar: "Las amas traen a sus niños, y las mujeres pobres se descargan de los suyos en estos depósitos generales desde temprano. [...] El hijo del pobre no tiene allí el espectáculo del malestar doméstico, no se siente abandonado, no es rechazado, castigado, reñido; el del rico no tiene a quien mandar, a quien imponer sus caprichos, ni quien satisfaga sus pasiones desordenadas. Como las aplicaciones de las reglas morales no tienen lugar sino en la sociedad, el niño encuentra desde luego, en los primeros pasos de la vida, una sociedad compacta, en donde ejercitar sus pasiones, que aprenden a confinarse en ciertos límites de justicia y de orden, que forman irrevocablemente su conciencia para lo sucesivo" (1915: 259-260). En este último tramo, puede apreciarse una incipiente reivindicación de la escuela como espacio público que, en sí mismo, conlleva un potencial formador, más bien adaptativo, que provoca la adecuación del niño a las reglas del aula.

El texto adopta, en ciertos tramos, un tono panegírico de carácter publicitario, pues Sarmiento pretende convencer de las bondades de las casas de asilo para ambos lados de la escala social: "Las familias pobres, con el establecimiento de las salas de asilo, no tardarán en sentir una mejora notable en su posición, cuando asilos gratuitos reciban a sus niños cada día mejor instruidos, sin imponerles carga alguna y permitiéndoles por el contrario entregarse al trabajo con mayor libertad. Las familias ricas comprenderán también que en lugar de abandonar a sus hijos a la funesta influencia de los domésticos, podrían con ventaja dejarlos durante muchas horas cada día en lugares en que todo está preparado para facilitar su bienestar bajo impresiones favorables al desarrollo de su carácter moral y de sus fuerzas físicas" (1915: 305). Se advierte, en este posicionamiento de Sarmiento, una mirada diferente a la que habían enarbolado Pestalozzi y Froebel, pues éstos enfatizaban la continuidad y contigüidad entre la crianza doméstica y la actividad educativa escolar, mientras aquel propone un modelo de ruptura y reemplazo. Ambos modelos parten de una visión semejante sobre las insuficiencias de la educación doméstica, pero Pestalozzi y Froebel apuntan a que la experiencia escolar contribuya a mejorar y enriquecer la actividad de madres y de nodrizas, mientras Sarmiento aboga por extirpar a los niños de la influencia de sus progenitores o, al menos, reducir sensiblemente el tiempo que ambos comparten.

En Francia, el reglamento de las Salas de Asilo daba algunos indicios sobre el funcionamiento cotidiano de la relación con las familias de los niños, previendo ciertas responsabilidades asignadas a los padres: "Art. 12°: Los padres deben, antes de la admisión, presentar al superintendente un certificado de médico, comprobando que su hijo no está atacado de enfermedad contagiosa, que ha sido vacunado o que ha tenido la viruela. Art. 13°: Cada día, antes de llevar a los niños al asilo, los padres les lavarán las manos y la cara, los peinarán y cuidarán de que sus vestidos no estén rotos, descosidos, ni desgarrados" (1915: 268). Como se puede apreciar, no se trataba de exigencias desmedidas o pretensiones excesivas. La mayor parte de la tarea recaería sobre las maestras. Ellas serían responsables de todo lo sucedido en el tiempo que los niños transcurrieran bajo su cuidado y, en ese rol, según Sarmiento, desplegarían sus instintos femeninos, moldeados por una formación adecuada y el respaldo del empleo público: "Las salas de asilo han introducido desde el momento de su aparición una notable mejora en la enseñanza y una mejora social. La primera ha sido devolver a la solicitud maternal de las mujeres la primera educación de la infancia. Todo el personal de las salas de asilo, maestras, cuidadoras, porteras, son mujeres; y la experiencia no ha hecho más que confirmar en la idea de la exclusiva idoneidad de su sexo para la educación de los niños. Dotadas de un tacto exquisito para dirigir la niñez, cuando el exceso de afecto no las extravía, las mujeres solas saben manejar sin romperlos los delicados resortes del corazón y de la inteligencia infantil. La inspección de las salas de asilo ha sido confiada igualmente a señoras; y este hecho solo ha bastado para entablar relaciones de simpatía y ayuda entre las clases todas de la sociedad. Las mujeres con la mejor voluntad del mundo para hacer el bien no encuentran en nuestra organización actual ocasión inmediata de derramar sus dones y sus cuidados sobre la parte angustiada de las ciudades, y no pocas veces la superabundancia de su instinto del bien se extravía fomentando la mendicidad o distrayendo de verdaderas fundaciones piadosas los fondos que debieran contribuir al alivio de los demás. Pero aun en el caso de que acierte a darles buen empleo, su actividad personal, fuente de dones mayores que los que la fortuna puede hacer, permanece siempre ociosa. Las salas de asilo abren a nuestras señoras las puertas para ellas cerradas hasta hoy de una acción directa sobre la felicidad de los otros, con el ejercicio de funciones augustas que, sin salir del carácter de las maternas, tienen la influencia y el alcance de los empleos públicos" (1915: 261-262). El reglamento francés no prevé demasiado descanso para estas "funciones augustas", pues anticipa algunas tareas para los días feriados: "Art. 47°: El domingo y los otros días feriados, las superintendentas, si así lo desearen los padres, podrán reunir a los niños más avanzados para llevarlos al oficio divino. Convendrá también que en estos mismos días, las superintendentas visiten a los niños que estuviesen enfermos, conversen con los padres acerca del carácter y de la conducta de sus hijos, de los defectos y de las faltas que merezcan su atención particular; y se pongan en relación con el regidor de la municipalidad y las personas bienhechoras para tratar de las necesidades más urgentes de ciertos niños o del establecimiento mismo" (1915: 275). También era responsabilidad de las docentes controlar las inasistencias de los niños o las demoras en retirarlos al finalizar la jornada diaria: "Art. 44°: La superintendenta debe comprobar cada día las ausencias y las presencias, no haciendo pasar lista a niños tan tiernos, sino leyendo todos los nombres inscriptos en el libro de matrícula y haciéndose ayudar en sus observaciones por la mujer de servicio y por alguno de los niños de más edad. Art. 45°: Cuando después de la última hora de recreación o de clase, los niños, a pesar de las representaciones más eficaces hechas a los padres y tutores, no son inmediatamente llevados por sus familias, las superintendentas deben retenerlos, a fin de que no se vean expuestos a encontrarse solos en las calles, y por consecuencia continuarles sus cuidados hasta que los niños sean entregados en manos seguras. Si después de debidamente advertidos, los padres cayesen de nuevo en la misma negligencia, la señora inspectora podrá autorizar a la superintendenta a no admitir al niño en la sala de asilo. Art. 46°: En caso de ausencias reiteradas de un niño, sin motivo conocido de antemano, la superintendenta se informará de las causas que habrán podido motivar aquella ausencia y lo anotará para instruir de ello a la señora inspectora" (1915: 274). Sarmiento valoraba este modelo de sobreexigencia de escuelas y docentes, que descansaba en su impugnación de la crianza doméstica y su sospecha sobre los efectos perniciosos de la influencia que padres y madres ejercían sobre sus hijos. Cabe preguntarse cuánto y cómo aquellas sospechas perduran de modo abierto o encubierto en las representaciones actuales del Nivel Inicial y de qué manera afectan las relaciones cotidianas con los grupos familiares.

En un viaje posterior a los Estados Unidos, Sarmiento volvió a interesarse por la educación de la primera infancia y promovió un vínculo epistolar entre Juana Manso y las educadoras norteamericanas Mary Peabody de Mann y su hermana Elizabeth Peabody, quienes le transmitieron las experiencias de su jardín de infantes de Boston. Juana Manso (1819 - 1875) era una relevante intelectual argentina a quien sus contemporáneos le retaceaban méritos no sólo por ser mujer, sino por tener convicciones firmes y enfrentar creativamente los problemas de su época. Desde muy joven se había interesado por escribir sus propias obras y realizar traducciones de sus lecturas en francés. Participó con voz propia de la generación romántica que creció en tiempos de Rosas, se exilió luego en Montevideo y más tarde en Brasil. Se casó con un violinista con quien tuvo dos hijas. Vivió con ellos en Estados Unidos, en Cuba y en Brasil, donde escribió diversas obras al mismo tiempo que se ocupaba de la crianza de sus hijas. Cuando el violinista se fue con su música a otra parte, Juana volvió a instalarse en Buenos Aires, tras la caída de Rosas. Allí expandió sus actividades como periodista y como educadora. Fue una firme aliada de los proyectos pedagógicos de Sarmiento y recibió duras críticas en todas las actividades que emprendió. Más de una vez le enrostraron el hecho de haber sido abandonada por su marido y señalaban como una mancha el que tuviera que trabajar para mantener a sus hijas. Los contratiempos endurecieron su carácter pero nunca abandonó la lucha por sus ideales y, por eso, el sistema educativo argentino le debe varios de sus mayores logros. Afirmaba de sí misma: "Conozco que en la época en que vivo soy en mi país un alma huérfana, o una planta exótica que no se puede aclimatar" (reproducido en Santomauro, 1994: 97).

Antes de conocer personalmente a Sarmiento, ya compartía su pesimismo sobre la crianza doméstica y llegó a proponer la separación drástica de los hijos de la órbita de sus padres: "En las actuales circunstancias, antes que esas llamadas escuelas patrias, desearíamos la creación de casas de refugio o de asilo, como quiera llamárseles. La ventaja inmediata y saliente de estas casas es segregar los niños de toda otra influencia que no sea la enseñanza a que se le sujeta. En una sociedad como la nuestra, a cuyo análisis resiste entrar nuestra pluma, porque sentimos el rubor de la vergüenza en el rostro, en nuestro país, donde en 22 años de tiranía, la clase pobre está habituada al lenguaje más repugnante e inmoral, donde la infancia misma usa de ese horrible lenguaje, y donde parece extinta la piedad, la moral, la religión, creemos que las pocas horas pasadas en una escuela, con el contacto de las calles y aun de sus propias familias, no es suficiente a desarraigar esos hábitos funestos, ni a morigerar los niños. En las casas de refugio por el contrario, sujetos al régimen celular, repartido el tiempo entre el estudio y el trabajo corporal, entre los ejercicios de piedad y la gimnástica, educados con la sobria frugalidad que todo moralista aconseja para los niños: acostumbrados al aseo desconocido de la clase pobre entre nosotros, sujetos a una constitución interior que tuviera en vista premiar siempre el mérito y hacerles comprender temprano los principios del bien y del mal que pueden conducir el hombre por caminos tan distintos, como para decirle, nuestra felicidad, o nuestra desgracia, es obra de nosotros mismos" (Manso; 1854). Cuando, tiempo después, llegó a Buenos Aires y dedicó sus mayores energías al trabajo educativo, ya no abrigaba expectativas tan destempladas. Años más tarde, al recordar el momento en que las autoridades le exigieron que sacara de su escuela mixta a los niños mayores de ocho años, recurriría a la imagen de la escuela como una réplica de la familia, ligando a ella la expresión de sus sentimientos de zozobra: "Mi escuela era una familia, de modo que aquella fue la separación de los hijos y de la madre. [...] No se dispersa de la noche a la mañana una numerosa familia, sin echarse de menos. No podía yo dominar mi tristeza y la mala impresión del proceder del Departamento" (Manso, 1867: 82-83).

Juana Manso difundió la experiencia de la educación inicial a través de la sección "Guía de las Escuelas-Jardines" que desde 1866 publicaba periódicamente en los Anales de la Educación Común. Aunque su correspondencia con Mary Peabody de Mann se inició recién en ese año, ella ya había experimentado la enseñanza a niños menores de seis años en aquella primera escuela destinada a alumnos de ambos sexos, que abrió en Buenos Aires en 1859. Cuando se contactó, a través de ese intercambio epistolar, con los aportes de Froebel, se transformó en su seguidora entusiasta: "Jardines de niños se han denominado por su fundador, en vista de que el niño es como una planta que tiene su índole particular, su naturaleza propia y que por lo tanto debe ser cultivado y desarrollado por procederes naturales, del mismo modo que el jardinero cultiva las plantas de un jardín sin prescindir de esas diferencias esenciales cuya categoría ya viene designada por la sabiduría del Creador. Cada planta requiere su especial modo de cultivo y lo mismo sucede con el niño. [...] No es posible someter a una regla general dos temperamentos opuestos, como por ejemplo el nervioso y el linfático. No pueden enseñarse del mismo modo dos niños cuyas procedencias serían tan distintas como la opulencia y la miseria. En el primer caso, los alimentos, el vestuario, la diversidad de objetos a que está habituado habrán ejercido inevitable influencia sobre su salud y sobre su comprensión. El otro, vice-versa, mal alimentado, mal vestido, criado en la desnudez de la indigencia, comprenderá con menos facilidad; no sólo por la debilidad física sino porque nada ha visto que despierte sus facultades comprensivas. Los jardines de niños han sido, pues, concebidos bajo el plan de la floricultura y el maestro es el jardinero de la mente. La educación de los niños empieza con la vida y en el ensayo hecho en Hamburgo, Fröebel hacía concurrir a las nodrizas a su establecimiento con infantes de tres meses para que éstas se guiaran por los consejos del pedagogo" (Manso, 1866: 259). Es interesante advertir la reflexión de Manso sobre la diversidad, que tanto atribuye a diferencias de carácter como a la procedencia de clase. Su visión de la pobreza se reduce a la privación o negación de lo que encuentra en la infancia opulenta, pero advierte que no puede educarse del mismo modo a niños de experiencias sociales distintas. En relación con las familias, recupera la experiencia de Froebel para invitar a que la actividad escolar transforme los criterios de la crianza doméstica, en un camino unidireccional que no es totalmente fiel a la concepción froebeliana.

Pocos años después, iniciada la presidencia de Sarmiento, fue comisionada para inspeccionar las "escuelas infantiles" de la ciudad capital. En ellas, según se desprende de las pocas veces que menciona edades, deberían aceptarse alumnos entre los cuatro y los diez años, aunque encontró alumnos que superaban con amplitud ese margen. Aparentemente, Manso consideraba al Kindergarten como una sección, la primera, de esas escuelas infantiles, en tiempos en que todavía no se había estabilizado ni alcanzaba consenso la graduación escolar y la división entre niveles de enseñanza. En ese informe menciona la existencia de veintiséis escuelas con 1883 niños de ambos sexos, más otras siete escuelas subvencionadas. "Respondiendo a mi primera investigación: 'Si las escuelas visitadas responden a su denominación científica de Infantiles para ambos sexos'. Como fundadora de esta clase de escuelas en 1859, veo que hoy su degeneración es total. Ni los sexos están en la proporción que autorice la denominación para ambos sexos, ni las edades autorizan el calificativo de Infantiles, puesto que a la par de niños de 4 a 6 años he hallado niñas de 14 y de 16 disfrazando la fecha de sus años con el traje ingenuo de la Escuela, ni los métodos propiamente infantiles son practicados en ellas" (Manso, 1869: 318-319). Tras descalificar lapidariamente la acción educativa de esas escuelas, tanto por sus condiciones inapropiadas como por la impericia de los maestros, interpela a padres y madres para que cooperen en la gestación de escuelas: "La obra de la educación sólo requiere padres y madres, de la acción combinada de los vecindarios han de surgir las escuelas, hablemos al corazón de los padres y de las madres, que aun sin la varita de Moisés, es el corazón humano la fuente viva de la que brotan todas las grandes y nobles inspiraciones, que tantas maravillas han realizado hasta hoy" (Manso, 1869: 318-319). En esta alusión a las familias, no reduce el rol de los padres a las obligaciones hogareñas, sino que las proyecta a la participación en el ámbito público, en tanto les exige que se movilicen como ciudadanos interpelando a los poderes del Estado.

Apela a las familias para justificar la educación escolar mixta que, según Manso, "responde a la continuidad de la familia, donde la sabiduría del Creador ha colocado los sexos en común, nacido del mismo seno, abrigándose bajo el mismo techo y comiendo a la misma mesa. Trasladados a la escuela infantil comienzan juntos el aprendizaje de la vida..." (Manso, 1869: 321). Aclara, sin embargo, que la cooperación de las familias escasea: "A la verdad que es imposible también plantear sistema alguno de educación sin el concurso de los padres y madres de familia, pero muy especialmente carecen del concurso de las madres, las Escuelas Infantiles y con doble razón los Kindergarten" (Manso, 1869: 321). Manso es también una de las primeras voces que advierten cuánto afecta al vínculo pedagógico la imagen de la escuela que los padres provean a sus hijos: "Entre nosotros, casi generalmente, la escuela es una amenaza que los padres hacen a sus hijos, cuando estos son inobedientes y turbulentos. Esta causa tan mínima, yo la considero de vastísimos efectos, puesto que ella viene depositando inconsciente en el corazón de las generaciones, un germen de odio y de desprecio hacia la escuela, prisión amarga de su alegre niñez. Parece que la escuela se concretase para nosotros a su rol de medio represivo; ni a lo menos imaginamos que tenga otro oficio que enseñar a leer de grado o por fuerza a los chiquillos refractarios al abecé" (Manso, 1869: 322).

Como se puede apreciar, Juana Manso oscilaba entre una mirada pesimista de la crianza doméstica y una apelación a la familia como institución inspiradora de la organización escolar, entre la denuncia a los padres de familia por las imágenes que transmiten a sus hijos acerca de la escuela y la convocatoria a que se movilizaran para abrir más salas de kindergarten. Más que contradicciones, podemos ver estas citas como vacilaciones en medio de un proceso vertiginoso de crear y expandir un sistema educativo nacional. Como Sarmiento, Juana Manso era una educadora que se destacaba en la pluma y en la gestión, por lo que los vaivenes de ésta última afectaban sus juicios en la palabra escrita. Ambos marcaron huella en la gestación de la educación infantil aún hoy sesgada por sus aportes. En su diagnóstico de la situación, quedaba cada vez más claro que la falencia principal era la preparación de los docentes: "Las señoras que están a cargo de las Escuelas Infantiles, madres de familia muchas de ellas, carecen pues de toda preparación especial que las habilite a hacer funcionar sus escuelas con regularidad y acierto; y en este caso están todas, si se aceptan algunas que por intuición o más amor a la enseñanza se han apartado un poco de la rutina y tienen sus escuelas mejor ordenadas [...] " (Manso, 1869: 326). A diferencia de Froebel, no creía que la intuición femenina y el instinto materno fueran fuente suficiente para forjar una maestra de kindergarten, sino que abogaba por una formación específica de la que el sistema educativo argentino adolecía.

Las primeras maestras formadas en Argentina y las oleadas renovadoras

Ante la falta de docentes formados, en 1869 el presidente Sarmiento contrató a las maestras norteamericanas Fanny Wood y Fanny Dudley para la Escuela Normal de San Juan. Un año más tarde, el Ministerio de Educación de la Nación las convocó para la creación de un jardín de infantes en la Capital Federal, pero ambas experiencias se malograron a raíz de la epidemia de fiebre amarilla de 1871, en la que murió Fanny Wood. El modelo de "importación de maestras" era complicado y costoso, por lo que pronto cedió lugar a la convocatoria de personalidades capaces de formar a futuros educadores nativos. En ese carácter fue contratada en Estados Unidos Sara Chamberlain de Eccleston, quien llegó al país en 1883 con la misión de crear el Departamento Infantil de la Escuela Normal de Paraná. Al año siguiente, se sancionó la Ley de Educación Común N° 1420 que, como lo había hecho en 1875 la Ley de Educación de la provincia de Buenos Aires, incorpora al Jardín de Infantes en el sistema educativo argentino. Poco después comenzó la formación de profesoras para el nivel en la Escuela Normal de Paraná, a cargo de Sara Chamberlain de Eccleston. Ante la falta de bibliografía especializada, ella tradujo al español el texto de la Baronesa Marenholtz-Bülow que describe pormenorizadamente el pensamiento de Froebel. En un tono de fuerte pregnancia religiosa y teñida del entusiasmo transmitido personalmente por el pedagogo, la Baronesa interpela al mismo tiempo a madres y maestras: "El llanto de los niños apela a los corazones de las madres, diciéndoles que en ellos está el material con que pueden formar una nueva generación que comunicará grandeza moral y dignidad al mundo exterior embellecido. Se ha encontrado una nueva llave para abrir la puerta de la naturaleza del niño, un nuevo alfabeto para descifrar sus secretos. ¿No se apresurarán las madres de nuestra época a tomar alborozadas esa llave y a estudiar ansiosamente ese nuevo libro para ellas destinado? ¿Y no emprenderán gozosamente las jóvenes que todavía no son madres, la profesión sagrada de educadoras de la niñez a que las destina Froebel?" (Marenholtz-Bülow, 1947: 82). Según la Baronesa, la condición femenina, compartida por madres y maestras, requiere una diligente preparación técnica que es semejante para ambos roles. La actividad educadora del jardín y del hogar habría de ser una palanca promotora de la dignidad femenina: "La elevación de la mujer y su verdadera emancipación están estrechamente ligadas con la elevación de la naturaleza del niño. La ciencia de la madre la inicia de modo inevitable en una serie más elevada de conocimientos, por medio de los cuales se desarrolla la verdadera sensibilidad y una alta perspicacia espiritual, además de la mera fuerza intelectual. El conocimiento de que en el pequeño ser que duerme en su regazo brilla un destello divino, debe animarla con santo entusiasmo a convertir ese destello en viva llama y a educar para la humanidad un digno ciudadano. Con esta vocación de educadora de la humanidad está relacionado cuanto es necesario para poner a la mujer en posesión de todos sus derechos, como digno miembro de la humanidad" (Marenholtz-Bülow, 1947: 36). De modo espejado, la formación docente propuesta por la Baronesa compartía sus rasgos esenciales con la preparación para la maternidad y tanto podía invitar a las maestras a continuar su prédica escolar en sus propios hogares como a sublimar la ausencia de prole propia en la crianza de hijos ajenos.

Al finalizar 1891, egresaron las primeras trece maestras jardineras, que habían provenido de múltiples provincias y muchas de ellas regresaron a difundir el ideario del kindergarten. Ya en 1887 Antoinette Choate creó el primer jardín en Santa Fe y en la última década del siglo María E. Gutiérrez y María J. Rodríguez fundaron uno en Santiago del Estero, Rosario Vera Peñaloza en La Rioja, Pía Didoménico en Jujuy y Custodia Zuloaga en Mendoza. Entre aquellas discípulas de Sara Eccleston, dos maestras se destacaron por su incansable compromiso pedagógico: Rita Latallada (1870-1958) y Rosario Vera Peñaloza (1873-1950). Ambas fueron referentes de la expansión y difusión de la educación inicial desde finales del siglo XIX hasta mediados del siglo XX. En el análisis de las relaciones entre familias y jardines, interesa apreciar los contrastes y similitudes en la trayectoria vital de ambas maestras. Rita Latallada, de rica formación cultural, se casó tempranamente y fue madre de siete hijos, "lo que la obligó a abandonar sus cátedras: la maestra cedió el lugar a la madre" (Capizzano y Larisgoitía, 1982: 120). Rosario, en cambio, permaneció soltera. Según las mismas autoras, "no usaba alhajas y su arreglo personal reflejaba la modestia de su alma franciscana" (1982: 131). Según Brailovsky, "Rosario encarna un estereotipo de la mujer entregada a la vocación de la enseñanza. En ella es visible un modo de concebir la docencia como apostolado, entrega y renuncia personal, tal vez exagerado incluso para la época" (Brailovsky, s/f: 3). La poetisa Herrera Ocampo decía sobre ella poco después de su muerte: "Pueden pasar de largo por su vida todos los anhelos comunes que toda mujer tiene generalmente: amar, formar un hogar, tener hijos y una familia que aseguren una vejez tranquila, acompañada. Pero en la mente de Rosario esas ideas no tuvieron acogida. Pudo tener alguna vez cierta nostalgia, sentirse sola, pero había algo más fuerte, más sólido, más indestructible dentro suyo: su vocación, su verdadera vocación de maestra. [...] Durante los más crudos meses invernales se quedaba a dormir en el Instituto [Bernasconi] soportando estoica y voluntariamente todas las incomodidades propias de un lugar adusto y frío. Dormitaba en un sofá, cubierta con su abrigo de piel. Del almanaque de sus días había borrado domingos y feriados, no existían en él los números rojos" (reproducido en Brailovsky, s/f: 3).

Sin desmerecer en nada los aportes y cualidades de estas formidables docentes, lo que parece advertirse en ambas biografías es la presión social para que las maestras de Nivel Inicial se mantuvieran "señoritas" o que ejercieran la "maternidad escolar" sólo antes, después o en reemplazo de sus hijos biológicos. Se dice de Rita Latallada que "tan joven comenzó a enseñar, que cambió sin transición sus últimas muñecas por los primeros alumnos del jardín de infantes de Paraná" (Capizzano y Larisgoitía, 1982: 119) y que tenía "un instinto maternal tan exigente, tan tumultuoso, rico y pródigo, que no le bastó con la maternidad de los hijos propios, sino que su maternidad se irradió hacia todos los seres que la rodearon" (Capizzano y Larisgoitía, 1982: 120). Es cierto que estos juicios dicen más sobre quienes los pronuncian que sobre aquellas personas a las que están dirigidos, pero son indicadores de una expectativa de largo aliento que pesa sobre las mujeres docentes: que desplieguen su instinto materno en el aula y que resignen su vida sexual y afectiva para dirigir todos sus esfuerzos a la educación. La adhesión de Rita a tales expectativas se deja ver en un texto emblemático que publicó en la década del '30: "Se necesita una muchacha sana, robusta y fuerte, de sonrosadas mejillas y vivaces ojos, que muestre al reír la alegría de la vida, que haya aprendido a jugar a las muñecas, a cocinar, a coser y hacer sus propios vestidos, y que haya cursado, por lo menos, el 6° Grado, con buenas notas. Que sea en su casa y en la escuela, veraz y sincera, prudente y discreta, que nutra su alma de ideas y realice acciones nobles y generosas. [...] Una que de novia mire recto al corazón del hombre y no a su bolsillo, pensando que el primer deber de la mujer argentina, antes que soñar con la indolencia estéril, es crear la familia argentina; y que sujeta a la disciplina doméstica, no olvide que la realización de cualquier destino, depende del noble impulso de una voluntad libre. Se necesita una muchacha que teja su vida de 'humildades y elevaciones', porque así se teje en realidad la vida; leyendo buenos libros, guardando su casa e hilando su lana; que sea prudente con sus hermanas, que respete a su padre y sea solícita con su madre;

una que plasme, fecunde y ayude a aquel otro muchacho, estimulándolo al honor y a la virtud, a la acción, a la riqueza y a la gloria, empujándolo hacia lo bueno, a lo verdadero y a lo bello, con la mirada fija en la patria, en la pureza de sus símbolos, en la nobleza y elevación de sus ideales, en las riquezas de su suelo, que imponen el trabajo diario y constante a cada uno de sus hijos; en la gloria de sus héroes, en el talento y honorabilidad de sus grandes hombres del pasado y del presente; en la justicia de sus leyes, en la previsión de sus instituciones; que marche arreada con un escudo más fuerte que el de los caballeros medioevales: la voluntad ardiente de hacer el bien, la plena confianza en la obra realizada, la esperanza juvenil, y la fe ciega en el grandioso porvenir de la patria. [...] La patria necesita con urgencia esta muchacha. En todas las escuelas y en toda familia argentina se la buscará siempre" (Latallada, 1932: 72). Como se puede apreciar, Latallada pensaba que escuelas y familias deberían bregar por una única modalidad femenina, sin contrastes ni diferencias de legitimidades entre uno y otro ámbito. Ya había entonces numerosas mujeres destacándose en la política, en el sindicalismo y en diferentes ámbitos laborales, pero Rita insistía en que debían empujar a sus muchachos "a la acción, a la riqueza y a la gloria", quedando ellas en la retaguardia de sus hogares. También Rosario Vera Peñaloza, que defiende el derecho de las mujeres a pensar por sí mismas, les enrostra sus responsabilidades primordiales ligadas a la maternidad: "las mujeres que aspiran al voto quieren corregir males sociales [...] pero son males que ha creado el descuido de muchas madres en su primordial función social: la de formar el alma del pueblo en el seno del hogar" (reproducido en Brailovsky, s/f: 3).

Al mismo tiempo que se formaban las primeras maestras jardineras argentinas, en Europa se desplegaba un proceso de renovación pedagógica que afectaría al Nivel Inicial particularmente a través de la obra de Ovide Decroly y María Montessori. Ambos expresan la fuerte influencia de la medicina en la enseñanza, que buscaba darle mayor cientificidad a los principios educativos hasta entonces basados más en la especulación que en la observación sistemática. Por eso se dedicaron a estudiar los rasgos de los niños e interpelar las formas en que habían sido considerados desde la escuela. Contemporáneos de Rosario Vera Peñaloza y Rita Latallada, estos pedagogos objetaron las prácticas habituales de enseñanza y experimentaron un cambio general en las metodologías.

Ovide Decroly (1871-1932) fue un médico belga volcado a la docencia y la reflexión pedagógica que instituyó los "centros de interés", a partir de su experiencia en la École de l'Ermitage, fundada en 1907. Allí encarnó su eslogan «École pour la vie par la vie» (Escuela para la vida mediante la vida), buscando superar las barreras entre la vida cotidiana de sus alumnos y la anquilosada inercia de las instituciones educativas. Se opuso a la disciplina rígida e intentó crear un ambiente educativo motivador con grupos de edades homogéneas.

Sobre la huella de Pestalozzi y Fröbel, marcó sus propios pasos María Montessori (1869-1952), también influida por Tolstoi y Tagore. Fue la primera mujer médica de Italia, para lo cual tuvo que atravesar numerosos desplantes y sinsabores de sus profesores y compañeros de estudio. Según muestra la película "Maria Montessori, una vita per i bambini" (2007), su pasaje de la medicina a la pedagogía estuvo sesgado por la malograda relación con uno de sus colegas y profesores, con quien tuvo un hijo mientras él estaba casado con otra mujer. Para evitar el escándalo, su amante le quitó al niño y lo dejó en manos de una familia a su servicio. Montessori, que no pudo criar a su propio hijo, decidió dedicarse a otros niños. Madre e hijo volvieron a verse quince años después, cuando ya ella era reconocida en su tarea educativa y él se transformó en su principal compañero y sostén emocional.

Seguidora de las experiencias de Jean Itard y de Edouard Séguin, inició su trabajo pedagógico con los "anormales". Entendió tempranamente que el problema de los "deficientes" trascendía los límites de la medicina, pues interpelaba directamente las prácticas educativas de la época, y postuló la necesidad de invertir las intencionalidades usuales: no había que preparar a los "deficientes" con métodos especiales para someterlos más tarde a la enseñanza común, sino que había que reformar los métodos de educación de niños "normales". Para ello, realizó estudios de antropología y obtuvo su licencia como docente.

Con intención de hacer teoría sobre su propia práctica, abrió múltiples sedes en los barrios populares de Roma y experimentó allí sus convicciones en torno a la autoeducación. Recordaría años más tarde: "Era el seis de enero de 1906, cuando se inauguró la primera escuela para niños normales de tres a seis años, no con mi método, pues entonces no existía todavía; pero se inauguró aquella escuela donde mi método debía nacer poco después. [...] El proyecto inicial era de reunir a los hijos de los inquilinos de una casa de vecindad, en un barrio obrero, para impedir que quedaran abandonados por la calle y la escalera, ensuciando las paredes y sembrando el desorden. En la misma casa se dispuso una habitación para este objeto y fui encargada de esta institución que 'podría tener un excelente porvenir'" (Montessori, 1937: 153). La llamó "'Casas de los niños', denominación que recuerda el concepto del ambiente familiar" (Montessori, 1937: 149).

Recibía a hijos de madres trabajadoras, cuya necesidad primordial era derivar el cuidado de la prole durante el tiempo de trabajo. "En efecto, eran niños pobres, abandonados, creciendo en casas destartaladas y oscuras, sin cuidados ni estimulantes, con alimentación deficiente. Tenían urgente necesidad de alimentación, aire y sol. Eran verdaderas flores abiertas pero cloróticas, almas ocultas dentro de envolturas herméticas. [...] Estos niños pertenecían a las más bajas clases sociales; pues sus padres no eran verdaderos obreros, sino gente que buscaban de día en día una ocupación pasajera y por consiguiente, no podían ocuparse de sus hijos. Casi todos eran analfabetos" (Montessori, 1937: 156). Aunque el primer vínculo con las familias parece haberse debido más a la necesidad de suplir en los cuidados a las madres que trabajaban, la riqueza y originalidad de la experiencia que proponía a los niños de tres a siete años provocó el prestigio de su metodología, tras lo cual se multiplicaron las escuelas de inspiración montessoriana en numerosos países de varios continentes. Esta súbita fama suscitó escenas que incidieron en el vínculo entre la doctora y las familias: "Se comprende que las familias de aquella casa de vecindad quedasen sorprendidas al ver entrar en el patio a la Reina de Italia para visitar a sus hijos, al mismo Rey y a un séquito de personajes que sólo hubieran podido contemplar de lejos. Pero no me hablaban de estas cosas. Las madres de los alumnos me hacían confidencias sobre intimidades de familia. 'Estos pequeños de tres o cuatro años —me contaban— nos dicen cosas... que nos ofenderían si no fueran nuestros hijos. Dicen, por ejemplo: «Tenéis las manos sucias, hay que lavarlas; tenéis que quitar las manchas de vuestro vestido». Sintiendo estas indicaciones de nuestros hijos, no nos considerábamos ofendidas. Estos nos advertían como ocurre en los sueños'. Y esta gente del pueblo, en lo sucesivo fueron más aseados y ordenados; hicieron desaparecer de los antepechos de las ventanas las cacerolas rotas y poco a poco, los vidrios fueron más brillantes y limpios, y plantas de geranios en flor adornaron las ventanas del patio. Pero la cosa más impresionante fue que alguna mujer asomaba la cabeza por una de las ventanas de la escuela, que se hallaba en la planta baja del edificio, con un plato conteniendo algún guisado para su prole y hacía que lo ofrecieran a la maestra, como reconocimiento a su labor, sin que dijeran quién era la que lo había ofrecido. Un día vinieron a encontrarme en comisión dos o tres madres a requerirme que enseñara a leer y escribir a sus hijitos. Estas madres eran analfabetas y como me resistiera a sus súplicas, por considerarlo empresa difícil para mí en aquella época, me exhortaron con gran insistencia" (Montessori, 1937: 181). El impacto de su propuesta en la vida cotidiana de las familias es uno de los rasgos que Montessori más valora y que ofrece como indicador de su éxito: "Viendo trabajar todas aquellas manos pequeñitas tan sucias, pensé en que convenía enseñar a los niños a lavarse las manos. Observé que los niños, después de lograr las manos completamente limpias, continuaban lavándoselas con pasión. Salían de la escuela para ir a lavarse las manos. Algunas madres contaban que los niños habían desaparecido de la casa a primeras horas de la mañana y les habían encontrado en el lavadero lavándose las manos: estaban orgullosos de mostrar sus manos limpias a todo el mundo, tanto, que en cierta ocasión les tomaron por mendicantes (Montessori, 1937: 162).

La crítica del lugar que los niños ocupan en la sociedad de su tiempo encuentra puntos de contacto tanto con la desolada mirada de Sarmiento como con la queja cotidiana de muchas docentes actuales: "¿Qué es el niño? Es el estorbo constante del adulto, absorbido y fatigado por ocupaciones cada vez más exigentes. No hay sitio para el niño en la casa, cada día más reducida, de la ciudad moderna, donde las familias se acumulan. No hay lugar para él en las calles, porque los vehículos se multiplican y las aceras se hallan llenas de gente que tiene prisa. [...] El padre y la madre van ambos al trabajo y cuando éste no existe, la miseria oprime al niño y le arrastra con los adultos. Hasta en las mejores condiciones el niño es abandonado en su habitación, en manos de gente extraña pagada, siéndole prohibida la entrada en la parte de la casa destinada a las personas que le han dado la vida" (Montessori, 1937: 7-8). Sin embargo, Montessori advertía en su época la proliferación de iniciativas que ponían foco en "la cuestión social del niño", a quien entonces comenzaban a reconocérsele necesidades propias, derechos y atributos específicos. Su enfoque se afirma en la valorización del aquí y ahora de los niños, evitando las expectativas de futuro que, a juicio de Montessori, vician el contrato entre estos y sus educadores: "Antiguamente la educación se proponía preparar al niño para la vida social que debería vivir un día. [...] Esta adaptación a una vida social que no era la vida social del niño en el momento que el tratamiento le era aplicado, sino la vida del hombre que más tarde debía formarse en él, conducía a una serie de errores que han inspirado a la antigua escuela y a la antigua educación familiar" (Montessori, 1932: 15). Esta crítica abarca tanto las formas escolares como las modalidades de crianza doméstica, también centradas en miradas prospectivas que enturbian la visión de cada momento: "En la familia existe el mismo error de principio; se mira al fin futuro en la existencia y no al momento presente, es decir, a las necesidades de la vida. En la familia más progresiva, en el mejor de los casos, se comienza ayudando la vida física del niño; la alimentación racional, los baños, los vestidos, la vida al aire libre constituyen el último progreso" (Montessori, 1932: 16-17).

El éxito y la originalidad de la experiencia no sólo impactaban en la fama inesperada del barrio donde ella transcurría, sino que incidían en las expectativas de las familias, que se iban modificando según el relato. Contribuía a ello el hecho de que la escuela funcionara en medio de la vecindad, abierta a las miradas curiosas e interesadas de padres y madres. En un texto de 1909, apenas iniciada su experiencia en Casa de los Niños, dice Montessori que "La escuela se introduce en la casa misma, como propiedad colectiva, y se desenvuelve a los ojos de los padres toda entera la vida de la maestra en el cumplimiento de su alta misión" (reproducido en Luzuriaga, 1932: 8). Esta cercanía lleva a Luzuriaga a evaluar que "Las escuelas creadas por aquélla en Roma están en íntima relación con el hogar, con la vida de las familias residentes en los inmuebles; son como una institución social" (Luzuriaga, 1932: 8). Sin embargo, al igual que Pestalozzi y Fröebel, Montessori trabajó también con niños separados de sus familias, en una de las primeras Casas de los Niños fundadas en Roma: "Las circunstancias eran todavía más excepcionales que en la primera escuela, porque se trataba de niños huérfanos, sobrevivientes de uno de los más horrendos terremotos de Mesina: unos sesenta niños recogidos abandonados entre los escombros; no se conocía su nombre ni su condición social. Un choque horrible les había uniformado: se encontraban abatidos, silenciosos, ausentes" (Montessori, 1937: 198). Buena parte de sus desarrollos pedagógicos se dieron en esa circunstancia excepcional en que, por necesidad no elegida, la escuela suplía buena parte de la crianza doméstica.

"Es preciso preparar con solicitud el ambiente, es decir, crear un nuevo mundo: el mundo del niño. Hoy existen ya, en diversos países arquitectos que estudian formas de construcción adaptadas a los niños, y es seguro que en un próximo porvenir veremos en las ciudades casas de un nuevo tipo, bellas casitas destinadas a los pequeños, y una cantidad de menudos muebles, de pequeños objetos, casi como los que en nuestros almacenes vemos hoy esplendentes para las muñecas en la semana de Navidad; no serán, sin embargo, juguetes, sino verdaderos objetos necesarios a la vida del niño" (Montessori, 1932: 19). Montessori anticipa, en este párrafo, la inminente transformación de un ambiente al que hasta entonces los niños debían adaptarse para dar lugar a un ambiente adecuado a las necesidades e intereses de la infancia[7].

---

7. Como efecto no deseado, un siglo más tarde, podemos apreciar que existe todo ese "mundo del niño" y se pone a disposición de las familias a través del mercado. Vemos numerosas publicidades destinadas a los niños y a padres dispuestos a satisfacer todos sus pedidos. Ahora

Usualmente, cualquier adulto que hoy ingresa a una sala de jardín se siente incómodo en las sillas y mesas diseñadas para adecuarse a la altura de los niños. Este rasgo es herencia de la Casa de los Niños, donde se propiciaba la autonomía y la responsabilidad de cada uno en el desarrollo de las tareas cotidianas: "El mobiliario de una Casa de los Niños, puede, naturalmente, completarse hasta el infinito, porque, como observa la señora Montessori, los niños ejecutan allí toda clase de trabajos: friegan las habitaciones, limpian y lavan el mobiliario, sacuden las carpetas, hacen relucir los metales, ponen y quitan la mesa, lavan los vestidos de las muñecas y pasan los huevos por agua. Son capaces de desnudarse y vestirse por sí mismos, de lavarse las manos, la cara y el cuello, de limpiarse las uñas y de peinarse. Cuelgan sus ropas en perchas bajas y pliegan cuidadosamente sus delantales y los guardan en los armarios" (Paew, 1935: 44-45). ¿Cómo impactarían estas prácticas de temprana autonomía en la crianza doméstica? ¿Serían flexibles las madres y los padres de familia a que tomaran tareas a su cargo niños de tan corta edad?

La pedagogía montessoriana interpelaba la crianza doméstica y exigía una adecuación de la vida hogareña al ritmo y los principios emanados de la Casa de los Niños: "Una madre que 'ceba' al niño y no le ejercita en servirse de la cuchara, o que no le muestra cómo se debe comer, no es una buena madre; ataca la dignidad de hombre de su hijo. Le trata como si fuese una muñeca y no un ser humano confiado a su cuidado" (Paew, 1935: 56-57). Según M. de Paew, "El conocimiento de la psicología infantil es también de gran valor para aquellos a quienes corresponde la noble tarea de guiar los primeros pasos de los hijos de los hombres. Al lado de su característica individual, que varía de un niño a otro, conviene considerar lo que hay en ellos de específicamente humano y se desenvuelve según leyes que tenemos la obligación de descubrir por la observación minuciosa de un gran número de niños. Estas leyes deben guiar nuestra acción

---

bien, ¿qué nueva subjetividad propone esa oferta de objetos adecuados al gusto de cada niño? ¿Cuánto ha contribuido esto a formar al niño como sujeto de derechos y cuánto a reducirlo al lugar de un consumidor caprichoso?

educadora. Las madres las observan más o menos instintivamente. Digo más o menos, porque su instinto maternal es obscurecido, con frecuencia, por los prejuicios que, en el curso de los siglos, han penetrado en las familias y han arraigado en ellas como plantas viciosas" (Paew, 1935: 164-165). El enfoque de Montessori es más intelectual e individualista que el de Froebel, menos abierto a la imaginación, al juego y a la vida grupal. En tanto pedagogía, trasciende las paredes de la escuela, pues interpela la relación general de los adultos con los niños y proclama el derecho de los niños a crecer en libertad, con orientaciones pero sin imposiciones, con un ambiente estimulante de la exploración y la reflexión pero no en un orden que asfixie la actividad espontánea. Cuando M. de Paew, que valora positivamente todo lo que ha visto en la Casa de los Niños, objeta el desdén con que Montessori considera la imaginación infantil, en tanto la ve como un obstáculo para el desarrollo de la inteligencia, alude a la carencia de vida familiar de la doctora: "La señora Montessori no parece haber compartido con los niños la intimidad del círculo familiar porque, a pesar de sus grandes méritos, la Casa dei Bambini sigue siendo un medio artificial. La vida sentimental no ha tenido allí ocasión para desenvolverse en toda su plenitud, porque las ocupaciones manuales absorben completamente al niño" (1935: 159). Es discutible la opinión de la señora de Paew pero permite advertir que, de algún modo, el contraste con las costumbres de la época debió alterar el vínculo entre las Casas de Niños y los hogares de los cuales esos niños provenían y a los cuales volvían cotidianamente. Más aún teniendo en cuenta que las ideas de Montessori se expandieron por Italia durante el mismo tiempo en que crecía el fascismo hasta encaramarse en la cúspide del Estado para teñir todas las relaciones sociales.

En constante referencia a imágenes y frases de raíz evangélica, entremezcladas con su formación médica, Montessori habla de "conversión infantil" para referirse a un proceso de "curación psíquica, un retorno a las condiciones normales" (Montessori, 1937: 207). Entiende la educación como un proceso de "normalización", es decir, de retorno a una condición espiritual infantil que los avatares del entorno social habrían deformado. En tal sentido, aprecia diferencias entre los sectores pobres con los que inició su trabajo y los de clase social alta a los que les llegó su método por vía de la réplica de otras instituciones: "Otro género de niños que pertenecen a condiciones sociales excepcionales, son los niños de los ricos. Parece que los niños ricos deberían ser más fáciles de educar que los pobrísimos niños de nuestra primera escuela y que los huérfanos del terremoto de Mesina. ¿En qué podía consistir su conversión? Los niños ricos son privilegiados, rodeados de los cuidados más esmerados de que dispone la sociedad. [...] La maestra queda desorientada, porque los niños no son atraídos por los objetos, como ella esperaba, escogiéndolos según sus propias iniciativas. Si las escuelas son de niños muy pobres, éstos entran inmediatamente en contacto con el material, pero si se trata de niños ricos, como están hartos de poseer toda clase de objetos, así como de juguetes espléndidos, raras veces se dejan atraer en seguida por los estimulantes que les ofrecen" (Montessori, 1937: 201-202). Sin embargo, cita numerosas cartas de docentes que, en diferentes regiones del mundo, han experimentado su método con niños de clase alta y, tras un proceso algo más largo y sinuoso, arriban a buenos resultados. Estas referencias a los orígenes y el entorno social de los niños, muestran la preocupación de Montessori por hallar parámetros comunes para todas las clases, pero también su valoración de la experiencia original con niños muy pobres o huérfanos.

Mientras tanto, en Argentina, desde las primeras décadas del siglo XX, se pudo apreciar una lenta evolución cuantitativa de las instituciones que educaban a la primera infancia. En 1903, se creó el "Centro Unión y Labor para el Progreso Femenino y la Protección del Niño", de orientación montessoriana y ligado a las militantes socialistas. En 1915, Sara Justo y Matilde de Ciampi, miembros de ese centro, visitaron en Italia la escuela de Montessori. Para sectores acomodados se crearon el Jardín de Infantes de la Escuela Argentina Modelo (1918) y el del Jockey Club, (1929). El Jardín de Infantes Mitre (1924), que posteriormente se convertiría en el departamento de aplicación del profesorado Sara Ch. de Eccleston, recibió en sus inicios población de sectores bajos y luego cambió progresivamente el perfil social de su alumnado. En las experiencias ligadas a familias pobres cobraba relevancia la función asistencial y el auxilio a madres trabajadoras, mientras que las otras tenían un sentido más claramente pedagógico, lo cual instaló cierta antinomia que desataría larga estela de debates: el jardín ¿debía cumplir funciones supletorias de las familias que no pueden ocuparse de sus hijos o constituía una rica experiencia formativa independientemente de las necesidades operativas de los padres? Esta dicotomía tenía, a su vez, dos ribetes complementarios: por un lado, interpelaba los motivos de las familias para acercarse a la educación inicial y, por otro, suscitaba reflexiones sobre los rasgos constitutivos de la propuesta que debía ofrecerse.

Las experiencias destinadas a los pobres expresaban una visión de cuño higienista, que pretendía el moldeamiento de los niños según criterios de normalidad establecidos por la medicina. "Puede reconocerse una tendencia durante la década del 30 a la aparición de instituciones de alcance social, impulsadas o no por el Estado y en un contexto de reestructuración del rol de éste y del sistema educativo, además de las grandes transformaciones demográficas y sociales, crisis económica y debate acerca de la pobreza. [...] Mientras que antes los destinatarios de esa intervención, marcada por la influencia del higienismo, eran los hijos de los inmigrantes europeos, en esta etapa lo fueron los hijos de los migrantes internos que comenzaban a concentrarse en la Provincia y Ciudad de Buenos Aires" (Brailovsky y otras, 2006: 4). Estos modelos de crianza combinaban un ímpetu innovador en el terreno educativo con una visión política conservadora, en tanto el Estado se arrogaba la potestad de operar en los cuerpos y sobre las voluntades a fin de adaptarlas a un contexto social preestablecido. Rita Latallada planteaba en una conferencia de 1939: "El Jardín de Infancia Mitre, por la alta comprensión del presidente de la República y de su Ministro de Educación Pública, realiza una magnífica acción social, 500 niños de los más pobres de un radio de la ciudad, son recogidos todas las mañanas por el ómnibus del Ministerio, y llevados al Palacio Unzué, son recibidos por celadoras y maestras, enfermeras, médicos y dentistas que velan por su salud, su sana alimentación y por todos los cuidados higiénicos que mantendrán al niño sano previniendo los males. Un detalle interesante: al llegar los niños son bañados y mientras tanto sus ropitas son lavadas, planchadas y compuestas, en solo 20 minutos por una curiosa máquina" (reproducido en Brailovsky y otras, 2006: 5). El vínculo con las familias recuperaba el eco civilizatorio sarmientino y la educación inicial asumía un carácter superador y supletorio de la crianza doméstica: "Ha de comenzarse por sentar como principio fundamental que la finalidad del Jardín de Infantes es la de atender al niño en los primeros años de vida, supliendo y continuando la educación familiar, auxiliando a los padres y hasta sustituyéndolos en determinados casos. Su objeto: ayudar al niño en su perfeccionamiento integral como individuo y como miembro de la sociedad en que vive" (Alemandri, 195, reproducido en Brailovsky y otras, 2006: 11-12).

En 1926, María Montessori visitó la Argentina, invitada por el Instituto de Cultura Itálica. Dictó conferencias y seminarios en las universidades de La Plata y Buenos Aires y en institutos de formación docente de Córdoba y la Capital Federal, con un alto impacto de público. Los sectores que, por ese entonces, llevaban a cabo experiencias escolanovistas, la recibieron con entusiasmo y discutieron sus hallazgos y falencias. Según Juan Mantovani, pedagogo argentino que la conoció en ese viaje y se ocupó de difundir su ideario entre la docencia local, el núcleo fundamental de la doctrina montessoriana es que "la educación no es una mera asimilación o transmisión de fuera a dentro, sino creación interior que sólo se alcanza mediante continuo ejercicio personal" (1970: 145). En ese proceso de autoeducación, Montessori sostiene que "el adulto debe ayudar al niño a hacer por sí mismo cuanto es posible hacer" (citado por Mantovani, 1970: 146). La pedagogía de Montessori dio impulso a las vertientes que, en Argentina, impugnaban el directivismo de cuño positivista. También en 1926, comenzó a funcionar la Asociación Bibliotecas y Recreos Infantiles, dirigida por Fenia Chertkoff de Repetto, que coordinaba la acción de cuatro Recreos Infantiles, instalados en barrios periféricos de la Capital Federal, destinados a la atención de los hijos de madres trabajadoras.

Ya en la década del '40, bajo el paraguas del Estado benefactor y como correlato de nuevas tendencias en la vida doméstica, se inició el despegue cuantitativo del Nivel Inicial, cada vez más claramente reconocido como nivel educativo. La Ley N° 5096 de la Provincia de Buenos Aires, conocida como Ley Simini y aprobada en 1946, representó un importante respaldo legal. Declaró la obligatoriedad y gratuidad para niños desde los tres a los cinco años, aunque fue modificada por legislación posterior (Ley N° 5650/1951) que suprimió la obligatoriedad. En dicha jurisdicción, el nivel adquirió autonomía con la creación de la Dirección General de Escuelas y Cultura por Ley Provincial, en 1965.

Las décadas recientes

Aquellos ensayos de las "primeras hacedoras" dieron un giro en la segunda mitad del siglo XX, cuando efectivamente los jardines se multiplicaron y la presencia de niños en sus salas se masificó. Durante la década del '50 fallecieron varias de las principales referentes del nivel inicial, como María Montessori en Europa y las infatigables Rita Latallada y Rosario Vera Peñaloza en Argentina. Comenzó a abundar bibliografía sobre la educación de la primera infancia, principalmente por la edición en castellano de obras producidas en otros países. En un texto muy difundido entonces, Madeleine Faure describe las actividades cotidianas de esta institución y recurre a la familia como metáfora para expresar las bondades del jardín: "El jardín de infantes es verdaderamente una gran familia, que al final de la mañana se separa con pesar" (Faure, 1948: 91). En el prólogo, Clotilde Guillén de Rezzano evalúa que "El jardín de infantes en que la señorita Faure nos hace vivir, con el encanto de una narración que esfuma las rigideces didácticas, es el que todos los padres sueñan para sus hijos: son los niños los que constituyen el jardín" (Faure, 1948: X). En esos tiempos, el desarrollo institucional se abría a nuevos grupos familiares no suficientemente afines a esta experiencia pedagógica y el texto de Faure plantea la necesidad de que los equipos docentes se preparen para esa tarea: "El jardín de infantes gana las simpatías con naturalidad, por el encanto de sus huéspedes. Pero los padres, antes de confiarle sus hijitos, exigen garantías. Ésta es la razón por la cual no se puede pensar en su difusión, sin antes preparar a las jardineras para desempeñar su papel de maternal solicitud" (Faure, 1948: 119). Sin embargo, sostiene la primacía de la crianza doméstica y propone al jardín, al mismo tiempo, como espacio supletorio y como ámbito de asesoramiento a las madres inexpertas: "El jardín de infantes no puede ser otra cosa que un auxiliar de la educación familiar. Nada puede reemplazar, junto al pequeño, durante los primeros años de su vida, a la madre solícita, si ella está preparada para su misión. Pero nadie mejor que la jardinera puede ayudar, con su vigilancia, para orientar adecuadamente la primera educación del niño. Son muchas las veces que, mediante observaciones más objetivas que las de las jóvenes mamás, la jardinera los ha puesto en el buen camino de la conducta que deben observar en un 'caso' moral difícil; son muchas las veces que la mamá, atraída por la confianza del pequeño con la 'señorita', ha llegado espontáneamente a ella, a pedirle su apoyo. Es fácil imaginar las conversaciones en que son resueltos por las jóvenes madres inexpertas, con la ayuda de la jardinera, los problemas que plantea la educación de los pequeños" (Faure, 1948: 126-127). La docente del nivel inicial se presenta aquí como una experta dispuesta a ser consultada, como apoyo técnico especializado para familias desorientadas, particularmente cuando son madres de un "caso", de un niño problemático, según cánones de la moral vigente.

Si el libro de Faure aportaba los nuevos bríos de la pedagogía francesa de ese tiempo, el texto de Clarice Wills y William Stegeman traería la visión más pragmática de la tradición norteamericana, donde se estaban dando pasos sostenidos hacia la masificación del jardín como nivel escolar. El texto se divide en cuatro partes y una de ellas se denomina "Los padres del niño de jardín de infantes". Incluye tres capítulos: "También los padres son seres humanos"; "Cómo pueden ayudar los padres" y "Reglas para la colaboración con los padres". Llama la atención la ironía ácida del primer título mencionado, que da cuenta de cierto malestar hasta entonces nunca mencionado en la bibliografía analizada. Algo de ese malestar se refleja en uno de los primeros párrafos del capítulo: "Se necesita verdadero carácter para ser buen padre. Se necesita amor, paciencia, comprensión e interés para guiar sensatamente a los hijos. Y, sin embargo, pocos son los padres plenamente preparados para su labor de tales. Por lo general los padres quieren que sus hijos tengan una vida mejor que la suya, desean lo mejor para sus hijos. Pero suelen actuar contrariamente a su ideal. Algunos hay que se mantienen aferrados a caducos cánones de vida y educación. Es necesario convencerlos de que las nuevas ideas y el nuevo género de vida, las nuevas modalidades, son mejores que las viejas, para decidirlos a aceptar que aquéllas se apliquen a sus hijos" (Wills y Stegeman, 1965: 291). La inconsistencia entre las intenciones y los actos, junto a la reticencia a aceptar nuevas tendencias, aparecen aquí como los primeros motivos de queja desde el nivel inicial hacia las familias. Al mismo tiempo, estos autores aportan el interés por reforzar los vínculos entre el jardín y las familias a través del conocimiento recíproco y la colaboración entre ambos: "El jardín de infantes no debe pretender, respecto de ningún niño, sustituir a su hogar. [...] Para el desarrollo pleno y sano de los niños es necesario que en el hogar se les proporcione atención, ternura y cariño. A la escuela le importa saber cómo se han satisfecho tales necesidades en el hogar para comprender la conducta del niño en la escuela, y sólo lo sabrá mediante el estudio del acervo moral y psíquico de ese hogar" (Wills y Stegeman, 1965: 300). De este modo, el jardín proclama su intención de colaborar con las familias y expresa altas expectativas sobre ellas, pero al mismo tiempo las traduce en una actitud de evaluación de cada hogar y de las modalidades de crianza. Las entrevistas podrán tornarse, entonces, instancias de recopilación de información que pudiera luego atribuir a los errores domésticos cualquier inconveniente ocurrido en la sala. El segundo capítulo, como hemos mencionado, alude a cómo deben actuar los padres en sus casas para colaborar con el jardín, lo cual implica un sutil contralor del territorio doméstico desde la institución escolar. El tercer capítulo ofrece orientaciones prácticas para las maestras. Sugiere realizar reuniones de padres, pues "cuando la maestra de jardín de infantes se reúne con un grupo de padres, está en condiciones de conversar sobre problemas cuya solución no puede obtenerse de la conversación con uno solo" (Wills y Stegeman, 1965: 318). Allí se dan indicaciones para realizar entrevistas: "La maestra adquiere conocimientos íntimos sobre cada niño mediante conversaciones personales con el papá, la mamá o con ambos. [...] Dentro de lo posible, a cada padre debe solicitársele la concertación de una entrevista de media hora tres veces en el año escolar por lo menos. [...] Con una de estas conversaciones, mantenida en el hogar, la maestra puede ver al niño en su ambiente y tratar de ello con el padre y la madre. Conviene, pues, que los visite por lo menos una vez durante el año escolar" (Wills y Stegeman, 1965: 329-330). Como se ve, el ingreso al hogar no sería sólo simbólico, a través de interrogantes sobre la vida doméstica, sino literal: en visitas a las casas para entrevistar a las familias en su ambiente cotidiano. En ese mismo tono de recomendación práctica, los autores advierten sobre los padres conflictivos, a los que habría de darse un tratamiento diferencial: "La mayoría de los padres son gente servicial, llena de interés y complacencia por la colaboración con la maestra. Pero no faltan algunos padres 'problemáticos'. Existen razones para su conducta, y actitudes hacia la escuela, lo mismo que las hay para el mal comportamiento de ciertos chicos. La maestra no tendrá tiempo ni medios para analizar las actitudes de los padres. Cuando se encuentre con una madre o un padre muy difícil, debe dar por terminada la entrevista en los mejores términos posibles, aunque su objeto no se haya cumplido. Para cualquier comunicación ulterior con esos padres, consúltese al director o al psicólogo" (Wills y Stegeman, 1965: 331). En definitiva, el texto de estos autores no sólo da cuenta del origen de algunas actitudes y criterios que han perdurado desde entonces en el Nivel Inicial sino que expresa que las tensiones en la relación con los grupos familiares aparecieron en forma concomitante con la expansión y masificación de los jardines de infantes, que se dio en EE.UU. antes que en otros países. Las primeras respuestas a estas tensiones parecen haber sido mayor control y búsqueda de información, reticencia al conflicto y divulgación de enfoques para mejorar, desde la pedagogía escolar, la actuación de los padres en sus casas.

Desde la posguerra, en Europa se apreciaba la preocupación de las parejas jóvenes por educar a sus hijos con criterios diferentes a los de su propia crianza y numerosos especialistas en psicología, pediatría y pedagogía produjeron orientaciones renovadoras que se difundían por variados medios. En Argentina, a finales de los años '50, Eva Giberti comenzó a publicar sus artículos de "Escuela para padres" en un diario vespertino y pocos años después los compiló en un libro de tres tomos bajo el mismo nombre. Destinado principalmente a las capas medias urbanas, ese texto contribuyó a renovar la mirada de los grupos familiares sobre sus hijos y, entre numerosas cuestiones, abordó las bondades del jardín de infantes: "Un chico no debe ir al jardín de infantes a determinada edad, sino cuando lo necesita, vale decir, cuando la constitución de la familia a que pertenece lo obliga a privarse de la sociedad de chicos semejantes, tal como sucede con los hijos únicos o con aquellos separados por mucha edad o por la imposibilidad de participar activamente en la vida, como en el caso de hermanos inválidos o crónicamente enfermos. El jardín de infantes puede también cumplir la importante misión de proporcionar al chico el espacio libre y la amplitud que su vitalidad exige y al mismo tiempo da a la mamá, obligada a una habitación estrecha, la ocasión de disfrutar de algunas horas de despreocupación de las apremiantes obligaciones que determina la presencia de un niño lleno de vida y de inquietud. No es, pues, la edad el criterio que rige la concurrencia al jardín, sino la higiene general de la vida familiar" (Giberti, 1968: 12-13). La autora apela a los cambios en la vida familiar para justificar la decisión de enviar a los hijos al jardín, como respuesta alternativa ante una carencia, pues la disminución del número de hermanos y primos sería suplida por los pares institucionales. Giberti expresa una concepción entroncada en la tradición higienista, aunque renovada por aportes psicoanalíticos. El ejemplo que emplea es el de un médico que recomienda mandar a un chico al jardín por sus dificultades alimenticias y, a partir de ese caso, desbroza las razones de su recomendación: "Se lo recomienda para el chico y para la madre, es decir, para apuntalar la higiene mental del hogar, y no debe transformarse en rigorismo o imposición traumática para la familia y angustiante para el niño" (Giberti, 1968: 16). El argumento da cuenta de las discusiones que, por entonces, atravesaba la crianza de las clases medias urbanas, pues los padres que, mayoritariamente, no habían concurrido al jardín se preguntaban si era conveniente o "normal" mandar allí a sus hijos, principalmente porque estaba cambiando el rol social de las mujeres en esos estratos. Las madres de clase media que no trabajaban se dedicaban por entero a las tareas domésticas: Mafalda no fue al jardín de infantes, aunque muchos niños de su generación se volcaron, entre la zozobra y el entusiasmo, a una experiencia que resultaba novedosa para los sectores medios.

En la década del '60, junto a una sostenida expansión cuantitativa, se inició una etapa de renovación pedagógica, en la que se destacaron los aportes de Soledad Ardiles Gray de Stein, Margarita Ravioli, Cristina Fritzsche, Hebe San Martín de Duprat y Lydia Penchansky de Bosh, entre muchas otras que, de modo personal o nucleadas en redes como la OMEP (Organización Mundial para la Educación Preescolar) o UNADENI (Unión Nacional de Asociaciones de Educadores de Nivel Inicial), desplegaron ricos debates sobre la función social y las mejores prácticas del Nivel Inicial. La ampliación de la matrícula era acompañada de nuevas conceptualizaciones acuñadas desde la experiencia cotidiana, una afiebrada exploración de nuevos criterios para la práctica y un clima cultural de generalizada exaltación del cambio. Cristina Fritzsche y Hebe San Martín de Duprat publicaron en 1968 un libro que analiza el jardín en su totalidad[8]. Al postular sus fundamentos, afirman: "La familia busca en la sociedad apoyo para la protección de sus hijos, pues los padres no alcanzan, a pesar de sus esfuerzos, a resolver por sí solos las necesidades de la infancia actual" (Fritzsche y San Martín, 1968: 1). Entre los objetivos generales del nivel, mencionan: "Coordinar la acción educativa con la familia y relacionar la institución con el medio social para mantener vínculos que integren al jardín de infantes con la comunidad" (Fritzsche y San Martín, 1968: 3). El capítulo "El jardín de infantes y el trabajo con la comunidad" incluye los apartados "El jardín de infantes y la familia", "Las entrevistas entre padres y maestros", "Reuniones de padres", "Las reuniones por grupos", "El gabinete psicopedagógico y los centros

---

8. Este es un rasgo recurrente en la bibliografía que predomina hasta finales de siglo: los "manuales" que abordan de modo integral la propuesta formativa del jardín. Todos parecen buscar un carácter fundacional y orientar de modo exhaustivo todos los aspectos de la vida institucional y la tarea didáctica.

de salud", "Las visitas de los padres al jardín de infantes", "Fiestas y conmemoraciones en el jardín de infantes", "Paseos, excursiones y visitas" y "Las cartas y notas para los padres". En esta enumeración, se puede apreciar la ampliación de modalidades de interacción con las familias y una incipiente tendencia a considerarlas como un medio unitario que rodea a la institución y articula sus acciones con ella: "la comunidad". En esta línea, las autoras afirman: "La familia, el medio ambiente, el jardín de infantes y el niño constituyen una totalidad que es preciso articular para que la acción educativa resulte beneficiosa para la infancia. La familia y el jardín de infantes necesitan coordinar esfuerzos para no crear conflictos, frustraciones y ambivalencias en el desarrollo de la personalidad del preescolar en pleno proceso de formación" (Fritzsche y San Martín, 1968: 235). Esa visión holística con centro en el niño da cuenta de una articulación posible y necesaria, pero no automática o supuesta como se planteaba en visiones anteriores, en la cual radicaría la eficacia formativa, pero donde también, como contrapartida, cabría justificar el fracaso: "El niño educado es el producto de todas las fuerzas que lo rodean; cuando los padres y maestros aúnan sus esfuerzos, estas fuerzas adquieren coherencia y el resultado asegura un producto de mejor calidad" (Fritzsche y San Martín, 1968: 241). La cooperación entre ambas instituciones aparecía, al mismo tiempo, como una meta deseada, un requisito indispensable y una velada amenaza. Tras anunciar la apertura del jardín para recibir en cualquier momento a los padres y la sugerencia de que haya libros en la biblioteca escolar que esclarezcan y actualicen su rol doméstico, las autoras reafirman su ideal de coherencia cooperativa: "El jardín de infantes sólo podrá lograr el cumplimiento de sus objetivos cuando la relación con el grupo familiar sea permanente y estrecha; esta relación no significa de manera alguna una intromisión del establecimiento educativo en la vida de la familia ni tampoco la familia entorpecerá la tarea docente. La interacción hogar-jardín de infantes se practica con el objeto de favorecer un normal desarrollo del niño y no desarticular la conducta infantil con actitudes incoherentes por ambas partes" (Fritzsche y San Martín, 1968: 236). Esa pretendida normalidad descansa, según el texto, en una estructura familiar nuclear y relaciones claramente definidas entre adultos y niños: "La familia armónicamente estructurada se compone de padre, madre e hijos de ambos sexos; el lugar que ocupa el niño en el número de hermanos, la buena relación de la pareja y la actitud que asumen los padres frente al niño son aspectos que influyen en la conducta infantil. Conocerlos significa conocer más al niño para orientarlo mejor. Las relaciones entre padres e hijos no siempre resultan todo lo armónicas que se puede esperar: hay padres que aún no han resuelto sus propios conflictos, vuelcan sus angustias y tensiones sobre los hijos y tratan de brindarles lo que no tuvieron en su infancia sobreprotegiéndolos o castigándolos con excesiva rigidez" (Fritzsche y San Martín, 1968: 237). El tono de las autoras da cuenta de la fuerte pregnancia psicologista de la época, que reemplazaba el vocabulario higienista de principios de siglo por nuevas varas de medición de la normalidad. No obstante, el texto advierte sobre los riesgos y excesos que, desde aquellos años, se vislumbraban en la intervención docente: "Es frecuente que la madre se extienda en sus informaciones mucho más de lo que se le solicita y que llegue a las confidencias personales; se la escuchará atentamente tratando de brindarle la oportunidad para que descargue sus tensiones, sin recomendaciones, consejos o censuras, ya que no es ésa la tarea del maestro, quien sólo trata de conocer al niño para comprenderlo mejor, pero que no está en condiciones, ni es su función, asesorar o interpretar conflictos de los padres con el riesgo de cometer serios e insalvables errores y perder la confianza que todo maestro debe inspirar para el feliz cumplimiento de su labor psicopedagógica con el niño" (Fritzsche y San Martín, 1968: 238).

Es interesante contrastar estos aportes con los del libro que, al año siguiente, publicaron Bosch, Menegazzo y Galli, otras de las autoras relevantes de la segunda mitad del siglo XX. Cuando analizan los factores condicionantes del desarrollo del Jardín de Infantes, desmenuzan las transformaciones de la subjetividad infantil debidas a las tecnologías modernas y los cambios en la vida doméstica. Al respecto, afirman que "El medio físico y social en que viven los niños de nuestros días es muy distinto, por cierto, de aquel en el que se desenvolvieron no sólo las generaciones alejadas de la actual sino también el de las más cercanas, el de las que los preceden inmediatamente. Nada mejor para ilustrar lo que acabamos de señalar que una simple descripción del ambiente en que se desarrolla actualmente el niño de la clase media de una gran ciudad" (Bosch y otras, 1969: 16). Obsérvese el sutil desplazamiento de "los niños de nuestros días" al "niño de la clase media de una gran ciudad", que sesga la mirada de las autoras de allí en adelante. Describen a un niño "tipo" que vive en una casa de departamentos, con muy escasos espacios abiertos, y con frecuencia carente de ellos, atiende el teléfono y mira televisión. Se trata de hijos de familia nuclear, con pocos hermanos y escasa interacción con su medio social y físico, debido al "aumento de los peligros de la calle" (Bosch y otras, 1969: 19). Como contrapartida, describen a padres asombrados por la destreza de los niños en el manejo de las nuevas tecnologías y admirados por su inteligencia. Estas familias de clase media son, según las autoras, las que llevan a sus hijos al jardín[9]: "El complejo mundo de hoy se maneja con especialistas: el padre sabe que el motor de su automóvil, el televisor, el diseño de sus trajes, las finanzas, la administración, en fin, hasta los menesteres aparentemente más simples deben estar en manos de especialistas. Igual actitud se está generalizando en la educación de los niños pequeños" (Bosch y otras, 1969: 18). Las maestras adquieren, según el texto, estatus de especialistas y saben cómo abordar la educación de niños que desconciertan a sus padres. En consecuencia, cuando plantean las funciones del Jardín de Infantes, distinguen una función social vinculada a "las condiciones de la familia actual" de una función pedagógica sustentada en las necesidades del niño y los conceptos filosóficos de la época. La propuesta formativa se apoya, entonces, en una función supletoria de la educación parental: "Las características de la compleja sociedad de nuestros días impide a la familia, como hemos visto, cumplir en su totalidad con la función educativa que

---

9. Este dato coincide con el que aporta una investigación de esa época: "El 40 por ciento de los niños de la clase obrera no va al jardín. Dicho porcentaje resulta elevado si se compara con el de las demás clases sociales (6 a 14 por ciento en clases media y alta, respectivamente, que no asiste)" (Romano Yalour de Tobar, 1969: 77).

respecto al niño, en sus primeros años, le corresponde. El Jardín de Infantes tiene, en ese sentido, el importante papel de: complementar la acción del hogar en lo relativo a la adquisición de hábitos y actitudes; proveerlo de oportunidades y experiencias para la ampliación y perfeccionamiento de su lenguaje, introducirlo en un núcleo social más amplio, ponerlo en contacto con un medio físico que satisfaga sus necesidades de juego, colaborar en el cuidado de su salud física y mental" (Bosch y otras, 1969: 21-22). Las autoras abogan por un trabajo cooperativo entre las familias y el jardín, pero basado en las insuficiencias y defectos de aquellas que éste podrá subsanar y reparar. La articulación entre ambos se basa en la suposición de homogeneidad cultural: "Ya hemos señalado que el Jardín de Infantes es una ayuda y no un sustituto del hogar; sin embargo una y otra institución, familia y escuela, tienen una misma finalidad educativa y un punto de partida común: el conocimiento del niño. Los padres, en este sentido, pueden hacer un aporte valioso a la acción del Jardín. Este, por su parte, puede colaborar con aquellos en la comprensión de las reacciones y de la conducta del niño" (Bosch y otras, 1969: 137). En esta colaboración recíproca no estaba prevista la disidencia de objetivos, de criterios o de modalidades y, en consecuencia, la diversidad sería vista como falencia o incomprensión, desde parámetros, como dijimos, basados en la proyección de una clase media urbana supuestamente homogénea al conjunto de las familias que concurren al jardín.

A mediados de los años '70, se editó un texto del profesor suizo Willi Vogt (1976), publicado poco antes en su país, que da cuenta del jardín en forma integral. El último capítulo se llama "Los padres y el jardín de infantes" e incluye los siguientes apartados: "La colaboración necesaria", "El jardín de infantes como centro de educación preescolar", "La formación de los padres", "La problemática de la familia actual" y "Las visitas y reuniones de padres". Según el Prefacio, el autor se desempeñaba entonces como director de cursos para padres en Zurich. Allí afirma: "Ninguna maestra de jardín de infantes, si es observadora, puede ignorar la situación problemática de algunas familias. En efecto, demasiadas familias no emanan la tranquilidad y estabilidad, no disponen de las fuerzas de estimulación que serían deseables para el niño preescolar. No pocas veces, las madres (y los padres) hasta tienen temor a la misión de educar a sus hijos. Durante mucho tiempo se ha hablado, con total falta de crítica, de la 'santidad del hogar'; hoy se escucha a menudo lo contrario, poniéndose en tela de juicio de una manera sensacionalista las posibilidades y el valor de la familia. La maestra de jardín de infantes tendrá que tener cuidado de no condenar de un modo general las estructuras familiares de su comuna o barrio. Es cierto que en más de un aspecto el fundamento de la familia está quebrantado. Con todo, sigue siendo el lugar donde en los primeros años de vida del niño se forman los estratos profundos de su carácter" (Vogt, 1976: 109-110). Estos juicios adoptan cierto tono de denuncia de una situación crítica y preocupante, que quizá no se viviera con tanta alarma entonces en Argentina. Aunque no alcanzaba aún una escala generalizada, los sectores medios urbanos habían recibido el embate de los nuevos discursos sobre las relaciones igualitarias entre géneros y generaciones que habían sido bandera de los movimientos contestatarios europeos y estadounidenses en la década anterior. Las mentalidades más conservadoras podían evaluar que los hogares perdían "santidad", como menciona Vogt, y apreciar los nuevos vínculos entre padres e hijos como una expresión del temor a repetir errores de las generaciones anteriores. Su conclusión de que "el fundamento de la familia está quebrantado" debería mitigarse, para señalar que las bases de un modelo específico de organización familiar había entrado en crisis: el de la división clara y tajante de roles y derechos entre varones y mujeres, entre adultos y niños.

En esos años '70, la sociedad argentina daba cuenta de la ebullición suscitada por aquellos movimientos culturales de los países centrales y algunos hervores propios del conflicto social local. Esa dinámica social dio un fuerte viraje en 1976, al iniciarse la dictadura cívico-militar[10]. Ese mismo año, Sylvia Pulpeiro y

---

10. Existen discusiones sobre el orden de prelación entre las múltiples causas que llevaron a la interrupción del orden institucional argentino en marzo de 1976. Algunos historiadores priorizan los motivos políticos y otros los de orden económico, aunque no son pocos los que enfatizan los aspectos culturales que llevaron a que las fuerzas armadas buscaran

Lilia F. de Menegazzo publicaron el primer libro que buscaba abordar de forma integral la relación entre los jardines y las familias, desde la práctica efectiva en las instituciones, con matices del psicologismo y el tecnicismo que predominaban en el discurso pedagógico de la época. Allí desbrozan las miradas recíprocas entre las familias y las docentes: "el encuentro de padres y maestras está pautado por expectativas múltiples, derivadas no sólo de la organización institucional sino también de lo que unos y otros son y representan en la realidad. Esta realidad está dada por las imágenes concretas y fantaseadas que cada uno tiene del otro, producto de las respectivas historias personales que configuran su estructura psíquica. Esta afirmación permite tomar conciencia de la complejidad del vínculo, por otra parte no más complejo que cualquier otro en la vida humana" (Pulpeiro y Menegazzo, 1976: 19). Uno de los ejemplos que mencionan es el siguiente: "Al terminar la primera entrevista del año, el padre de un niño, sonrojándose, le dijo a la maestra que él había concurrido esperando encontrarse con una vieja gruñona y anticuada como la señorita Irma, su primera maestra, por lo que se sorprendió al ver una chica moderna y con pantalones[11]. Aunque la madre del niño le había comentado con anterioridad cómo era el aspecto de la maestra, él no había podido desechar aquella imagen durante la charla, y pedía disculpas por haber estado tan reticente" (Pulpeiro y Menegazzo, 1976: 13). Las autoras evitan tanto las imágenes edulcoradas de la vida familiar como las quejas paralizantes que se hicieron más tarde tan frecuentes.

---

restaurar un orden que consideraban natural. En declaraciones realizadas muchos años después, Videla sostuvo que "nuestro objetivo era disciplinar a una sociedad anarquizada; volverla a sus principios, a sus cauces naturales" (Reato, 2012: 155). Lo que el dictador juzga a la distancia como "sociedad anarquizada" era la expresión de la participación juvenil, la lucha por mayor justicia en las relaciones laborales y también la irrupción de nuevas configuraciones familiares y amorosas que surgían de las impugnaciones al poder patriarcal.

11. Esta mención puede sorprender a lectores jóvenes, pero en esos años se discutía si era decoroso que una maestra usara pantalones en lugar de pollera. La gestión militar prohibió, en la ciudad de Buenos Aires, el uso de pantalones a las docentes.

Adoptan, en cambio, una actitud abierta al conflicto, propositiva y de mesurado optimismo sobre las ricas posibilidades de articulación entre familias y jardines. Para ello, intentan caracterizar algunas de las problemáticas más frecuentes, según los rasgos de los grupos familiares: "La estructura de una pareja, su historia y el modo como se inserta el hijo en ella determinarán en alto grado el vínculo que establecerá con la maestra. La relación de una pareja con las maestras de su primer hijo tiene características distintas de la que mantiene con las de sus otros hijos; los padres separados introducen en el vínculo con la escuela y la maestra matices peculiares, diferentes de los que pueden introducir aquéllos que tienen una relación armónica; lo mismo sucede con los padres 'grandes' (con edad mayor que la habitual para tener hijos pequeños) o con los padres de un hijo único, etcétera" (Pulpeiro y Menegazzo, 1976: 12). En ese intento de caracterización, enfatizan los rasgos ideológicos que atribuyen a la inserción social de las familias, de modo semejante al que había adoptado Sarmiento según vimos más arriba: "Otro aspecto que podría considerarse sería la ideología de la familia con lo que se abriría un capítulo de amplias proyecciones, que sólo podemos abordar sumariamente, acerca de cómo se dan en cada clase social las relaciones con la escuela y la maestra. Por ejemplo, es más frecuente que los padres de clase alta consideren a la maestra como una persona de servicio y al servicio casi exclusivo del niño. A su vez, la maestra que actúa dentro de esta clase social tiende a desvalorizarla en lo que respecta a la crianza del niño: 'lo abandonan, no se ocupan de él, lo malcrían, le satisfacen todos los gustos, le hacen creer que puede conseguir de todo'. Como las maestras, en su mayor parte, pertenecen a la clase media, se identifican más con los padres pertenecientes a su mismo ámbito social, ya que también existe una desvalorización respecto de los padres de clase popular (posiblemente menos agresiva y con más intentos de colaboración). Estos últimos, en cambio, si bien con componentes latentes de envidia, rivalidad, etc., tienden a idealizar a las maestras, tomándolas como modelos y creyéndolas poseedoras de la verdad absoluta. Esto hace pensar en la necesidad de que exista una coherencia ideológica mínima entre ambas instituciones, familia y escuela, para que el niño perciba en su educación un marco referencia común" (Pulpeiro y

Menegazzo, 1976: 12). Esta caracterización bastante esquemática y burda expresa algunas de las representaciones que se habían ido gestando en torno a la doble vía de expansión de los jardines de infantes, en sectores populares y de élite, al tiempo que anticipa una respuesta institucional que se tornaría predominante: la búsqueda de una "coherencia" que la misma asignación de clase tornaría imposible. Dedican buena parte del libro a ofrecer recomendaciones sobre las entrevistas, las reuniones de padres y otras modalidades de comunicación. Algunos de los criterios prácticos que proponen mantienen su vigencia casi cuatro décadas más tarde, aunque hoy convendría flexibilizar y diversificar buena parte de las herramientas específicas que entonces ofrecían.

Durante la dictadura militar, la implementación de currículos tecnicistas restringió la creatividad y la libertad de expresión que había predominado en las instituciones. En esos años, se editó la serie "Enciclopedia práctica preescolar", escrita por destacadas docentes del sistema educativo porteño, lideradas por Beatriz Capizzano de Capalbo, quien asumió entonces la Dirección de Educación Preescolar de la ciudad de Buenos Aires. Estos textos se difundieron masivamente e influyeron en la formación docente del Nivel Inicial por esos años. Expresan una visión de la sociedad de sesgo funcionalista, que minimiza los conflictos o los considera solubles mediante la acción certera de las instituciones y la buena voluntad de las personas: "Los padres constituyen, para la maestra jardinera, el puente entre la escuela y la comunidad. Actualmente los padres participan más que nunca en las actividades de la escuela, manteniendo con ella una relación muy estrecha. Este cambio en sus roles es una promesa para el desarrollo de la educación y particularmente necesario cuando se relaciona con la educación preescolar. Las experiencias del niño en el jardín maternal y en el Jardín de Infantes son similares en cierto modo a las que el hogar provee; por eso la guía del niño pequeño en la casa y en la escuela es contemplada como una 'empresa de trabajo en cooperación' más que dos tareas distintas llevadas a cabo por maestros y padres e independientemente realizadas. [...] Si el padre y la maestra[12]

---

12. Llaman la atención las marcas de género que provienen de esa generalización en singular de "la maestra" y "el padre".

se mancomunan en la labor educativa y si el niño siente, en sentido positivo naturalmente, el encuentro entre ellos, surgirá una atmósfera de trabajo ideal. [...] No es posible educar sin esta cooperación mutua" (González Canda y Capizzano de Capalbo, 1976: 127). En estos libros, abundan las recomendaciones prácticas y el punteo de pasos para lograr, por ejemplo, una adecuada entrevista o una reunión de padres exitosa: "Han dejado de ser efectivas las importantes y formales reuniones de padres; son más provechosas cuando se realizan pequeñas reuniones en las que hay mayor libertad de expresión y el grupo es más impersonal. La maestra no debe ver en este momento la oportunidad para realizar una 'educación para padres', en el sentido de querer decirles lo que deben hacer o demostrarles sus errores; si los maestros critican a los padres, éstos tratarán a la escuela con desconfianza. Las maestras se quejan muchas veces de la indiferencia de los padres, dicen que no comprenden la política educativa; y temen que se inmiscuyan demasiado en los asuntos escolares. [...] La maestra jardinera debe explicarles qué necesita de ellos, cuál es su labor, cuáles los objetivos de la educación preescolar. La buena maestra atraerá a todos, hasta a los indiferentes y a los hostiles, a este tipo de colaboración: un buen equipo de padres ayudará tanto en un paseo planificado como en uno recreativo al aire libre, o en una actividad social para beneficio del jardín. Una práctica sumamente aconsejable es la de invitarlos en el momento de la planificación y antes del comienzo del desarrollo de la nueva unidad que han de abordar. Al hacer esto los hará partícipes de los nuevos intereses, obligándolos a compartirlos" (González Canda y Capizzano de Capalbo, 1976: 133).

La existencia y rápida expansión de los jardines encuentra justificación, según las autoras, en las necesidades de la vida moderna y la salida de las madres al ámbito laboral: "Para evitar que la ausencia regular de las madres trabajadoras tenga graves consecuencias sobre el funcionamiento de la familia y de las relaciones familiares, se han redactado y puesto en marcha programas y servicios de protección social para ayudarla a cuidar y educar a sus hijos de corta edad. [...] Pero no solamente el número de madres que trabajan fuera de casa determina la creación de instituciones especializadas. Otros factores importantes son las condiciones sociales y económicas del país, la insuficiencia de viviendas, la malnutrición infantil, los alojamientos sobrepoblados e insalubres. Como respuesta a estos problemas han surgido distintos tipos de soluciones: casas-cuna; jardines maternales; guarderías familiares; círculos infantiles recreativos; jardines infantiles de temporada; subsidios a trabajadoras. Paralelamente a la aparición de estas soluciones, la opinión pública ha demostrado comprender cada vez más la necesidad de conceder subsidios maternales, otorgar permisos de maternidad u otras prestaciones (Giúdice de Bovone y otras, 1979: 185). La comprensión de la sociedad parece, a la distancia, bastante limitada, si se advierte que las familias que enviaban tempranamente sus hijos al jardín eran consideradas "deficitarias", tal como se aprecia en el siguiente fragmento: "Cuando el jardín comienza a funcionar se realizará la inscripción de los niños que van a asistir, pudiendo destinarse a esto un período previo a la apertura. Sin embargo las vacantes deberán ser confirmadas en un plazo cercano al primer día de trabajo para asegurar la cantidad de niños que recibirán el servicio y ajustarlo a ello. Además habrá que tener en cuenta la necesidad que pudiera presentarse, de seleccionar los aspirantes, si ellos excedieran el número; esta selección se hará en función de los informes de la asistente social concediéndoseles el lugar a aquellos niños que provengan de familias más deficitarias" (Giúdice de Bovone y otras, 1979: 242).

 Curiosamente, en medio de la dictadura tuvo su origen uno de los libros más emblemáticos del nivel inicial en la Argentina, en el que siete autoras reconocidas plasmaron sus preocupaciones y propuestas, que sería reeditado repetidas veces hasta la actualidad. A raíz de una mesa redonda realizada a mediados de 1977, Lydia Penchansky de Bosch, Hilda Reigosa de Cañeque, Hebe San Martín de Duprat, Susana Galperín, Martha Glanzer, Lilia Fornasari de Menegazzo y Sylvia Pulpeiro iniciaron una serie de diálogos que culminaron en la elaboración de siete artículos de autoría personal pero sustentados en los intercambios con las demás. La relación con las familias ocupa un lugar mesurado en el conjunto de la obra, pero tiene algunas alusiones significativas. En el artículo de Lydia P. de Bosch que describe las tendencias actuales, ella plantea que las instituciones funcionan bajo las orientaciones y parámetros de las corrientes renovadoras de los años '60 y "el acento se halla puesto en el desarrollo físico y socioemocional del niño, en la estimulación de sus capacidades intelectuales y creadoras, en el aprestamiento para su posterior aprendizaje de las materias instrumentales y en la relación del jardín con los padres" (Bosch y otras, 1986: 41). Es decir que la relación entre el jardín y las familias era vista como una de las pautas centrales de la renovación pedagógica, asociada, como vimos, al despliegue cuantitativo del Nivel. Las alusiones más directas a esa relación aparecen en el artículo de Sylvia Pulpeiro, quien había publicado poco antes el libro que reseñamos más arriba. En este caso, en torno al rol de la maestra jardinera, analiza tres "supuestos" o representaciones habituales que circulan en la sociedad. Ellos son: "1) La maestra jardinera es una especie de samaritana, de apóstol de la educación preescolar, dispuesta a 'entregar su vida en pro de una infancia feliz'. Debe ser alegre, sana, vital, linda y joven [...]. 2) La maestra jardinera es una 'segunda mamá' y el jardín de infantes 'un segundo hogar'. Debe querer y cuidar a los chicos como lo harían sus mamás en sus casas. 3) La maestra jardinera es a la vez consejera psicopedagógica y por lo tanto debe orientar a los padres sobre la educación y cuidado de sus hijos. Esto se hace extensivo generalmente a la salud física. Así como los padres consultan al pediatra para elaborar situaciones planteadas por la vida en el jardín de infantes, también pretenden que las maestras los ayuden a resolver problemas de salud de sus hijos" (Pulpeiro, 1986: 156). Dos de los tres rasgos mencionados radican en la relación entre familias y jardines, aunque tienen componentes contradictorios, pues uno aprecia en la maestra sus cualidades de prolongación y réplica de la vida doméstica mientras otro valora su diferenciación como especialista externa al ámbito hogareño. Dentro del ámbito institucional, la autora señala que la brecha entre estos supuestos y los aspectos funcionales del rol es el espacio propicio para que se produzca "un doble mensaje permanente", como juego de malentendidos que dificulta la comunicación: "Ejemplo: una directora le dice a una maestra: 'Espero que trate bien a los padres de sus alumnos'. Para la directora detrás de este mensaje puede existir otro que diga: 'Complázcalos en todo lo que le pidan, usted está al servicio de ellos. No quiero problemas'. La maestra puede interpretarlo como: 'Atiéndalos en sus necesidades reales, bríndeles la información que precisen pero no confunda su participación desde el rol de padres con la intromisión de ellos en su tarea'" (Pulpeiro, 1986: 157). No sólo es interesante la interpretación que propone la autora, sino que el ejemplo sirve como testimonio de que algunas tensiones institucionales actuales sobre la relación con las familias ya estaban vigentes a mediados de los años '70. Algunas muestras de ellas reaparecen en el diálogo que cierra el libro. Allí Susana Galperín afirma: "a veces parecería que se tiende a confundir el jardín, que es una institución educativa, con una institución asistencial. Esto ocurre con los padres que no tienen una idea clara de cuáles son los fines del jardín de infantes" (Bosch y otras, 1986: 175). También ocurriría entonces con otras colegas presentes en ese diálogo que, como hemos visto en otros libros que mencionamos, plantean una misma jerarquía para la "función social" y la "función pedagógica". Sin embargo, el reproche de Galperín se dirige entonces a padres poco informados o recién llegados a una institución en expansión. Lo mismo ocurre en la intervención de Lilia F. de Menegazzo, quien sostiene que "habría que hacer toda una tarea de esclarecimiento con los padres. Los padres envían al hijo al jardín, pero uno tiene la impresión, muchas veces, de que no saben muy bien *para qué* y *por qué* conviene que el chico vaya al jardín. Sería necesario, entonces, que los padres tuvieran un concepto claro de las funciones educativas que el jardín puede cumplir y, de hecho, cumple. Y sería necesario que la institución preescolar y los padres pudieran *complementarse* en la educación del niño. Cosa que no siempre ocurre, porque... ¡cuántas veces observamos que la orientación que da el jardín al chico resulta casi opuesta a la que le dan los padres! Acaso nunca como en los últimos tiempos se ha revalorizado tanto el papel que desempeña la familia en la educación de los hijos. Pero, por ahí, lo que no se reconoce suficientemente es la importancia de que la familia y la escuela *eduquen juntas*, cada una desde su rol" (Bosch y otras, 1986: 176). Ambas intervenciones dan cuenta no sólo de la creciente preocupación por la relación con las familias, sino la temprana adjudicación a ellas de los problemas generados. Eran los padres quienes debían comprender mejor lo que el jardín hacía y lo que esperaba de ellos. En ese sentido, la elección de las palabras resaltadas en itálica, realizada durante la edición del texto, expresan en formato de telegrama lo que querían comunicarles: *para qué* y *por qué, complementarse, eduquen juntas.*

Como contrapartida al tecnicismo y el directivismo de la dictadura, durante la transición democrática predominaron tendencias no-directivistas y autogestivas ligadas a concepciones psicológicas de encuadre constructivista. Llegó nueva bibliografía extranjera que aportó miradas renovadoras, aunque no parece haber tenido las repercusiones que había tenido la de cuño tecnicista. Un ejemplo de esa bibliografía es el texto de Franco Frabboni que, a través de España, traía las experiencias innovadoras de la educación infantil italiana y abogaba por una pedagogía más atenta a los procesos políticos y culturales del contexto histórico: "Una escuela infantil que pretenda afirmarse como servicio socio-educativo —teniendo que interactuar con los múltiples modelos culturales presentes en su territorio (plebeyos, campesinos, proletarios, burgueses, aristócratas)— no puede obviamente atrincherarse al amparo de la educación desinteresada de la pedagogía inocente. Más aún, la escuela infantil está llamada a construir su propia arquitectura educativa, teniendo como pilares fundamentales las 'variables' psico-socio-culturales que interactúan en el proceso educativo: la personalidad de los niños, la de los educadores, los valores culturales dominantes en la comunidad, etc." (Frabboni, 1987: 40). La dinamización de la actividad institucional provenía, según este autor, de la apertura a las transformaciones que demandaba la coyuntura y el "apego a la realidad social en la que la escuela actúa, pidiendo al ambiente comunitario que se ofrezca como interlocutor diario con la escuela infantil. Es decir, padres y fuerzas sociales de la comunidad son llamados para que se impliquen de lleno en proyectar-realizar-evaluar la vida escolar, sobre todo aportando con su presencia el propio cuerpo: los códigos existenciales (creencias, aspiraciones, valores) y los códigos culturales (lenguajes, comportamientos), de los que son testigos y guardianes" (Frabboni, 1987: 40). Durante la década del '80 los jardines de la Argentina abrieron sus puertas a las transformaciones familiares, expresadas en la nueva legislación sobre patria potestad compartida y divorcio vincular pero también en la ruptura del velo de la diversidad de configuraciones familiares, a la que hasta entonces se había aludido con sigilo y vergüenza en los pasillos escolares. Esta apertura vertiginosa a los cambios familiares que se venían dando desde largo tiempo atrás fue también atravesada por las vicisitudes económicas de la democracia incipiente, que afectaba tanto el estatuto social de los grupos familiares como el castigado bolsillo de los equipos docentes.

Algunas de las participantes en aquel diálogo entre colegas de la década del '70 comenzaron a enfatizar otros matices de la relación entre jardines y familias. Hebe San Martín de Duprat y Ana Malajovich publicaron en 1987 un nuevo texto general sobre el Nivel Inicial, más centrado en las preocupaciones de la transición democrática: el reconocimiento de la diversidad cultural y la apertura de las instituciones a la comunidad. En torno a la primera noción, las autoras afirman que "cada familia que ingresa a la escuela infantil trae consigo una serie de pautas y valores culturales que deben ser conocidos y comprendidos en su racionalidad implícita como producto de su ubicación social, a fin de orientar las propuestas pedagógicas hacia los niños y sus padres" (San Martín de Duprat y Malajovich, 1995: 25). De este modo, la relación con "las familias" se desplaza sutilmente a la preocupación por el diálogo con "cada familia", a la cual se le reconocen rasgos particulares y legítimos. Lo que pocos años antes se veía como problema incipiente, ahora parecía formar parte central de las discusiones internas de las instituciones: "Mucho se ha pregonado sobre la participación de los padres en la educación de sus hijos y sobre la necesidad de compartir la tarea de educar. Sin embargo estos dos conceptos han llevado a innumerables equívocos. Se confundió participación con colaboración y compartir con informar. Imaginamos un niño estático que es influido en un 50% por la familia y el otro 50% por la escuela, como si existieran áreas reservadas a cada una: a la familia la formación moral y social y a la escuela la formación intelectual y física. Pero ésta no es la situación que vivimos en la actualidad. Hoy nuestros objetivos educativos tienden a desarrollar integralmente al niño, con sus poderes, capacidades, actitudes y necesidades. Esto implica que recibimos un niño 'entero' que nos ofrece la familia y que nos preparamos a educarlo a partir de su historia personal y de su vida en familia. Por lo tanto, compartir implica continuar e integrar en íntima participación la obra de la familia, no interrumpiendo o seleccionando, sino asumiendo al niño como es, en su complejidad de influencias" (San Martín de Duprat y Malajovich, 1995: 25). El idilio se había roto y la relación con las familias mostraba ya sus facetas más duras, lo cual generaba rispideces entre colegas, pues algunas se negaban a aceptar a ese "niño como es", que llegaba de la mano de esos "padres como son". La cooperación entre ambos ya no podía verse como una articulación básicamente armónica sino como un desafío abierto a las circunstancias particulares, que podía o no ser exitoso, podía o no ser placentero. En tal sentido, las autoras advierten sobre los riesgos polares en la relación de los jardines con la comunidad: "La escuela infantil debe su existencia a las necesidades de la comunidad, pero a su vez esta existencia modifica las necesidades de la comunidad. Los cambios en una repercuten e implican cambios en la otra, en una relación cuasi simbiótica que da actualidad y concreción a la acción educativa, y cuya funcionalidad se evalúa en su contribución a la promoción del desarrollo del niño como integrante de esa comunidad. Surge, por lo tanto, la necesidad de abrir la escuela al medio, lo que implica también que esta escuela pueda y deba actuar como centro de relaciones entre grupos e individuos de la comunidad, de comunicación entre esta y la realidad más amplia. La escuela infantil debe evitar mimetizarse con el medio perdiendo de esta manera la distancia óptima que permite operar cambios. Pero tampoco puede ignorar o alejarse en demasía de los proyectos y características comunitarias que la harían aparecer como una institución ajena al mismo" (San Martín de Duprat y Malajovich, 1995: 26). Esa "distancia óptima" que pregonaban habilitaría la función provocadora de la escuela, que no sólo buscaría dar respuesta a las necesidades de los grupos familiares sino también interpelarlos y transformarlos desde su práctica pedagógica.

Durante los años '90, se desarrolló un proceso de reforma educativa con el trasfondo de la crisis del Estado benefactor, el desencantamiento de la política y una reformulación general de los lineamientos ideológicos que habían caracterizado la segunda mitad del siglo XX dentro y fuera del país. La Ley Federal de Educación, sancionada en abril de 1993, instituyó legalmente al Nivel Inicial como primer eslabón del sistema educativo nacional, incorporando el Jardín Maternal para niños menores de tres años y estableciendo la obligatoriedad del último año del jardín de infantes. Esta medida originó políticas diferenciales que conllevaron una escisión interna en las instituciones, la cual recién comenzaría a revertirse con la ley de Educación Nacional de 2006. Aunque los documentos centrales de la reforma nacional no daban cuenta de los contextos específicos del trabajo institucional[13], algunas jurisdicciones dieron temprano aviso de que las condiciones sociales estaban sufriendo un abrupto deterioro: "La problemática sociocultural, de la que específicamente queremos ocuparnos, se refiere a las múltiples situaciones que golpean a la escuela exigiéndole respuestas, muchas de las cuales escapan a su función propia. La desnutrición, la delincuencia, la drogadicción, la violencia, los abusos y maltratos, la desocupación de los padres, la falta de vivienda, entre tantos otros, ingresan a la escuela en la voz de los niños o de sus familias. El maestro en su aula se encuentra inerme frente a las nuevas realidades sociales que cotidianizan una nueva manera de estar en el mundo. Su tarea de enseñar se entrecruza con estos padeceres, y aislado en su sala, no tiene herramientas con las cuales encarar estas situaciones angustiantes" (MCBA, 1995: 24-25). Bajo el eufemismo de "problemática sociocultural", el documento denuncia un proceso de degradación social que haría eclosión poco tiempo después y signaría el cambio de siglo en Argentina. Más adelante el texto plantea que "la institución escolar deberá evidenciar una actitud de respeto y confianza, manifestaciones de estima y afecto, actitudes positivas hacia la comunidad y familia del niño, procurando que padres y familiares cercanos al chico se sientan interesados e implicados en compartir sus vivencias y experiencias dentro del jardín" (MCBA, 1995: 27). Con la mejor voluntad, las maestras recibirían de modo creciente las expresiones de angustia y dolor de las familias que quedaban excluidas del mercado laboral.

---

13. Adviértase esta omisión en Ministerio de Cultura y Educación (1995).

Dos décadas nos separan de aquella época, pero los discursos que se iniciaron entonces ya golpean las puertas del presente y aluden a las tensiones actuales entre las familias y el Nivel Inicial. La bibliografía de este período ha tendido a especializarse más y ya resulta poco frecuente la edición de aquellos "manuales integrales" sobre el funcionamiento del jardín. Los gobiernos de la órbita nacional, provincial y municipal han generado variados programas de intervención comunitaria y muchos de ellos abordan esta relación entre las escuelas y las familias, algunos con particular énfasis en el Nivel Inicial.

Este recorrido bibliográfico nos ha permitido apreciar la escasa presencia de la relación entre el Nivel Inicial y las familias hasta tiempos bastante recientes, en que cobra una relevancia inusitada. Entre los textos clásicos, no hay referencias a la relación cotidiana entre familiares y docentes, sino que se vislumbran dos enunciados discordantes de comparación entre ambos polos: por un lado, el modelo de continuidad y contigüidad, que prioriza las semejanzas entre casa y jardín, en tanto promueve un mismo trabajo pedagógico hecho en dos instancias diferentes; por otro lado, el modelo de ruptura y reemplazo, que acentúa los beneficios de una escolaridad que se contraponga a la crianza doméstica y contrapese sus defectos. Con matices diferenciales, Pestalozzi y Froebel son representantes del primer punto de vista, en tanto Sarmiento y Juana Manso expresan el segundo. Sin embargo, cabe recalcar que esos modelos aluden a la definición de las funciones del jardín en comparación con la crianza doméstica, pero no encaran estrictamente la relación entre ambos, pues este problema recién se abriría en la pedagogía una vez que la experiencia cotidiana de las docentes y la expansión cuantitativa del sistema diera cuenta de rispideces y contradicciones entre la educación familiar y la institucional.

A lo largo de este recorrido, necesariamente incompleto, por diferentes discursos que jalonaron la historia del Nivel Inicial, mencioné también varias veces algunos aspectos de la vida privada de sus protagonistas. Cabe aclarar que no me mueve, al hacerlo, ninguna intención de chismerío o fisgoneo en pliegues privados, ni me interesa establecer juicios morales sobre las acciones o elecciones de nadie. Lo que realmente importa es advertir cuánto se parecen las vicisitudes familiares y emocionales de estas figuras emblemáticas a las que nosotros vemos y vivimos cotidianamente, cuán atravesados estuvieron ellas y ellos, como estamos nosotros, por las pasiones, los dolores, los sobresaltos y las alegrías a veces demasiado tenues de la vida familiar. Quienes forjaron a puro esfuerzo los orígenes y el crecimiento de la educación infantil no lo hicieron desde una etérea atmósfera exenta de problemas y angustias, sino sumergidos en zozobras semejantes a las que más de una vez nos hacen tambalear. Porque tuvieron familias reales, sesgadas por la vulnerabilidad de todos los vínculos, algunos creyeron que habría un futuro en que la vida familiar sería mejor, pero nunca cayeron en la desesperanza de creer que lo mejor había quedado atrás o que todo esfuerzo había perdido sentido.

Capítulo 3

Tensiones actuales entre familias y jardines

Durante el último tercio del siglo XX, al compás de políticas económicas y sociales que propiciaron una creciente fragmentación y la expulsión desembozada de vastos sectores del mundo del trabajo, la sociedad argentina quedó segmentada en territorios diferenciales. Murallas más o menos sutiles se alzaron entre los clientes de la exclusividad y los que padecen diferentes formas de exclusión. No sólo aumentó la brecha de ingresos y condiciones de vida entre los más y los menos favorecidos, sino que en cada barrio o localidad se instalaron barreras para impedir intercambios y evitar "contactos indeseables". Aquella sociedad caracterizada pocas décadas atrás por su alta cohesión y escasas reticencias ante la socialidad comunitaria, fue virando con el cambio de siglo hacia un modo de vida sesgado por las inseguridades y los recelos mutuos.

La segmentación social se ha traducido, simultáneamente, en una creciente fragmentación de las instituciones educativas. Según Santillán, "desde distintos trabajos de investigación se viene planteando cómo en las últimas décadas, junto con los procesos de pauperización y fragmentación social, se han producido diferenciaciones importantes entre las escuelas, que se juegan a nivel de las representaciones. La instalación en el sentido común de discursos ligados con el neoliberalismo puso a las escuelas en situación de competencia y a las familias como 'usuarios' que evalúan la 'oferta' que la institución les propone"

(Santillán, 2010: 8-9). Las familias pudientes buscan y encuentran escuelas que se les parecen, donde pretenden dar continuidad a sus criterios de crianza y encontrarse con otras familias que se les asemejen bastante o, en todo caso, que estén algún peldaño socioeconómico más arriba, con la expectativa de aproximarse a ellas a través de la experiencia escolar compartida. Las familias de sectores populares tienen menor margen de maniobra y suelen aceptar la escuela que les toca, aunque algunos tratan de resolver con participación activa lo que el Estado ha dejado de ofrecer en condiciones igualitarias. Paradójicamente, el discurso pedagógico ha vindicado enfáticamente el valor de la diversidad al mismo tiempo que los grupos escolares se han ido tornando cada vez más homogéneos, al menos en términos de clase.

La diversidad, tan mentada en carteleras y actos escolares, suele quedar reducida a las diferencias que existen entre la inserción social del equipo docente y la del alumnado. En escuelas de élite, las miradas docentes se asombran ante la abundancia material y el contraste entre la cotidianeidad de sus alumnos y lo que pueden ofrecer a sus propios hijos. En escuelas de sectores populares, afloran juicios de asombro (y también de desprecio) hacia modos de agrupación familiar, crianza, cuidado y resolución de necesidades cotidianas que no se asemejan a los parámetros de clase media. Frecuentemente, cuando a la pobreza se le suma la extranjería y la condición de inmigrante reciente, el asombro se transforma en descalificación lisa y llana. Obviamente, estas apreciaciones no emergen en el discurso público de las instituciones, sino que se cuelan en los comentarios privados y en mecanismos medianamente sutiles de relegamiento de las familias consideradas "indeseables"[14]. Desde las escuelas de élite, a veces se mira con sorna y conmiseración la discriminación que ocurre en esos ámbitos, de la que ellas se salvaguardan porque las murallas de acceso a su establecimiento facilitan la tarea e impiden el contacto con las desigualdades.

---

14. Para ahondar en este análisis, es muy recomendable el trabajo de Neufeld y Thisted (1999). En este mismo libro, algunos testimonios que ofrecemos más adelante dan cuenta de esos comentarios "subterráneos".

Como contrapartida, abundan las experiencias que exploran nuevas alternativas de interacción entre los jardines y las familias. Generalmente a tientas, con menos teorización que voluntad y más tozudez que garantías de éxito, numerosos equipos docentes buscan renovar las modalidades de relación. Bajo el liderazgo de directoras convencidas de su tarea o, a veces, a contrapelo de las autoridades, algunos jardines dan cuenta de exploraciones potentes. Es tan cierto que existe discriminación en los ámbitos educativos como que se libra en ellos una batalla constante por la inclusión y la igualdad. No todas las instituciones ni los equipos docentes trabajan en la misma dirección y los calificativos que englboan al conjunto suelen ser tan injustos con unos como con otros, lo cual desgasta especialmente a quienes apuestan a la transformación del sistema educativo desde sus entrañas.

Los casos resonantes

Ese esfuerzo anónimo y sostenido no siempre encuentra eco y reconocimiento en la sociedad, periódicamente sorprendida por casos resonantes que parecen reflejar un estado de situación, cuando sólo son emergentes escandalosos de algunos problemas relevantes con los cuales los jardines vienen lidiando denodadamente. La rutilancia de esos casos contribuye a la banalización de los problemas y la pervivencia de representaciones descalificatorias de la tarea docente en una opinión pública a veces demasiado perezosa para sopesar argumentos y exigir la validación de juicios lapidarios.

Uno de esos casos estalló en marzo de 1997, a raíz de la denuncia de algunas docentes de la guardería privada "Jardín de Ana", en la ciudad de Buenos Aires, quienes adujeron que su directora golpeaba e insultaba a los chicos cuando lloraban y cuando no querían comer[15]. A raíz de esta denuncia, motivada por conflictos de índole laboral, un grupo de padres atacó a

---

15. Entre otras notas de la época, se puede ver: http://www.lanacion.com.ar/66302-clausuraron-el-jardin-de-ana-y-comenzaron-los-testimonios y http://edant.clarin.com/diario/1997/08/06/e-06001d.htm.

golpes a la directora y replicó la denuncia, argumentando que las docentes habían sido cómplices de todo lo ocurrido. Aseguraron a los medios que sus hijos solían volver a casa con moretones y mordeduras. Durante varios días, los medios de comunicación describieron los maltratos físicos y psíquicos que habían sufrido los chicos, al mismo tiempo que circulaban diferentes opiniones sobre lo sucedido. Algunas voces enfatizaban que esos desbordes sólo podían ocurrir en instituciones privadas, ante la ausencia de contralores públicos. Otros expresaban su indignación porque las docentes habían cuidado durante varios meses la continuidad laboral en desmedro de su responsabilidad ética ante los niños. Más allá de esos matices, el caso instaló algunas presunciones maliciosas sobre lo que pasaba dentro de las salas y durante un buen tiempo todas las instituciones percibían la reticencia con que se miraba a los jardines. Se iniciaba un "estado de sospecha" que se extendería durante los años siguientes.

Más reciente es el caso del jardín "Tribilín", en el partido bonaerense de San Isidro, al cual concurrían niños entre 45 días y tres años hasta que estalló el escándalo en febrero de 2013[16]. Preocupado por ciertas perturbaciones de su hija, un padre escondió un grabador en su mochila. Al recibirla de regreso, comprobó que durante cuatro horas y media se oían gritos destemplados de una de las maestras y llantos de los niños ante algunos ruidos que podrían ser golpes. La Justicia intervino y tomó testimonio de los niños involucrados, pero mucho más resonante fue la repercusión mediática sobre el gesto familiar de controlar a las docentes a través de mecanismos informales de detección de abusos. En muchos jardines, las docentes se sintieron tan indignadas ante el caso como compelidas a justificar su propia tarea delante de las familias, temerosas de que los padres retiraran su confianza.

Estos casos no representan lo que ocurre efectivamente en la enorme mayoría de las salas del Nivel Inicial, pero tienen el peso simbólico de activar temores atávicos sobre la delegación

---

16. Entre otras notas de la época, se puede ver: Ver: http://www.lanacion.com.ar/1551987-asi-maltrataban-a-los-chicos-del-jardin-tribilin y http://sanisidro.clarin.com/ciudad/Psicologos-entrevistan-nenes-Jardin-Tribilin_0_868713130.html.

de la crianza en manos de personas extrañas. Pocos días después de que estallara el escándalo del jardín "Tribilín", un legislador cordobés propuso la colocación de videocámaras en jardines de infantes y geriátricos de toda la provincia, para que los familiares de niños y ancianos pudieran controlar, a través de internet, el trato que ellos reciben en esas instituciones. A pesar de los reclamos de docentes y directivos, la norma fue aprobada poco después. La decisión recrea el antiguo modelo del panóptico, propuesto por Jeremy Bentham para las cárceles en el siglo XIX, ahora potenciado por la multiplicación de las ventanas de visualización[17]. En esta expectativa de contralor total, familias y escuelas quiebran sus lazos de confianza y los reemplazan por instrumentos de persecución.

Tensiones entre familias y jardines

Ambos polos de la relación se tensionan y se miran con mutuo recelo. Como contrapartida a las sospechas antes descriptas, para gran parte de los actuales equipos docentes, "las familias" son consideradas el principal problema de su trabajo, desplazando las quejas anteriores sobre "el sistema" o "las condiciones". La interacción en el mundo adulto parece ser mayor fuente de fricciones, malestares y desazones que la tarea cotidiana con los niños. La relación entre los jardines y las familias ha comenzado a llagarse, a deslizarse hacia la ruptura de acuerdos básicos y fundantes, a transformarse en fuente de angustias, sospechas y delaciones. En tal sentido, podemos identificar cinco grupos de tensiones habituales, que describimos a continuación: en torno a la confianza, en torno a la autoridad, en torno a la legitimidad, en torno a la comunicación y en torno a la cooperación.

Las relaciones actuales entre familias y jardines registran *tensiones en torno a la confianza*, principalmente en la mirada de los padres hacia los docentes, por la imposibilidad de controlar lo que ellos hacen o dejan de hacer cuando los niños quedan a su

---

17. Puede verse un análisis minucioso de la propuesta de Bentham en Foucault (1989).

cargo. La confianza es un requisito indispensable de la delegación que da inicio al proceso educativo formal. Laurence Cornú plantea que "la confianza es una hipótesis sobre la conducta futura del otro" (Cornú, 1999: 19[18]), es decir, es una apuesta sobre lo desconocido a partir de unos pocos rasgos conocidos. Cuando un grupo familiar inscribe a sus niños en un jardín, suele tener muy poca información: el prestigio institucional, las referencias de otros padres, la experiencia con hijos anteriores, etc. Desde dentro de las instituciones, es fácil ver que esos indicios son bastante precarios, pues los equipos docentes cambian con cierta asiduidad y, por otra parte, lo que unos padres han visto de bueno en la escuela no necesariamente lo será para otros. Sobre esa base un tanto enclenque ha de posarse la confianza de las familias hacia las instituciones: precisamente ha de confiar porque no tiene medios de comprobación certera. Se trata de un componente inscripto en la relación ética entre sujetos que se reconocen íntegros y, por eso mismo, pueden considerar que el otro ofrece lo mejor de sí en el desempeño de su rol. La confianza implica la renuncia al propio poder, no sólo como delegación para que otro haga lo que uno quiere, sino como aceptación de que el otro hará cosas que tal vez no me gusten pero que son legítimas y necesarias en el proceso formativo de niñas y niños. De algún modo, la confianza en la escuela implica renunciar, en el caso de los padres, a sentirse dueños de sus hijos. Sin embargo, casos como el "Jardín de Ana" y "Tribilín" dan cuenta de la endeblez que sustenta la confianza y activan las sospechas y remordimientos de los grupos familiares, a través de preguntas que no encuentran respuesta satisfactoria: "¿estamos seguros de que allí los tratan bien…?" Por otra parte, la desconfianza de los docentes hacia los grupos familiares también circula fluida y calladamente en las instituciones, cuando se sospecha que los adultos no asumen la responsabilidad que les cabe en la crianza y manutención de sus hijos. Este segundo sentido de la desconfianza opera, usualmente, como soporte de las excusas que cada docente aduce

---

18. Se trata, en realidad, de una frase original de Georg Simmel, que Cornú ha recreado y analizado en profundidad en relación con los procesos educativos.

ante problemas en su trabajo: "si los padres no acompañan...". En este clima de recelos mutuos, la confianza es reemplazada por la desconfianza recíproca y el pedido de razones para volver a confiar. ¿Es posible recrear la confianza? ¿Sólo una enorme ingenuidad permite sostener la confianza, contra la tentación racional hacia la desconfianza entre familias y jardines? Lo que la confianza posibilita y sostiene es lo mismo que la desconfianza impide y traba: el funcionamiento fluido de la vida escolar de niñas y niños.

Las *tensiones en torno a la autoridad* tienen rasgos cercanos a los que mencionamos recién sobre la confianza, en tanto anidan en las sospechas de unos sobre otros, pero no ya en su integridad ética, sino en sus capacidades técnicas. Es frecuente escuchar que los docentes antes tenían mayor autoridad sobre los padres. Aunque se trate de un juicio bastante difícil de corroborar, es factible atribuirlo a la escasa variedad de voces que operaban sobre la crianza poco tiempo atrás. En general, los padres primerizos buscaban orientación en sus progenitores, en el médico pediatra y en los maestros. Podía haber diferencias entre estos últimos y los abuelos de los chicos, ante lo cual el saber académico solía triunfar ante los saberes prácticos (sobre todo en tiempos de ruptura intergeneracional, como fueron buena parte de los años '50, '60 y '70). Hoy, en cambio, las voces que analizan y orientan la crianza se han multiplicado enormemente, a través de medios masivos de comunicación, redes sociales y nuevos focos de sabiduría no necesariamente avalados desde las instituciones formales. Ante cada situación de crianza (alimentación, vacunas, hábitos, etc.) existen pluralidad de enfoques médicos, variedad de posiciones entre los docentes y un amplio abanico de opciones alternativas. ¿Por qué las familias habrían de reconocerles autoridad a los jardines entre tanta maraña de recomendaciones? Por el contrario, en muchos casos los padres descreen de la autoridad del maestro y sospechan que su formación no ha sido demasiado provechosa. "En la dimensión micropolítica del aula, la crisis del dispositivo logra poner de manifiesto que la pérdida de legitimidad deja al docente o a la docente desprovistos de la autoridad que se había encarnado en ellos por delegación de la familia. De este modo, el maestro o la maestra no adquieren su localización en el lugar del saber como un derecho adscrito, sino como resultado de los logros cotidianos que cada día pueden y saben conseguir" (Narodowski y Carriego, 2006:16). Decae la autoridad entendida como creencia en la capacidad del otro para intervenir en las cuestiones de las que es responsable. Y esto no ocurre sólo de las familias hacia la escuela, sino también en sentido inverso, cuando los docentes ponen en duda las condiciones de los grupos familiares para criar a los niños, ante padres demasiado jóvenes, demasiado viejos, demasiado pobres, demasiado ricos, demasiado ocupados, demasiado desocupados... La sospecha es mayor cuanto más lejana sea la inserción social de los docentes a la de los grupos familiares: si los padres, además de pobres, jóvenes y desocupados, son extranjeros, hablan otra lengua y tienen otras costumbres y creencias, les resultará más difícil que la escuela les reconozca autoridad sobre sus propios hijos. Las tensiones en torno a la autoridad no necesariamente traban el funcionamiento cotidiano del jardín, sino que quiebran las expectativas de futuro, es decir, las ilusiones que orientan y acompañan el pasaje de niñas y niños por el sistema formativo escolar: las familias esperan menos, creen menos, apuestan menos y, frecuentemente, eso conlleva que se comprometan menos en el acompañamiento.

En tercer lugar, si la autoridad alude a la creencia en la capacidad del otro para intervenir en las cuestiones de las que es responsable, las *tensiones en torno a la legitimidad* remiten a la delimitación de esas cuestiones. Es frecuente que, en el análisis de la autoridad, la legitimidad se ligue con su origen y fundamento, mientras que aquí nos interesa apelar a esta categoría para analizar el territorio o la jurisdicción de las familias y los jardines en relación con los niños: ¿De qué es legítimo que se ocupe el jardín? ¿De lo mismo que las familias? ¿Hasta dónde debería llegar la potestad de los padres? ¿Hasta el límite que imponen la voluntad y las elecciones de los hijos? En este aspecto, la situación del Nivel Inicial difiere considerablemente de lo que ocurre en otros niveles, progresivamente más dedicados a lo académico y menos inmiscuidos en el ámbito privado del hogar, algo que en la primera infancia no es fácil de demarcar. La crianza transita por territorios controvertidos como las creencias religiosas, las emociones, el cuidado de los cuerpos, entre muchos otros. Con frecuencia, los disensos en torno a estos temas son vistos como defectos de la otra parte o desviación de sus responsabilidades, antes que como rasgo de diversidad legítima o como deslinde de campos de legitimidad entre las familias y el ámbito público escolar. Interpelan esas legitimidades tanto los avances del jardín sobre los ámbitos de decisión de las familias como la renuencia a asumir tareas que las familias consideran que deberían abordarse desde el jardín. Estas tensiones se expresan en sorpresa y desencanto ante situaciones cotidianas en las que el sentido común de una parte daba por descontado que el territorio de legitimidades establecía cierto límite y la otra parte consideraba obvio que la demarcación era diferente.

Otro grupo de situaciones cotidianas pueden considerarse *tensiones en torno a la comunicación*. Estas son, quizá, las tensiones más fácilmente reconocidas y a las cuales se asigna un enorme potencial, como si todos los problemas de la relación entre las familias y los jardines se fueran a resolver en cuanto se logre adecuación y eficacia de los canales y las modalidades de comunicación en una y otra dirección. Aunque difícilmente se pueda apoyar tal expectativa, es cierto que mejorar la comunicación es un vehículo útil para avanzar en la resolución de las demás tensiones y, a veces, no es tan difícil de lograr como otras transformaciones. En tiempos recientes, los canales y las modalidades de comunicación se han multiplicado y cada vez hay más alternativas de enviar mensajes en una u otra dirección. Sin embargo, esa conexión permanente con variedad de canales conlleva que se le preste menos atención a cada uno de ellos y la proliferación de voces que cada cual oye de modo constante implica que se desdibuje lo que, desde uno de los polos de la comunicación, se considera importante. Cada vez con mayor frecuencia, los jardines apelan a cuadernos de comunicación, carteleras y notas en sobre cerrado, enriquecidas con mails, mensajes de texto a celulares o mensajes grabados en la memoria de artefactos domésticos. Del otro lado, no siempre las familias revisan todos los canales por los cuales la escuela busca comunicarse con ellas y, como contrapartida, recurren a alternativas que descalabran el funcionamiento institucional. En definitiva, mayor conexión no implica mejor comunicación y, por el contrario, puede incrementar las oportunidades de malentendidos y desencuentros entre docentes y grupos familiares.

Finalmente, es conveniente mencionar las *tensiones en torno a la cooperación*, que surgen una vez que ambos polos de la relación aceptan operar solidariamente, sin desmerecer las diferencias sino valorándolas como potencialidades diferenciales. En ese punto, no siempre es sencillo lograr la articulación de la potencia de cada organización en la consecución de propósitos compartidos. Frente a las miradas ingenuas sobre la cooperación como camino sencillo y amigable, las experiencias institucionales muestran que las habilidades y actitudes necesarias para cooperar con eficacia son bastante infrecuentes en una sociedad atravesada por lógicas exageradamente individualistas y competitivas. La cooperación institucional requiere costosos aprendizajes colectivos cuya conquista conlleva momentos de tensión y aspectos de mayor fricción. Ante las primeras fallas, una y otra parte pueden retirar su apoyo y renunciar a la búsqueda de alternativas, por lo que luego perduran en las instituciones las imágenes de antiguos fracasos: "una vez lo intentamos y no funcionó".

Estas tensiones no agotan la complejidad de las relaciones entre familias y jardines, pero nos permiten focalizar lo que podemos abordar y pensar en términos genéricos, aun cuando sepamos que cada institución y cada contexto social tienen sus propios matices y rasgos peculiares. Confianza, autoridad, legitimidad, comunicación y cooperación son categorías complejas y admiten numerosas articulaciones y solapamientos. El deslinde que proponemos aquí tiene el carácter operativo de permitirnos reflexionar sobre una problemática que tiene diferentes estratos.

La mirada de los directivos

Buena parte de estas tensiones afectan de modo preponderante a los equipos directivos, en parte por derivación de docentes que reniegan de sus responsabilidades, pero en parte también porque son los directivos quienes tienen a su cargo la orientación de las relaciones entre su instituto y la comunidad. La mirada de los directivos alcanza horizontes más lejanos que los que puede apreciar un docente desde la tarea de la sala. Más que ver este rasgo como un defecto de alguno de los estamentos docentes, cabe considerarlo un atributo diferencial que, convenientemente articulado, mejora el funcionamiento de los equipos docentes: es valioso que docentes y directivos miren aspectos distintos, actúen en niveles diferentes y tengan en cuenta perspectivas de variado plazo.

En la cotidianidad de los jardines, es menester interpretar cuáles son las cuestiones que interpelan al directivo como *responsable directo*, cuáles invocan al directivo como *garante del trabajo de otros* y cuáles requieren del directivo como *mediador* ante diferencias de criterios, de estilos y de legitimidades. No es fácil deslindar esas responsabilidades y, más allá de algunas precisiones concernidas en la legislación escolar, sólo la experiencia institucional va estableciendo distinciones más claras y los contornos efectivos de cada cargo. Esa discriminación de responsabilidades consume buena parte del aprendizaje de cada directivo durante el desempeño de su rol y agota raudamente a quienes no lo logran.

A la hora de analizar cómo se resuelven las tensiones cotidianas entre familias y jardines, apelamos, entonces, al saber experiencial de directoras que ejercen en instituciones muy variadas. No las escogimos como "modelo" a seguir, sino como representantes de búsquedas amplias y frecuentemente contradictorias en su desempeño, sobre el resbaladizo escenario de la sociedad argentina actual. Frecuentemente las directoras actúan allí donde otros enarbolan su derecho de suspender el juicio o resuelven sin demora lo que otros necesitan pensar pausadamente. Se trata de colegas que trabajan en contextos muy disímiles y, por eso mismo, se ven afectadas de modos muy variados por las tensiones que antes describimos entre familias y jardines:

Nancy dirige un jardín público de la zona oeste del Gran Buenos Aires. Recibe niños y niñas de sectores populares, que confían en la escuela pública y agradecen su presencia en la zona, pero no siempre saben cómo acompañar la experiencia cotidiana de Nivel Inicial. Según *Nancy*, hay familias de todo tipo. "Hay gente de clase trabajadora, humilde, hay gente que viene de países limítrofes, mucha gente de Paraguay en la zona. Hay como un asentamiento que directamente vienen a vivir ahí. Dentro del jardín hay muchas familias paraguayas y chicos que nacieron en Paraguay. Tengo una nena que hasta junio estaba yendo a un jardín en Paraguay y ahora en julio empezó en nuestro jardín". Su proyecto de articulación con la escuela primaria tiene que ver con la lengua materna. "En casa hablan en guaraní. Que no sepan nada de castellano no, pero si manejan algunas palabras en guaraní, sí". Algunas familias tienen una inserción social más problemática, "hay gente que no trabaja, hay gente que... Por ejemplo, ayer teníamos una entrevista con una familia que la mamá no había hecho los trámites de la asignación universal por hijo, por un desinterés, por no levantarse temprano o por no ir a buscar información. Hay padres que consumen, que se drogan, alcohólicos...". En ese jardín, la mayoría de las docentes no viven en esa zona y la miran con ciertos recaudos. Cuando *Nancy* asumió su cargo actual, encontró que la relación con las familias estaba bastante deteriorada y sólo se las llamaba para pedirles colaboración en algo que el jardín necesitaba. Rara vez sus aportes eran escuchados y atendidos. Ahora el vínculo se está transformando.

Elena es directora de un jardín público de Caleta Olivia, al norte de la provincia de Santa Cruz. En una localidad que es receptora permanente de migrantes internos y de países limítrofes, la institución que dirige reúne familias de diferentes oleadas migratorias, que no siempre se vinculan armoniosamente entre sí. El jardín forjó su identidad institucional en la lucha por tener un edificio propio, que estrenó recientemente. "Dieciséis años atrás, no había jardines en esta zona, entonces se crea el jardín en base a esa necesidad y a ese pedido. Desde que se crea el jardín, se otorga el terreno para la construcción del jardín y provisoriamente comienza a funcionar en otra escuela. Ahí estuvo dos años a la espera del edificio propio que no se hizo. Cuando comenzó la Ley Federal de Educación, el colegio necesitó ese espacio, que era el mismo pasillo de la escuela que esta acá cerca. Se había montado una especie de pared provisoria tipo durlock, donde funcionaba el jardín. Solamente dos salitas". De allí tuvieron que mudarse al subsuelo de una escuela privada y más tarde a un comedor comunitario, del otro lado de la ciudad. "Era un lugar al que había que hacerle muchas reformas porque estaba siendo ocupado en ese momento como un depósito del

Consejo Provincial de Educación donde se guardaban mobiliarios del hospital zonal donde había todo tipo de camillas, muebles, insumos que el hospital ya no usaba y, bueno, muy destruido porque tenía las ventanas rotas; los mismos chicos del barrio entraban, rompían, era un lugar donde los jóvenes se juntaban a hacer toda clase que cosas..., entonces requería mucha reparación. Hubo que hablar con los papás. Esto fue cerca del fin de año del año 2011". El pasaje por circunstancias tan desfavorables fue tiñendo la relación entre el jardín y las familias, que compartían la preocupación y la lucha por lograr un edificio propio: "Muchos papás por suerte nos acompañaron, que fueron los que estuvieron impulsando. Y todos los años, durante casi los quince años era el mismo pedido, la construcción del edificio para obtener igualdad de condiciones de los nenes de este jardín con todos los nenes de los otros jardines. Se construían otros jardines de hecho, y este no se construía y el terreno estaba. Así que fue una movida de los padres y los directivos. Uno no estaba pidiendo nada de otro mundo. Era un espacio, un jardín donde los nenes se pudieran desarrollar". En movilizaciones y panfleteadas por el centro de la ciudad, docentes, padres y directivos fueron forjando una cohesión que hoy sesga los vínculos cotidianos.

Inés dirigió un jardín público inserto en un barrio del conurbano bonaerense, caracterizado por su alta conflictividad social y frecuentemente estigmatizado desde los medios de comunicación. Su nombre ahuyenta a los transeúntes temerosos, porque está asociado al delito y la violencia. Sin embargo, *Inés* define al barrio como "una comunidad que es tan simple como hermosa por dentro". Antes de asumir el rol directivo, había trabajado en otra escuela de la zona, a la que eligió volver años más tarde. "Es una comunidad que, cuando yo la vuelvo a ver, cuando me reencuentro otra vez, estaba bastante fracturada, porque había sido muy atravesada por episodios de violencia mezclado por delincuencia, por cuestiones policiales, por bandas de pibes muy jóvenes que formaban en ese momento barras como que fueron 'grossas'. Los medios no colaboraban a favor, nunca, entonces estigmatizaron mucho a la comunidad de este barrio". En ese contexto de fracturas sociales, la actitud de *Inés* "fue empezar a ver qué pasaba con esta comunidad, que al principio parecía muy hostil, no conmigo sino internamente, la gente estaba muy 'puertas hacia adentro'". Un hito de cambio fue la llegada de la Gendarmería Nacional, que comenzó a patrullar la zona y, según cuenta *Inés*, "es como que ahí el barrio empieza a organizarse desde otro lugar, porque la gente empieza a sentirse como más segura desde adentro de la casa y también hacia afuera. Empieza a ocupar más los espacios públicos, las calles y arman una asamblea desde el barrio para promover... Porque en un principio la Gendarmería iba a estar un tiempo y se corría la bolilla de que se iban a ir. Entonces empiezan a promover y a organizarse para reclamar que se queden porque ellos sentían que, a pesar de todo, era lo mejor que podía pasar, que estuviera alguien normatizando un poco la cosa, porque la policía estaba desdibujada, es más, no la querían. Así que ahí se arma el barrio y, con el barrio, se arman las instituciones. Se rearman, porque en realidad este es un barrio que tiene una historia de antes de la dictadura". Actualmente, las familias del barrio son inmigrantes recientes del noroeste argentino o de los países limítrofes, particularmente de Bolivia, aunque también hay familias provenientes de Paraguay, de Brasil y de Perú. Abundan las parejas parentales muy jóvenes, que "ven en el jardín un espacio importante para los hijos. Quizás no entienden demasiado si es que vienen a jugar o a aprender y uno intenta demostrar que uno aprende jugando. Pero, bueno, es un trabajo que se construye también mucho con las reuniones y con los trabajos que se puedan hacer". Hay familias ampliadas, en las que los abuelos cumplen un rol muy importante: "podés tener en algunas salas, sustituyendo a la mamá y al papá, a los abuelos porque los papás en ese tiempo están, quizás, presos. Entonces, mientras tanto, se ocupan de la crianza los abuelos. Y los abuelos en ese sentido tienen una presencia muy importante en la vida, en la dinámica del jardín. Son abuelos jóvenes y, a veces, abuelos que tienen hijos chicos también en la secundaria. Por eso también están muy cerca del jardín, a veces están más presentes que algunas mamás".

Judith dirige un jardín privado que atiende familias de ingresos medios y medio-altos en la Ciudad Autónoma de Buenos Aires. Las familias eligen esa institución por su trayectoria y prestigio, por lo cual se comprometen a abonar una cuota bastante abultada, que en algunos hogares resulta liviana y en otros conlleva bastante sacrificio. Se trata de un jardín innovador, inclusivo y abierto a pluralidad de creencias y estilos de vida, en el que repercuten las tendencias de sectores pudientes y progresistas. "Es una comunidad muy interesada y preocupada por la calidad de la educación de sus hijos. Privilegian, en esta elección de educación, sobre todo los valores y la contención afectiva. Que sea una escuela cálida, amable, contenedora. Que lo vincular sea un valor importante. Que los chicos vengan a divertirse, a pasarla bien, a disfrutar y a aprender, pero siempre y cuando no se pierda la alegría por el aprendizaje y el disfrute. Es una comunidad que ha ido variando en los últimos tiempos, porque al principio había muchísimas familias jóvenes, primerizas, primeros matrimonios... Hoy hay una diversidad y una mixtura bastante interesantes. A nivel de orígenes religiosos, yo diría que muchos matrimonios mixtos, no confesionales, o sea, que si bien vienen de familias que han respetado ciertas liturgias, ciertas tradiciones, hoy por hoy da la impresión de que ellos no las mantienen, no las sostienen ya que son matrimonios mixtos o incluso matrimonios que tienen la misma religión de procedencia pero no la practican". En los últimos años, va aumentando la edad promedio de padres y madres. Ya no reciben parejas parentales muy jóvenes y sí muchas unidas en segundas nupcias, con o sin hijos de las uniones anteriores de uno o ambos cónyuges. Suele haber, también, diferencias de edad considerables entre madre y padre, en uno u otro sentido. Según describe *Judith*, "lo usual es que trabajen ambos padres. Tal vez las madres son más free lance, tienen trabajos que le permite abordarlos desde sus propias casas, manejan sus tiempos. Algunos tienen cargos importantes en empresas y trabajan realmente como empleados con cargos importantes o medianamente importantes". Se trata de familias pudientes, pero no del perfil de ingresos más altos: "No tenemos ni clase media baja ni clase alta. En general son padres que pueden a lo mejor renunciar a otro tipo de gasto. Invierten en la educación de sus hijos prioritariamente a tener un auto, por ejemplo. Hay padres que hacen un gran esfuerzo por pagar la escuela y otros que no les resulta tan oneroso pero que tampoco les sobra. Son familias que a pesar de tener una posibilidad económica relativamente relajada, son solidarios a la hora de colaborar con cualquier campaña que la escuela proponga para colaborar y ser solidario con alguna institución pública, ya sea escolar o de salud. Es llamativamente interesante ver cómo los padres vienen y participan, no donando cosas solamente, sino invirtiendo su tiempo en la fabricación de objetos o participando activamente". Muchos de estos adultos se manifiestan preocupados por la educación de sus hijos, pero también suelen estar hiperconectados, a través de diferentes redes sociales y dedican mucho tiempo a su vida profesional.

Nidia dirige un jardín público en Campo Gallo, en el chaco santiagueño. Durante mucho tiempo funcionó como Anexo de una escuela primaria, pero hace poco más de diez años logró independizarse como Nivel Inicial. Recibe alumnos de condición socioeconómica media a baja, aunque conserva cierta diversidad de niveles sociales: "va el chiquito que no tiene nada a compartir con el hijo del médico, pero la mayoría, los ciento ochenta chicos que tenemos nosotros de 4 y 5 años, en este jardín, es de clase media-baja". *Nidia* observa que "las familias han ido cambiando. Hay muchas madres solteras. Siempre lo ha habido pero ahora hay más. Hay padres solteros. Tengo tres casos de chicos que la mamá se ha ido a trabajar en Buenos Aires. Y ellos se han quedado con sus bebés y hace tres o cuatro años que están con ellos". Se trata de padres y madres muy jóvenes: en la sala de 4 hay mamás de "diecisiete, dieciocho, veintiuno la más grande. Pero te imaginas que tiene diecisiete ahora, hace cuatro años... Muy jóvenes, muy prematuras". Aunque se trata de una institución pública laica, ha establecido lazos de amistad con una congregación religiosa católica que trabaja en la zona. Por ser una localidad pequeña, familias y docentes se cruzan cotidianamente fuera del horario escolar y no siempre queda claro el límite entre lo laboral y la vida privada: "A pesar de que se ha incrementado la población, casi todos nos conocemos. Ellos saben dónde vivo yo. Esté o no esté trabajando igual vienen, te golpean las manos. En este año que se ha inaugurado un centro de acceso a la justicia, aquí en Campo Gallo, está un abogado, está una psicóloga y una trabajadora social. Vas y estás a tres cuadras del jardín, te cruzan, te cuentan los problemas".

Cecilia ha sido coordinadora pedagógica de un jardín de gestión social, impulsado por ocupantes e inquilinos de la Ciudad Autónoma de Buenos Aires. Según su descripción, "hay responsabilidades que quedan a cargo de la organización social que tiene este jardín y otras que están a cargo del Ministerio de Educación. Por ejemplo la provisión de los docentes está a cargo del Ministerio de Educación, el espacio físico es de la organización social, el proyecto político-pedagógico se hace a partir de la propuesta de la organización pero teniendo en cuenta o respetando los lineamientos curriculares del Ministerio de Educación de la ciudad". Algunas organizaciones de ocupantes e inquilinos, como las de trabajadores desocupados y precarizados, surgidas en torno a la crisis institucional y social del año 2001, comenzaron a gestionar poco después este tipo de respuestas solidarias a sus necesidades educativas. Así como gestionaban cooperativamente la autoconstrucción de viviendas, "necesitaban espacios seguros donde dejar a sus niños en los momentos de reunirse, de dedicarse a la militancia, la construcción y por supuesto para trabajar y para estudiar; pero básicamente la necesidad aparece cuando ellos deben reunirse para resolver sus temas de militancia y de construcción de las viviendas y los niños andaban dando vueltas por lugares que realmente no eran seguros". Durante varios años, reunían a niños de diferentes edades a cargo de una madre rotativa en un espacio de contención y juego, hasta que una compañera de la organización, que era maestra jardinera, comenzó a intervenir en la transformación de ese espacio en una institución educativa, como otras de gestión social que se habían formado. En algunas asambleas barriales, se habían hecho relevamientos de familias que necesitaban jardines para sus hijos y las organizaciones buscaban dar respuesta a esa demanda. Durante los primeros años, el trabajo de las docentes no era remunerado sino que formaba parte de las tareas de militancia. *Cecilia* se incorporó a uno de los grupos y, cuando vio el espacio físico en el que iba a trabajar, les comentó a sus compañeros: "poner un jardín maternal acá es pedirle peras al olmo". Las condiciones iniciales eran deplorables y los recursos muy limitados. Tiempo después, al hacer un acto callejero para celebrar la inauguración del jardín, dijo: "hoy tengo que reconocer que los olmos de Villa Crespo dan peras".

Al calor de las movilizaciones políticas y la búsqueda de respuestas colectivas a los problemas de cada uno, las familias forjaron un vínculo militante con esa experiencia: "La característica de esta institución es que la pertenencia que tenía la familia en relación con la institución, yo no la volví a ver en ningún otro lugar. Los papás se ocupaban de la limpieza de la institución, había un modo de organización, digamos, se fusionaban en asambleas de familias. Semanalmente las familias se reunían en asambleas y se discutían todas las cuestiones relativas al funcionamiento del jardín, salvo las pedagógicas". Allí trabajó tres años y luego coordinó otro jardín de características similares.

Leonor es directora de una institución judía ortodoxa de Buenos Aires. El jardín forma parte de una comunidad que interactúa en múltiples actividades. Según Leonor, "hay un montonazo de actividades acá, no solo a nivel educativo, acción social, cursos para madres, encuentros con rabinos, cursos de distintas cosas". La conducción comunitaria está a cargo de una Comisión Directiva y un Rabino muy respetado por todos. Por debajo de ellos, están los directores de los diferentes niveles educativos. *Leonor* comenta que esa comunidad ha profundizado, en los últimos años, su inclinación religiosa, dentro de un abanico de posiciones: "el ideal es que el hombre se dedique al estudio de la Torá. Además que tenga su trabajo y todo eso, pero que tenga sus tiempos de profundización en el estudio de la Torá. Y de la mujer, en un orden de prioridades, que una mujer pueda armar su familia, es una prioridad. Después, si se suma todo lo que se pueda dar, buenísimo. También depende del tipo de jovencita. Algunas vienen con la expectativa de casarse, formar una familia y hay otras que traen expectativas de, además de eso, hacer un camino desde lo profesional". La dinámica institucional es intensa y atravesaron una profunda crisis hace pocos años, que fue "un momento de inflexión importante en nuestra institución. Después de esa crisis intensa el padre se sintió como con más derecho a opinar, con menos confianza en el jardín y con menos confianza en la mirada pedagógica". La mayor parte de las familias pertenecen a una clase media acomodada, que no padece apremios económicos. Las parejas parentales son estables, con muy bajo índice de separaciones. "La mayoría de las madres no trabaja. Hay disponibilidad. Están las que acompañan muchísimo y las que no. Lo que estamos viendo últimamente es que tenemos una demanda de salas de dieciocho meses o salas de dos doble turno". *Leonor* se sorprende por esta demanda, que es minoritaria pero en aumento, y comenta que una mamá le dijo, refiriéndose a su hijo: "No lo soporto más. ¿Cuándo arranca el doble turno? No lo soporto más".

Liliana dirige un jardín de orientación católica en la localidad de Malvinas Argentinas, a pocos kilómetros de la capital de Córdoba. Una década atrás, tras la crisis de 2001, una congregación religiosa orientada a la tarea educativa, decidió abrir esta institución en uno de los barrios más pobres de los alrededores de Córdoba, con un proyecto de educación popular. "Es un proyecto muy abierto a la comunidad, muy abierto al barrio, muy abierto a otras instituciones." Fundada en un contexto de fuerte crisis social e institucional, la escuela adoptó desde su inicio un proyecto político-pedagógico de intervención comunitaria: "La escuela, más antes que ahora, empezó a tomar el papel del Estado. Entonces la escuela no es solo escuela sino que también tiene un espacio que es lo socio-comunitario. La escuela ayudó a los vecinos a organizarse para que pidieran o reclamaran a la municipalidad lo que venía haciendo falta, lo que eran sus derechos, ¿no?". Cuando *Liliana* describe a los grupos familiares de la escuela, enfatiza las marcas que suscita en ellos la pobreza: "Hay algunas familias que, a lo mejor, tienen más necesidades materiales que otras pero quieren que sus hijos estén bien vestidos, estén limpitos, como que hay una mayor atención hacia sus hijos. Hay otras familias con necesidades materiales y que también lo dejan ver a través de sus hijos en la escuela. Y son todas de clase baja, hay muy poquitas... digamos, si tenemos esa categoría, de clase media hay muy poquititas. Son las familias que tienen un empleo en blanco o un empleo más estable. Después están las familias que viven de changas que tienen a veces trabajo, a veces no, y hay familias que no tienen trabajo, que subsisten con los planes sociales". "Las mujeres generalmente no trabajan; son amas de casa. Son familias muy numerosas... No existe la casa rancho". El jardín es la instancia de mayor interacción entre las familias y la institución: "Como los niños son chiquitos, la familia está muy presente en el jardín. Los acompañan y los van a buscar. Y después nosotros aprovechamos que se acercan para invitarlos a talleres. En los proyectos pedagógicos los hacemos partícipes. Hacemos cierres de proyectos invitando a la familia... No sólo a la mamá sino a la familia entera y hacemos verdaderas fiestas ¿no?, donde participan, la mamá, la abuela, el tío...". Los docentes, imbuidos del ideario pedagógico de Paulo Freire, sustentan su trabajo en la vida comunitaria: "Nosotros salimos al barrio, todos los maestros, generalmente dos veces al año, visitamos a las familias y recogemos frases de ellos que para nosotros son significativas, juntamos todas esas frases, seleccionamos las que a nosotros nos parecen las más significativas de ese momento, del momento histórico actual, y entre esas frases elegimos una que es la que va a guiarnos en todos los proyectos. Por ejemplo, este año trabajamos con la frase 'educar es cuidar la vida'". Afectado por las fumigaciones de los campos cercanos al barrio, propiedad de una empresa monopólica de gran poder económico, la comunidad se movilizó con el apoyo de la escuela para reclamar por su derecho a la salud y a una vida digna, hasta lograr una intervención decisiva del Poder Judicial a su favor. "Entonces, esa frase encierra muchas otras que tienen que ver con el cuidado de la vida en el diálogo, en el trabajo, en las relaciones. Entonces son frases que nosotros sacamos de la gente, de la familia, desde ahí hay una participación indirecta en el proyecto. Hubo años que el trabajo de selección de frases lo hacíamos con la familia también".

Estas directoras, como muchas otras, enfrentan cotidianamente una tarea más ardua de lo que la sociedad reconoce desde las veredas. Como puede apreciarse, sus instituciones son muy diferentes entre sí, atienden comunidades dispares y resuelven problemáticas muy diversas, pero todas reconocen que el vínculo con los grupos familiares es uno de los puntos álgidos de su trabajo. En su liderazgo institucional, buscan y encuentran matices de renovación del vínculo entre los jardines y las familias. Veremos en los próximos capítulos que sus ensayos y sus miradas ofrecen ricos elementos de reflexión sobre situaciones de la vida cotidiana de los jardines.

CAPÍTULO 4

Dentro y fuera del jardín

La interacción más visible entre las familias y el jardín es el momento de pasaje de niños y niñas del ámbito doméstico a la institución escolar y viceversa. El inicio de la jornada, tanto como su cierre, suelen ser momentos algo tensos y ruidosos, en los cuales se cruzan los saludos con las consultas, informaciones y recomendaciones entre uno y otro polo de la relación. La armonía general suele empañarse con algún llanto y las reticencias de quienes preferirían evitar el pasaje. En el horario de ingreso, madres y padres miran cómo son recibidos sus hijos por la institución, aunque también se distraen hablando con otros padres o se apresuran para partir pronto hacia otros compromisos. Al retirarlos, alguno escuchará los reproches de la docente por el comportamiento de su hijo o recibirá información sobre algo que sucedió durante las horas de clase.

Hay una norma que sobrevuela estos pasajes y a veces los enturbia sensiblemente: la puntualidad. En algunas instituciones más que en otras, el cumplimiento estricto del horario es motivo de fricciones y reclamos, tanto a la entrada como a la salida. Cada jardín lo resuelve de modo particular, aunque algunas voces suponen que su posición es la única coherente y no aceptan objeciones ni admiten pensar alternativas.

El caso que vamos a analizar procede de una capacitación a docentes de Nivel Medio en la provincia de Chubut, sobre cuestiones de justicia escolar. Entre un encuentro y otro, se les pidió que cada uno produjera un relato que reflejara una escena vinculada con la justicia. Podían elegir una que hubieran vivido como docentes, como estudiantes o incluso como padres. Una de los participantes aportó este caso que, sin duda, vivió desde el grupo familiar. Aunque no faltaban situaciones conflictivas en su trabajo como docente, le pareció más urgente la discusión de una escena que vivía como madre.

El horario de ingreso al jardín

El horario de inicio de la jornada escolar en el turno mañana es a las 9 hs. A las 8:55 hs. la portera, secretaria o maestra de turno toca el timbre que anuncia que es hora de entrar al jardín y que los niños, junto a sus docentes, deben ir formando una ronda en el patio interior para realizar el saludo inicial, el izado de la bandera y la comunicación de novedades de los niños e informaciones institucionales.

Luego de pasados cinco minutos de tocado el timbre se cierra la puerta de entrada a la escuela infantil. Del lado de afuera del establecimiento se observa el malestar de los padres o familiares de los niños que tienen que esperar que vuelvan a abrir la puerta para poder entrar, luego de finalizadas las actividades del ingreso escolar. También se ven las caritas de los niños pegadas al vidrio intentando ver y escuchar algo de lo que acontece en el interior del jardín, al encontrarse privados de participar.

Esta norma se implementó para que no se obstaculice el momento de intercambio y saludo colectivo con el ingreso de los que van llegando más tarde. Y, a su vez, para que las familias no se acostumbren a dejar a los niños en el jardín luego del horario de ingreso ocasionando interrupciones en la tarea pedagógica.

¿Qué aprenden los niños que se quedan sin poder compartir el saludo inicial? ¿Por qué se les prohíbe a ellos de participar en una rutina escolar con intencionalidad pedagógica? ¿Qué se les enseña a los padres con esta norma institucional? ¿Hay que sancionar tanto a los alumnos como a los padres frente a la llegada tarde? ¿Son los niños de 3 a 5 años responsables de no cumplir con el horario de ingreso escolar?

Al discutir esta y otras escenas en talleres de capacitación, suelo preguntar a los participantes dónde está el problema principal del relato. Más de una vez, al iniciar la puesta en común, han dicho: "Aquí el problema son los padres". Aun cuando el relato está escrito desde el punto de vista de una madre, quienes lo leen no abandonan su perspectiva docente y endilgan la responsabilidad a quienes incumplen el horario de ingreso. Un rato más tarde, suelen reconocer que, en todo caso, la culpa no es de los niños y es a ellos a quienes se sanciona, dejándolos fuera de una actividad que debería incluirlos. A mi modo de ver, el problema principal no está en uno de los polos, sino en los modos de pensar el pasaje de uno a otro.

En la escena que analizamos, el jardín expresa una norma taxativa ante grupos familiares cuya lógica organizativa suele ser más flexible o ajustada a las condiciones de posibilidad de cada momento. El trabajo institucional con decenas o cientos de chicos se contrapone a los ritmos y las demandas del grupo familiar que atiende a uno o pocos hijos, con los cuales concerta pautas de inicio del día, que incluyen el despertar, desayunar, higienizarse, vestirse, etc. En las publicidades televisivas, las familias desayunan sonrientes y amables, sentados alrededor de una mesa y rodeados de luz natural. Los hogares verdaderos suelen ser menos armónicos y ordenados, atraviesan escenas estresantes y no siempre tienen las mejores condiciones contextuales para esos álgidos minutos matinales. A la tensión de atender a niñas y niños, usualmente los adultos le suman los preparativos para su propia jornada fuera de casa, lo que implica no olvidar nada relevante, organizar horarios, prever la comida de diferentes miembros del grupo a lo largo del día, etc. Diez minutos pueden ser insignificantes en algunos momentos y fatales en otros, como el momento de ingreso al trabajo y a la escuela. Algo semejante ocurre al mediodía, momento en que las escenas domésticas son muy disímiles. En las grandes ciudades, el almuerzo familiar que mostraban los antiguos textos escolares parece haber quedado reducido, casi exclusivamente, a los fines de semana. El ajetreo laboral de los adultos y jóvenes que integran el grupo familiar, sesgado por las distancias y el tránsito urbano, suele determinar que cada cual almuerce donde pueda y como pueda. En otros casos, circulan por las casas diferentes miembros que sostienen el pulso de sus propias actividades, dentro de las cuales hay uno que llevará a los niños al jardín o lo preparará para que lo recoja el transporte escolar. En casi todos los casos, los minutos previos al pasaje no se caracterizan por la tranquilidad. *Inés* menciona algunos de los motivos que originan las tardanzas en el ingreso: "A la mañana hay chicos que llegan más tarde por esta cosa de que se quedaron dormidos o tuvieron que llevar, en el mismo horario, a otro hijo que vive del otro lado de Capital y después llegan más tarde". La mayoría de los y las docentes, del Nivel Inicial o de cualquier otro, podrían atestiguar que en sus hogares sucede algo semejante o, a veces, con la complejidad adicional de que sus horarios son demasiado cercanos a los de niñas y niños en edad escolar, por lo que no es fácil dejarlos en su escuela y llegar a la propia. Al revisar su propia jornada hogareña, reconocen que más de una vez hay imprevistos que alteran la rutina, que la organización doméstica a veces vira en caos cuando algo se sale de cauce o cuando alguno remolonea más de la cuenta o cuando acciones de terceros impiden el desenvolvimiento planeado.

La puntualidad es una cualidad difícil de garantizar cotidianamente y, en muchos casos, independiente de la voluntad de cada uno. *Liliana* comenta que los problemas de horario se dan en un grupo muy acotado de familias, que son "las más ausentes en la vida del jardín y en la vida del niño también, familias por lo general muy numerosas, donde los niños van solos a la escuela, o sea los más grandes se hacen cargo de los más chiquititos. Donde los llamás y no vienen, o en vez de ir a buscarlos al horario que corresponde, a los chicos los dejan una hora más. Pero son familias del barrio con una pobreza ya estructural. Entonces lo que ocurre en el jardín es como una consecuencia de toda una vida que ya vienen trayendo de varias generaciones". *Nidia* menciona un problema inverso al que relata la situación que analizamos: las familias que dejan a sus chicos antes de que hayan llegado los docentes dispuestos a recibirlos. El ingreso del alumnado es a las nueve y la directora llega habitualmente cuarenta y cinco o treinta minutos antes. Sin embargo, hay familias que, a las ocho y cuarto, ya quieren dejar a sus niños en la escuela: "venían mamás y te los dejaban". "Entonces yo le decía 'no, mamá, esperá, esperá que venga la maestra, que yo he venido temprano porque tengo que abrir porque tengo que organizar un poco las salas' y ella dice 'no, no, pero yo tengo que trabajar'. Así, como sacándose las responsabilidades". Para *Leonor*, las tardanzas en el ingreso expresan la escasa valoración de las familias hacia la tarea del jardín: "está en el Nivel Inicial y, si llega un poquito más tarde, no pasa nada, qué importa". Según su mirada de la comunidad en la que trabaja, la impuntualidad se relaciona "con cierta desvalorización del trabajo en el Nivel Inicial". En talleres con docentes, no faltan voces que advierten: "los horarios no son flexibles y ellos tienen que aprender que, cuando sean adultos, el avión o el micro no los esperará hasta que lleguen a embarcar". En frases como ésta, la preocupación vira de la organización interna del jardín (como se expresa en el relato de la escena que analizamos) a la formación de hábitos y actitudes para la vida futura. Es cierto que la puntualidad es un hábito valioso, que expresa respeto por los demás y posibilita la organización de la vida social, al menos desde que la revolución industrial ató relojes a nuestras pulseras y pautó mediciones exactas a ritmos cotidianos que anteriormente se medían mucho más genéricamente con la luz del sol. Es probable que la vida adulta de quienes hoy transitan la salita de tres esté regulada por horarios taxativos y obligaciones inflexibles, aun cuando no podamos decir más que "es probable". Lo que también es cierto es que se trata de las salas del jardín y no de la vida adulta: prepararse para el futuro no puede implicar saltearse el presente. Si estamos muy preocupados por generar hábitos de puntualidad, avancemos sobre ese propósito con herramientas formativas y no punitivas. Es cierto que, si una familia llega tarde recurrentemente, se puede hablar con ellos y pensar alternativas que no perjudiquen a los hijos propios ni al resto de la institución, pero una sanción tan tajante como cerrar la puerta con llave no afecta sólo a los "reincidentes" sino a cualquiera que esa vez haya llegado con alguna demora.

Mucho más preocupante que el ingreso resulta, para *Inés*, el horario de egreso: "nos ocurrió un problema con el tema de la tarde que nos quedaban nenes sin ser retirados después de las cinco. Las familias viven alrededor del jardín que son los monoblocks. El tema es, en un barrio donde hay tantas familias, no haya un espacio donde estos chicos puedan ser recibidos para que el docente se vaya tranquilo [...]. Quedan a cargo de hermanos menores de edad. En ese caso, el padre firma que el niño se retira solo, porque va con un menor. El menor no tiene patria potestad, no puede retirarlo, entonces firma 'el niño se retira solo'. Después, cualquier cosa, el padre lo firmó, pero pasa que ese menor o adolescente que se colgó jugando a los jueguitos o en la casa de otro y llega más tarde... El año pasado fueron casos muy contados porque se trabajaba mucho en forma interna, llamando inmediatamente. Armábamos como la red: 'es tal de tal sala, ¿dónde vive?' Ubicábamos en el plano tal y tal lugar. '¿Quién tenemos que está en esa tira o en esa torre?' Entonces, entre las otras salas, 'llamá, por favor'. Digamos que se piloteaba bastante bien, más que nada a la tarde. A la mañana, si un nene queda, lo recibía el grupo de la tarde, la maestra iba a esperar hasta que llegara. Entonces si bien era igual de grave porque han quedado chicos hasta las dos de la tarde, que es muy tarde, porque ese chico no almorzó, de última comió con nosotras lo que le pudimos dar, pero es igual de grave para el chico, porque el chico se siente como que no sabe lo que le está pasando, porque su mamá, su familia no lo viene a buscar, para el grupo de laburo es como que se puede arreglar la cosa. Pero cuando ya llegan las cinco, todo el mundo tiene su tarea y sus propios hijos y sus propios horarios". De esa descripción de los problemas, emergen los rasgos de una comunidad que trata de resolver sus necesidades en condiciones adversas y una escuela que acompaña, que busca alternativas, que explora sin resignarse ni endilgar desidia a las familias. Algunos casos extremos ejemplifican la precariedad de las formas que tienen las familias de sectores populares para sostener el ritmo cotidiano de su vínculo con el jardín: "una de las primeras experiencias más tristes de la tarde fue en marzo del 2003, cuando, en el inicio, a una nena no la vinieron a buscar... Luego viene y yo: 'mamá ¿qué pasó?' Esa mamá estaba viviendo en la villa y, en ese momento, había grupos de los barrios que tomaban la casillas de las villas. La villa está a dos cuadras. Pero las tomaban y saqueaban, se quedaban con todo. El boliviano inmigrante ilegal no tenía forma de reclamar ante nadie, porque estaba ilegal. Entonces ella me dice: 'yo no podía venir, porque estaba esperando que llegue mi marido, porque, si yo dejaba sola la casilla, se me metían'. ¿Qué le vas a exigir? Y por otro lado, la soledad del docente… ¿dónde te ponés? Si no hay otro dispositivo que vos para estar en ese momento acompañando a ese nene". La soledad enlaza la angustia de una madre y una maestra atrapadas por una coyuntura que no eligieron: una no puede salir de su casilla, la otra debe quedarse en la escuela hasta que alguien retire a su último alumno. Ninguna de las dos eligió padecer ese encierro angustiante. *Cecilia* comenta que el horario del jardín fue una decisión de asamblea de las familias que lo fundaron. No era común que requirieran un horario prolongado "Y cuando esto pasaba, nosotros lo que tratábamos de hacer, era propiciar que se armaran redes entre ellos para garantizar, por ejemplo, retirar a los chicos o que se queden más tiempo con algunas familias". Aprovechaban, para eso, la red ya existente de confianza y conocimiento entre las familias del movimiento en que se inscribe su trabajo.

Más que educar en el respeto por los demás, la norma que impide el ingreso de niños y niñas cuando llegan tarde afecta su derecho de asistir al Nivel Inicial y erosiona el vínculo con las familias. *Judith* reconoce que los modos de pasaje son un indicador del vínculo que el jardín quiere establecer con la comunidad: "Nosotros propiciamos un jardín de puertas abiertas, un jardín que sea lo más transparente posible, muy comunicativo con las familias. Con lo cual las familias sienten que pueden hacer suyo el espacio del jardín: pueden entrar, pueden hablar con los maestros, pueden ver en sus espacios lo que acontece en la escuela porque las paredes de alguna manera de la escuela hablan y narran lo que los chicos hacen durante las mañanas en el jardín. Tenemos muchas carteleras con fotos y documentaciones de lo que se ha registrado, de lo que los niños van produciendo en los procesos constructivos de distintos proyectos. También tenemos bitácoras donde los papás pueden ser informados de lo que va pasando semana a semana al interior de los grupos y pueden acompañar a sus hijos a la sala cada vez que llegan, con lo cual pueden hablar con los maestros, aunque sea un ratito, para ver si tienen alguna información importante que compartir. Sentimos que en los últimos tiempos las familias están necesitando más de un espacio de pertenencia como adultos, un espacio que los aloje, que los escuche a ellos también como padres, como personas".

La norma que impide el ingreso no sólo es ineficaz en términos formativos, sino que se torna contraproducente en los vínculos institucionales. No todos los familiares pueden esperar detrás del vidrio a que termine el saludo inicial y se comenten las novedades institucionales. Más de uno se irá indignado o mascullará desde la vereda que todo su esfuerzo por llegar al jardín ha sido en vano y que prefiere dejar a sus chicos al cuidado de una vecina, de una abuela o de una empleada doméstica, que suelen enarbolar menos exigencias y garantizan que las puertas no se cerrarán en sus narices. Quienes no imaginen soluciones tan drásticas, quizá se contentarán con acumular el rencor hasta que puedan devolverle al jardín algún reproche de similar talante, porque saben que, tarde o temprano, también el jardín será impuntual en algún momento o fallará en algún compromiso o pedirá una comprensión que ellos le negarán desdeñosamente. *Nancy* relata su propio asombro ante la actitud de rechazo a las familias que encontró al tomar la dirección: "Yo cuando entré el año pasado a trabajar veía como que [estaban] los padres por un lado y el jardín por el otro. Por ejemplo: terminado el período inicial, ya los padres no entraban al jardín desde el horario de entrada. Tenían que dejarlos en la puerta, era una norma de la institución. Los padres no entraban a compartir el saludo inicial que solemos hacer. El motivo era porque molestaban, porque no se callaban la boca, porque no dejaban escuchar". Esos argumentos de menosprecio hacia los grupos familiares y la insistencia en atribuir al conjunto de adultos los rasgos problemáticos de algunos son frases recurrentes detrás de las prácticas de instituciones cerradas. La relación entre los jardines y las familias echa sus raíces en las concepciones que el equipo docente sostiene y en las posibilidades de cambio que alguno de ellos o el equipo directivo tratan de desplegar. Así lo sostiene *Nancy* en su relato: "Y yo lo revertí. No, así no. Por más que les guste o no les guste, estamos trabajando acá y tenemos que trabajar con los nenes y tenemos que trabajar con sus familias porque, aparte, con la corta edad de los nenes, tenemos que contar, para mi criterio, con la familia. No podemos hacer 'bueno, terminó el mes de marzo y chin pum y cerramos la puerta, ustedes afuera y ellos adentro'. Me parece que no es la manera, me parece que hay otras formas". Esas formas, en esta y en cualquier otra relación humana, no son un dato accesorio del vínculo sino que lo expresan en su intimidad. Lo que *Nancy* relata que buscó y logró fue la apertura a un vínculo más amigable desde una forma menos rígida de pasaje en el inicio de cada jornada: "Ahora entran. Por ejemplo, los padres entran a las ocho o a la una, acompañan a sus hijos, dialogan un par de palabras con la maestra. Uno siempre, como madre o como padre o como persona adulta que lleva un chico al jardín, me parece que siempre hay como una necesidad de contarle algo o de preguntarle, qué se yo, si hay un viaje, una salida de la escuela, si necesita traer algo para el día de la primavera, si hay que traer algo para compartir. Pasa más a la mañana. A la tarde no tanto, pero a la mañana sí se quedan, participan del saludo. A veces preguntamos qué canción vamos a elegir y, a veces, ellos eligen".

Asimismo, los esfuerzos realizados para establecer un vínculo empático entre cada niña o niño y el jardín, que seguramente ha llevado cierto tiempo de consideración de rasgos peculiares y búsqueda de estrategias, se licuan en un instante ante el vidrio de la puerta, en la escena que analizamos. La preocupación por la "adaptación" cobró relevancia en la bibliografía del Nivel Inicial desde fines de los años '60, con fuerte pregnancia psicologista y la mirada puesta en los niños de la clase media: "Una vez establecido el ingreso ha de planearse el programa de adaptación: cómo lograr que el pequeño se separe de su madre, que acepte esta separación y participe con alegría en las distintas actividades. [...] Es preciso señalar que la costumbre general de engañar al niño —la madre se retira cuando aquél está distraído; prometerle que no lo dejará solo y luego hacerlo; ofrecerle premios si no llora— es contraproducente, ya que al miedo de ser abandonado que experimenta, en mayor o menor intensidad, se suma la inseguridad creada por la falta de confianza en la palabra materna" (Bosch y otras, 1969: 71). Como se puede apreciar, las autoras denuncian ciertos vicios de la época y abogan por procesos personalizados y respetuosos de la verdad.

Es legítima esa preocupación por lograr una transición tranquila, basada en la confianza y la seguridad de los niños en el nuevo espacio, aunque cabe considerar que las exigencias institucionales para el período de inicio han sido pensadas, en algunos casos, desde una mirada ingenua y casi absurda sobre el mercado de trabajo. Esto se puede apreciar en el siguiente fragmento publicado al promediar la última dictadura cívico-militar: "Previamente al ingreso es aconsejable informar a los padres de todas las alternativas y tareas que se cumplirán en el jardín; explicándoles con claridad las normas a seguir para promover una buena adaptación del niño. Esta no significará una brusca separación del niño y su madre. Ella deberá acompañarlo todo el tiempo que sea necesario para asegurar una integración serena y confiada en la nueva situación. Deberán arbitrarse los medios para que la madre pueda realizar esto sin desatender sus tareas laborales, de modo que la institución contactará con el lugar de trabajo si fuera necesario para obtener el permiso correspondiente" (Giúdice de Bovone y otras, 1979: 242). Considerando el feroz ajuste económico de aquel entonces y los posteriores torniquetes a las condiciones de trabajo, la imagen de la directora del jardín llamando a los gerentes de las empresas para que dejaran salir a las madres algunas horas por día durante varias semanas parece absurda. Más aún si imaginamos ese diálogo con los patrones de empleados precarizados y trabajadores clandestinos. Las mismas docentes de este u otro nivel educativo suelen tener bastantes dificultades para acompañar el período de inicio de sus hijos cuando van a otras instituciones y se sorprenden de que les pidan concurrir en períodos breves en medio de la jornada escolar. Así lo reconoce *Cecilia* en su relato: "nosotros creemos que no se puede pautar un período de inicio general para todos los niños, sino que cada niño tiene su propio período de inicio, su propio tiempo y ese tiempo nosotros lo vamos a respetar. Pedíamos a las familias que nos acompañen para que organizáramos esto juntos, en la medida de sus posibilidades laborales. Si ellos nos decían 'yo no tengo más que una semana o diez días para acompañarlo, porque en el trabajo no me lo permiten', nosotros ahí empezábamos a ofrecer alternativas: 'si no sos vos, ¿no puede haber otro? ¿Otra persona de referencia para él, para acompañarlo, para no apurarlo?' Y si nada de esto era posible aunque el niño no estuviera preparado, sabíamos que no estaba bueno forzar la separación, pero también sabíamos que era una necesidad familiar. Entonces, nosotros les garantizábamos a los papás que uno de nosotros iba a estar disponible para contener la angustia y la ansiedad del nene".

Más allá de todas las buenas intenciones, el período de inicio necesariamente ha de inscribirse en las posibilidades y las limitaciones de cada contexto, lo cual exige apertura y escucha recíproca entre familias y docentes. *Cecilia* lo menciona como un criterio de su equipo de trabajo: "Lo que nosotros planteábamos era 'no hay tiempo general o tiempo previsible para un período de inicio'. Esto es algo que se va tramitando de manera distinta en cada niño y con cada familia, porque el período de inicio no depende sólo del niño, depende del vínculo de este nene con la familia". Existen numerosos jardines que ensayan y encuentran maneras alternativas de resolver estos problemas. Así lo atestigua Patricia Redondo del intercambio con una docente que trabajaba campo adentro, sin los remilgos propios del ámbito urbano: "Una vez, una maestra, con una sonrisa enorme, me dijo: 'Le tengo que contar algo. Nuestro período de adaptación, en nuestra sección rural, que queda muy adentro, es exactamente de diez minutos. Porque nosotros tenemos trece nenes y no hay forma de que los padres lleguen hasta el jardín, porque es todo camino de tierra. Nosotras, las maestras, ponemos los autos en el cruce donde es la entrada para la escuela, y los nenes suben al auto, los saludamos, los abrazamos, hacemos una situación de juego al costado de los autos, y llegan con nosotros a las instituciones'" (Redondo, 2007: 10). Con naturalidad y frescura, esa maestra resolvía en términos prácticos, respetuosos y cuidadosos, lo que la circunstancia no permitía que hiciera de otro modo.

Cualquier criterio pedagógico es fruto de un aprendizaje institucional y, en un contexto de cambio cultural, requiere una enorme flexibilidad para explorar hasta encontrar el camino más adecuado a cada jardín. *Judith* comenta que, en lugar de resistir la presencia de los adultos que acompañan a los chicos, tratan de acompañar sus propios ritmos, necesidades y estilos: "Si una mamá no se puede ir, por algo debe ser. Entonces tendremos que escuchar a ver qué es lo que nos está diciendo con eso. Y muchas veces pasa que, al no resistirnos y al decirle 'quedate todo lo que necesites', 'te traemos un cafecito', '¿notaste algo que nos quieras comentar?', '¿cómo lo viste hoy?', se queda una hora, se queda media hora y se queda cuarenta minutos... Poco a poco, se va yendo". Se trata de una estrategia contraria a la normativa estricta y severa, riesgosa en muchos casos, pero también potente en la construcción de confianza. El jardín necesita ampliar su abanico de estratagemas para atender situaciones muy dispares. Sigue *Judith*: "Hay quienes se van antes de lo que quisiéramos que se fueran porque sus hijos les pedían que se queden un rato más acompañándolos y hay otros que se quedan más allá de las necesidades de los chicos, se quedan porque ellos lo necesitan porque les gusta ver qué ofrecemos". Resolver todo con una regla única, medir todo con la misma vara, pueden parecer actitudes justas e igualitarias, pero son, más bien, respuestas demasiado toscas ante la variedad de matices que se aprecian en los contextos familiares actuales. Entre ellos, *Judith* menciona las situaciones puntuales de mamás embarazadas o con bebés pequeños, ante lo cual los otros hijos demandan más atención o las parejas de padres separados en que los chicos ven a uno durante el fin de semana y tienen un reencuentro muy breve con el otro antes de ir al jardín. Los minutos previos al horario de entrada no han sido iguales en todas las casas y las familias necesitan que el jardín tenga cierta amplitud de miras para considerar estos casos.

De la situación que hemos analizado y de los testimonios de las directoras, podemos colegir los errores polares en los que caemos al transitar el pasaje entre familias y jardines. La rigidez de un vidrio frío o la calidez de un período de inicio demasiado meloso pueden ser dos modalidades opuestas de desatender las necesidades y posibilidades reales de los grupos familiares. En ambos casos, el jardín haría bien en buscar respuestas menos esquemáticas y más templadas en la consideración de los contextos reales de crianza de sus alumnos.

CAPÍTULO 5

Tratos, contratos y sustrato

Entre familias y jardines media una red de palabras, que tanto permiten como obstruyen la comunicación. Hablar y escuchar, leer y escribir son prácticas del lenguaje que encauzan el intercambio entre personas, entre grupos, entre instituciones. Sus códigos básicos se aprenden, generalmente, en los años de infancia, pero las competencias comunicativas se desarrollan durante toda la vida, pues no alcanza comprender el código para lograr un diálogo fluido y eficaz. El lenguaje es herramienta de la comunicación, pero es también su trampa, pues permite expresar ideas pero nos hace creer que hemos entregado nítidamente lo que otros quizá no han recibido en la misma clave de comprensión, sino desde sus propios marcos de interpretación, su propio soporte emocional y valorativo. Familias y jardines suelen enredarse entre palabras que van y vienen, que circulan dentro de cada escuela y dentro de cada grupo familiar, que cruzan la vereda sin tener siempre el mismo significado, aun cuando para unos pueda parecer obvio y evidente lo que otros consideran ambiguo y oscuro.

El caso que proponemos analizar procede de una capacitación destinada a directivos de todos los niveles en la provincia de La Pampa, sobre cuestiones de justicia escolar. Entre un encuentro y otro, se les pidió que cada uno produjera un relato que reflejara una escena vinculada con la justicia. Una directora de Nivel Inicial aportó este caso que seguramente generó rispideces en su propia institución, no sólo en el momento que se relata sino por un tiempo prolongado.

¿Caracterización o disfraces?

El tema de los actos escolares es muy controvertido y genera algunos conflictos en las instituciones. Algunos docentes desean realizarlos dentro del horario de clase, otros fuera del mismo, otros sugieren hacerlos con la familia, otros con niños disfrazados, otros con niños caracterizados.

En la jornada institucional del inicio del ciclo lectivo se trata de acordar, opinando, fundamentando y justificando la postura desde la teoría. A pesar de ello, se acarrean ciertas desavenencias entre docentes por la preparación y la concepción de los actos. Luego de la discusión, se toma una decisión a nivel institucional: los actos escolares se tienen que hacer (porque así lo indica el calendario escolar) el mismo día y se plantearían como un espacio de reflexión, conversando con los padres y participándolos de la decisión institucional.

Ante el primer acto, la responsabilidad recayó en dos salas de la escuela, una de cada turno. En un turno se trabajó intensamente y hasta se contagió la idea a los padres de convertir el acto escolar en un espacio de expresión creativa con objetivos claros para los niños. Además de trabajar con los niños y las familias, se hizo una reunión de padres explicando cómo se iba a realizar el acto, aclarando que algunos de los niños debían venir caracterizados con un abanico, con una galera o con un delantal. Nada más. También se reunieron los docentes de ambos turnos y acordaron horarios, canciones, espacios, palabras alusivas. Pero, no se habló de modalidad, pues ya estaba acordado institucionalmente al comienzo del ciclo.

Llegó el 25 de mayo y nos encontramos los dos turnos en la escuela. Unos disfrazados de damas antiguas, de vendedores ambulantes, pintados con corcho hasta el cuello, con velas y velones, con ropa alquilada y muchos padres que querían ver actuar a sus hijos. Los del otro turno con toda la información y un montón de expectativas, pero con los niños simplemente

> caracterizados, como se había acordado, con un abanico o una galera o un delantal.
>
> A los pocos minutos se percibía y se respiraba el malestar entre los adultos. Las madres de un turno reclamaban los disfraces. De nada sirvieron los fundamentos. Nada las convencía: ni la investigación, ni la indagación, ni el conocimiento que los nenes tenían de la fecha histórica. Las otras preguntaban y decían: "si no tenían plata, hubiésemos hecho un fondo común para alquilar la ropa para todos. Es una lástima que no los hayan disfrazado".
>
> La verdad es que la experiencia fue muy desalentadora. Nos llevó gran parte del año poder hacer que los padres comprendieran que el objetivo del acto estaba cumplido más allá de los disfraces.

¿Qué falló en esta escena? ¿Cuál es el problema principal que se plantea? En talleres con docentes, muchas colegas aducen que falló la comunicación y otras agregan que la comunicación fue clara pero "hay gente que no hace lo que se le pide". Juicios lapidarios caen sobre la maestra que "no comunicó bien" o "no hizo lo que habían acordado" y sobre las familias que "no respetaron la consigna". Quien narra la escena, busca la complicidad del lector para concluir que el error estuvo en la comunicación: las maestras de uno de los turnos no entendieron bien o no plantearon de forma suficientemente clara lo que se había acordado y los padres, un tiempo después, seguían sin comprender. En esa dirección, llegamos prontamente a una solución mágica: "si nos comunicáramos mejor…". Habitualmente ocurre que la comunicación es evaluada a posteriori de los hechos con cierta mirada ingenua sobre sus características y potencialidades. La fantasía de la comunicación perfecta es, desde mi punto de vista, uno de los principales obstáculos para comprender y encarar los problemas de la relación entre familias y jardines.

La escena de equívocos entre caracterización o disfraces nos permite analizar la interacción entre tres niveles de comunicación entre familias y jardines que, en términos algo esquemáticos, podemos denominar *trato*, *contrato* y *sustrato*. Se trata de diferentes capas de intercambio de significados, entrelazadas y mutuamente influyentes, que operan en diferentes ritmos: si los tratos se modifican de modo cotidiano, el sustrato cambia muy lentamente, aunque puede padecer bruscos cimbronazos, y el contrato se modifica en períodos de mediana duración. En general, la vida laboral de un docente está atravesada por algunos cambios significativos en el contrato entre familias y escuelas.

El nivel del *trato* es aquel en que se inscriben los acuerdos puntuales, lo que se establece para resolver un problema, para coordinar acciones, para corregir algo que no funciona. El trato se establece entre dos o más personas, entre dos o más sectores de la institución o entre ésta y otra organización o persona externa. El trato es siempre manifiesto, de forma oral o escrita. La existencia misma del trato indica que es algo acordable y negociable, por lo cual en otro momento el trato se puede corregir. Cada trato suele expresarse en una decisión o regla momentánea o permanente, para toda la vida institucional o para un contexto específico. El nivel del trato reúne las informaciones cotidianas, por lo que merece cierta estabilidad, pero está permanentemente abierto a las modificaciones, que a veces se perciben de modo más vertiginoso desde los hogares que desde el jardín.

En los últimos años, muchas escuelas vienen ensayando nuevas vías de comunicación cotidiana con los grupos familiares. *Nancy* comenta que están explorando algunos cambios en los medios de comunicación con las familias: "decidimos que este año el cuaderno vaya y venga todos los días. Algunos padres se asombran porque están acostumbrados a que el cuaderno vaya con alguna nota y entonces le dicen a la maestra '¿para qué me mandas el cuaderno, si no hay nada?' 'No, pero ahora te lo mandamos para que, si ustedes tienen algo para comunicar, lo comuniquen en el cuaderno'. Pasa que a veces las maestras se quejan de que, si mandan el cuaderno, las mamás no firman los comunicados o no leen". *Judith* menciona las diferencias operativas entre el uso del cuaderno y el correo electrónico: "lo que son notas institucionales, recordatorios, las mandamos todas por mail. Por varias razones, primero porque las reciben on line, al toque; segundo, le evitan al maestro un montón de tiempo de doblar y pegar, que le resta el tiempo para pasar con los chicos, ahorramos papel y eso ayuda a la ecología. O sea varias razones. Por ahí, además, llegan a la noche y vos les pediste algo que puedan ir a buscar durante el día lo que necesitan, para cuando llegue la noche ya tenerlo. Igual nunca le vamos a pedir algo para que traigan al día siguiente, sabemos que eso no es bueno. Lo que nosotros les decimos es que nosotros les vamos a mandar notas institucionales, pero no vamos a responder individualmente las situaciones por mail. Sí pueden mandar alguna inquietud o algo por el cuaderno de comunicaciones y nosotros te lo vamos a ir respondiendo por el cuaderno de comunicaciones". Lo que muestran estos ejemplos es la búsqueda de canales más adecuados para cada tipo de información y una actitud institucional atenta a interactuar con los rasgos predominantes de la comunidad con la cual trabajan.

Leonor expresa su preocupación por los modos informales de intercambio entre docentes y familias, que se asimilan a los modos capilares de circulación de chismes y pareceres: "lo que hay que evitar es la comunicación de 'radio-pasillo'. Lo del 'pasillo' es lo más dañino. Entonces estoy tratando de pedirles a las maestras mismas que corten, que eviten... Siempre digo yo que, cuando veo reuniones de pasillo, siempre nos traen problemas, siempre, siempre, siempre, porque si queremos contarle algo importante, necesitamos que la madre y el padre entiendan. No lo podemos modificar. Si se lo decís cuando vienen, la madre lo toma de alguna manera que quizá no sabés si lo tomó bien. No es el espacio, los chicos gritando... Tratamos de que la entrega de los chicos sea lo más breve posible. Y después bueno, las charlas de pasillo es lo que los padres andan comentando, si están los papás bien, si están los papás mal, si esta maestra obró bien, si obró mal, hay como mucho... También lo comunitario incide en esto". En un contexto institucional de asiduos intercambios más allá de la instancia pedagógica, la informalidad resquebraja encuadres que facilitarían la comunicación, particularmente en momentos como el que atraviesa *Leonor*, de tensión entre familias y jardines, como mencionaremos más adelante.

También ubicamos en el nivel del trato aquellos documentos formales que, en términos jurídicos, se denominan "contratos", pero que siempre expresan definiciones precisas. *Judith* comenta un caso, cada vez más frecuente en las instituciones de gestión privada de sectores medio-altos, en el cual recurrieron a un instrumento formal de este tipo: "Es que la escuela también va aprendiendo y entonces se hace firmar un 'contrato pedagógico' a principio de año, donde los dos padres se comprometen. Porque, por ahí, venía un padre y lo inscribía y el otro padre, el primer día de clase, te traía un escribano público, te traía un abogado y decía: 'yo no quiero que el chico venga a esta escuela porque yo nunca lo autoricé'. Y se están peleando por una escuela, por otra escuela y tironeando del chico. Fue horrible. Hubo un caso. Entonces, a partir de ahí, uno va aprendiendo y la escuela entonces empieza a tomar ciertos recaudos para que el chico no pague las consecuencias". Este tipo de 'contratos' funciona como respaldo legal en caso de que el jardín se viera envuelto en conflictos de cierta envergadura que escapan a su esfera de decisión.

Las reuniones con las familias de una sala y los informes grupales o individuales que la institución ofrezca en diferentes momentos del año también se inscriben en el nivel del trato, aunque el estilo y el tono que se escojan para desarrollarlos expresa aspectos del contrato. Se puede apreciar esos dos estratos comunicativos en el relato de *Cecilia*: "antes de las vacaciones de invierno había otra reunión con una entrega del primer informe o primer registro narrativo, que era trabajado, muy trabajado. La consigna que yo les planteaba a los maestros era: 'un papá debe reconocer a su niño en este informe, por eso jamás puede haber dos registros iguales'. Cada registro debe hablar por sí mismo de ese niño y no debe ser algo del orden de lo técnico, exclusivamente, si bien tiene que contener información técnica. Tiene que tener mucho de la observación, de lo descriptivo de ese nene y tiene que tener, tiene que estar, digamos, impregnado de ternura. Uno de nuestros ejes en el jardín era considerar la institución maternal como una institución de la ternura. Entonces, tampoco en el informe podía faltar este contenido, a la hora de contarles a los papás cómo era su hijo durante las horas que estaba en el jardín". En su relato, no sólo menciona qué se dice y cómo se debería expresar, sino que anticipa, de algún modo, lo que supone que están esperando quienes leerán el registro.

Cuando hablamos de *contrato*, aludimos al conjunto de expectativas recíprocas entre dos o más partes. Es un nivel más profundo que el del trato y, por eso mismo, más elusivo y sutil. Si el trato es evidente, el contrato subyace en las sombras y emerge ante circunstancias particulares. Philippe Meirieu resalta su importancia en la educación: "Se quiera o no, toda pedagogía es una 'pedagogía del contrato' en la medida en que gestiona todo un juego de expectativas recíprocas, a menudo muy complejas, en el que interfieren el status social de los socios, las reglas del juego institucionales y su interpretación local, así como los constreñimientos específicos de la situación y de la disciplina enseñada. Cada uno espera 'algo' del otro, un tipo de comportamiento o de reacción, un gesto o simplemente una mirada en respuesta a cada una de sus peticiones; cada uno actúa también en función de lo que supone que el otro sabe de lo que él espera" (Meirieu, 2001: 115). Aunque él invoca el contrato en términos de la enseñanza, es pertinente ver sus rasgos en el vínculo que nos ocupa. En el nivel del contrato, el jardín es punto de pivote de expectativas disímiles, pues docentes y familiares llegan a él cargados de anticipaciones sobre lo que encontrarán, no siempre congruentes con las de los demás. Ese contrato comienza a gestarse cuando las familias deliberan sobre la posibilidad de enviar a sus chicos al jardín, cuando recuperan en la borrosa memoria de los padres su propia historia en el jardín, cuando averiguan qué disponibilidad hay en la zona donde viven, cuando escuchan a otros adultos hablar sobre la experiencia formativa de otras niñas y niños en la Educación Inicial. En el polo de los docentes, el contrato se amasa en el proceso formativo iniciado mucho antes del profesorado, en las primeras experiencias como alumno o alumna cuyas familias se relacionan de algún modo con la escuela, se continúa en los estudios para ejercer el magisterio, se redondea en la elección de la escuela donde trabajar, en los comentarios de otros colegas sobre esa escuela y en las frases que escucha cuando ingresa a la institución. El contrato es un sistema de expectativas recíprocas que no se acuña en un instante, sino que tiene un largo proceso de maduración y que cristaliza cuando ambos polos se encuentran en una institución específica, en la que ciertas familias entregan sus hijos al cuidado de cierto equipo docente.

La preocupación por explicitar el contrato siempre parece resultar insuficiente. Por más que la escuela pronuncie repetidas veces su ideario, sus proyectos, sus criterios, habrá una incertidumbre constante acerca del grado de acuerdo y de comprensión desde parámetros compartidos. *Liliana* menciona el esfuerzo que realizan en su escuela para comunicar lo que hacen y lo que pretenden: "siempre se les comunica a las familias el proyecto que se va a trabajar con los chicos. O sea, las maestras las llaman a reuniones y les dicen 'bueno, ahora vamos a empezar a trabajar un proyecto...' Les leen los contenidos del proyecto, la intención. Incluso, se hizo el año pasado y este año se quiere hacer también, poder ser claro con la familia, cuál es el proyecto de la escuela, hacia dónde está orientado y, bueno, sobre todo, desde el jardín, cuál es la especificidad del jardín dentro de ese proyecto de educación popular". En ese diálogo, es relevante que la comunicación no fluya en un solo sentido, sino que el equipo docente mantenga abierta la posibilidad de escuchar y percibir lo que las familias esperan, aun cuando eso implique resignar algunos de sus criterios iniciales o sus propias expectativas frente al proyecto. *Liliana* expresa esa apertura a través de la desavenencias que derivaron en la renovación de los criterios iniciales: "Ahora no tanto pero al principio los padres querían como una escuela más... más disciplinada, más ordenada. La escuela, por ejemplo, en el inicio de la jornada tanto en... en el jardín es más común pero en el primario no hacen filas o hileras. Los chicos llegan, y a medida que van llegando se van sentando en el espacio en torno a la bandera o en torno a los maestros que dan la bienvenida, pero no hay hileras, entonces también en un momento se cuestionó, ahora ya no. Sí, también, fue cuestionado el tema de los actos patrios, porque nosotros en un principio no éramos muy respetuosos de los actos patrios que se hacen en una escuela común. Somos un grupo de educadores que todo el tiempo se está cuestionando sobre su práctica. Entonces también al cuestionar los actos patrios empezamos a ver cuáles eran más significativos para la historia y para los chicos de este barrio, también en su contexto ¿no? Entonces los padres cuestionan, se escucha el cuestionamiento, se lo tiene en cuenta, se reflexiona y se le da una respuesta, y a veces esas opiniones hacen cambiar también nuestra postura".

Nidia relata un ejemplo de intervención sobre la presencia de las familias en los actos, que puede ligarse directamente con el contrato, en tanto alude a las expectativas cruzadas del niño, sus padres y el jardín: "Tengo el caso de una profesora que el niño siempre exigía que ella vaya a verlo. Decía que quería que su mamá esté en las fiestas patrias y la mamá, por trabajo, no podía ir. En una muestra de música, él bailaba. Hacían una representación de la Pacha Mama. Entonces este niño, yo le digo: 'ay qué lindo que estás'. Porque estaba preparando bello el teatrito. Y le digo: 'Qué lindo cuando las mamás los vengan a ver. Se van a alegrar, van a estar contentas y ustedes qué lindo, qué bien todo lo que hacen. Todos los van a aplaudir'. Bueno, todas esas cosas que uno habla, has visto, a veces con los chicos, así, espontáneamente, y él sale y me dice: 'no, a mí jamás me viene a ver nadie. ¿No has visto que la niñera me saca fotos?' Y es verdad, vos sabés que, en los dos años, muy poco han venido los papás. Él trabaja en la municipalidad. Sí, por razones de trabajo entendibles, pero a veces puedes pedirte un minutito. Entonces le sugiero a la docente que vaya, le haga una visita y le diga que el niño necesitaba verlos. Es una profesora que trabaja en varios colegios. Se ha enojado tanto, pero mal y le digo: '¿pero por qué tanto enojo? ¿Qué es lo que pasa? Por qué si yo lo único que he hecho es decirle a la maestra...' 'No —dice—, porque no entienden que yo tengo que trabajar'. 'Pero la alegría de tu niñito de verte va a ser más significativa y son veinte minutos, más no es. Te podemos... (mirá vos lo que le llegué a decir) Te podemos mandar un mensaje de texto que vengas, que pidas permiso y que vengas, porque nosotros veíamos que él necesitaba que su mamá o su papá lo miren y no la niñera, porque los otros venían todos los papás y las mamás. Le digo: 'me parece que va a ser una experiencia linda'. Y bueno, gracias a Dios ha venido y después esta profesora me agradecía porque nunca lo había visto a su hijito tan feliz. Quizás uno invade, también, con esto de lo que yo he dicho, pero no ha parecido mala la estrategia, porque, si el niño ha manifestado que quería que lo vean, es un pequeño aporte que... Todo lo que vos dejas plasmado hasta los cinco años, eso es en ellos muy profundo, es una huellita muy importante que queda". ¿Fue una intervención pertinente? ¿Se trata de una orientación a las familias para resolver la demanda de un chico o de un gesto de desconocimiento de las condiciones laborales de los padres? En cualquier caso, queda claro que este tipo de gestos expresa las expectativas de cada parte y va operando sobre el futuro del contrato.

Se trata de una construcción permanentemente maleable y cambiante, a través de gestos y palabras: lo que cada sector dice o hace le permite al otro advertir qué está esperando y posicionarse frente a ello. *Inés* encuentra, en un barrio caratulado como violento y, desde algunas miradas, irrecuperable, expectativas familiares de mucha confianza en la escuela: "son familias que vienen con mucha humildad, muy sanas desde el punto de vista que no piensan que alguien le va a hacer algún daño adentro. Digamos que nosotros somos como sus referentes en muchas cosas. Nos hemos enterado de cosas bastantes complicadas primero o después que otras instituciones no resolvieron".

El contrato se mueve. Como en una amistad o en una pareja, el tiempo de intercambio y convivencia va delineando territorios diferenciales y zonas de riesgo. Cada cual aprende (o no) lo que al otro le gusta o le molesta, lo irrita, lo hace reír. De la eficacia de ese aprendizaje depende la construcción de un contrato sólido y duradero o el fracaso temprano. Al mismo tiempo, el contrato se mantiene abierto porque cada parte integrante va cambiando y eso exige de la otra parte cierta flexibilidad para adecuarse a los tiempos. También ocurre en las parejas o en los vínculos de amistad que alguna vez fluyeron y enriquecieron la vida de cada miembro, pero luego se advierte que cada uno de ellos fue orientando su vida en otra dirección y no obtuvo el acompañamiento o la adecuación que esperaba. Cuando el contrato se resquebraja, por una crisis institucional como la que menciona *Leonor* que atravesó la escuela en que trabaja, la tensión suele perdurar un tiempo considerable: "Sigue tensa. Yo creo que, a pesar de los años, hay como una expectativa del otro, o quizá es lo que uno percibe, ¿no? La expectativa del otro que está esperando influir en el jardín. Me parece que hay una cuestión de personalidades. Yo también soy una persona crítica. Me quedo pensando si es así, si no es así, si se puede mejorar... Hay como distintos grados de tensión. Tengo una relación tensa con algunas familias más exigentes o más duras para decir las cosas, más taxativas, un modo más jorobado. Y después hay como una tensión más manejable que tiene que ver con el encuentro con el padre que uno dice '¿qué quiere?, ¿qué está esperando?'". En tiempos de contratos diluidos, las expectativas suelen parecer ambiguas o desmedidas y exigen de los directivos un esfuerzo muy grande por volver a encauzar el diálogo. El problema suele extenderse al conjunto de la institución, pero se expresa en situaciones puntuales y se multiplica en la voz de diferentes representantes de cada sector. *Leonor* brinda un ejemplo: "Me pasó con los dos padres de hoy, esto de lo malo puesto afuera. Que casualmente los dos que vinieron hoy son nenes muy traviesos. Entonces este padre que no estaba conforme con la docente que le estaba por tocar, en plena muestra me dice 'al final, todo el esfuerzo que hacemos nosotros, de ir a psicólogo y de orientación a padres, lo tiran por la borda porque viene una docente y no sabe cómo es el grupo' ¿No? Y yo estaba pensando que no está pudiendo poner un poquito de distancia y aparte darle la chance. Esta docente se desenvuelve mucho mejor de lo que él piensa, pero está como poniendo mucha energía...". Aunque *Leonor* no termina la frase, sugiere que la energía de las palabras del padre va en dirección equivocada: no a resolver un problema puntual, sino a cuestionar los fundamentos del contrato entre su familia y el jardín.

El contrato navega entre territorios explícitos e implícitos. Generalmente, sólo se explicita cuando algo se rompe, cuando un gesto escandaliza, cuando una acción o una omisión llaman la atención de alguna de las partes. Es el momento en que la parte afectada pregunta (y se pregunta) "¿era esto lo que habíamos acordado?" o exige y denuncia "esto no es lo que yo esperaba". En cualquiera de estos casos, quienes pronuncian las frases se incluyen como actores sociales específicos. Los juicios más severos y problemáticos son los que se enuncian con carácter universal: "esto es inadmisible" o "las cosas deben hacerse de otro modo". Tajantes y determinantes, estas frases expresan la existencia de un contrato rígidamente soldado en un conjunto de ideas y valoraciones que un sujeto o grupo considera inamovibles.

El nivel más profundo, que llamamos *sustrato*, alude al conjunto de representaciones y valoraciones sobre las cuales se asienta todo contrato posible. Aludimos, en parte, a la cultura de la época, pero también a las variaciones de clase, de edad y de experiencias de vida que configuran el lenguaje de una comunidad. El contrato se nutre de representaciones sociales sobre la infancia, la educación, la crianza, las relaciones entre generaciones, etc. "En tanto que fenómenos, las representaciones sociales se presentan bajo formas variadas, más o menos complejas. Imágenes que condensan un conjunto de significados; sistemas de referencia que nos permiten interpretar lo que nos sucede, e incluso, dar un sentido a lo inesperado; categorías que sirven para clasificar las circunstancias, los fenómenos y a los individuos con quienes tenemos algo que ver; teorías que permiten establecer hechos sobre ellos. Y a menudo, cuando se les comprende dentro de la realidad concreta de nuestra vida social, las representaciones sociales son todo ello junto. [...] En otros términos, se trata de un conocimiento práctico. Al dar sentido, dentro de un incesante movimiento social, a acontecimientos y actos que terminan por sernos habituales, este conocimiento forja las evidencias de nuestra realidad consensual, participa en la *construcción social de nuestra realidad*" (Jodelet, 1986: 472-473). En el sustrato anidan esas representaciones que dan sentido a las prácticas cotidianas que podemos considerar informales o irrespetuosas, pertinentes o desubicadas, innovadoras o vetustas, entre múltiples opciones. Las valoraciones que las familias tienen sobre la actuación del jardín y las que el equipo docente tiene sobre el desempeño de los grupos familiares son expresiones de la ideología que circula en este nivel comunicativo. En la mirada de *Inés*, algunas actitudes de los inmigrantes recientes que resultan estrambóticas para los docentes pueden interpretarse desde las diferencias culturales: "pienso en las culturas diferentes. Un año he tenido un tema de un nene de cinco años que le tocó la cola a una nena de cinco y, bueno, la madre de la nena se había enojado mucho. Era una madre de origen boliviano, muy ofendida, ofendidísima. Y bueno, entonces, el equipo, hablando con la mamá, trató de explicarle que es un juego, no es que pase... no es una cosa que pueda ser pensada. 'No, no, no, pero yo quiero que el padre sepa...' Se habló con la familia y se le dijo... Pero ella decía 'yo quiero el acta'. Entonces nosotros 'sí, vamos a hacer una, si siempre se hace acta'. Ella lo que quería era que el padre haya firmado el acta también y cuando le mostramos que el padre o la madre (no me acuerdo porque esto fue hace muchos años) había firmado ese documento, como que se quedó tranquila. Después nos quedamos pensando: evidentemente, para ella, que el padre firme un acta era un compromiso mucho más grande que todo lo que nosotros le estuvimos diciendo un montón de veces, porque, bueno... A mí, a veces, me sorprendía".

El sustrato es siempre implícito y sólo puede develarse mediante una acción deliberada de análisis del discurso, de detección de fisuras en los significantes. Así lo plantea Serge Moscovici: "Nacemos en una gran biblioteca en la que encontramos distintos tipos de conocimiento, idiomas, normas, etcétera. Ninguno de nosotros puede elaborar teorías acerca de ellos a priori —es decir, independientemente de la naturaleza y la realidad— así como Adán, antes de ser expulsado del paraíso, no sabía nada acerca de las diferencias entre el bien y el mal, lo verdadero y lo falso. Nuestro conocimiento es una institución como el resto de las instituciones. Nuestras representaciones también son instituciones que compartimos y que existen antes de que accedamos a ellas. Formamos nuevas representaciones a partir de las anteriores o contra ellas. Las actitudes no expresan el conocimiento como tal, sino más bien una relación de certidumbre o incertidumbre, de creencia o incredulidad respecto de ese conocimiento. También podemos hablar de una actitud respecto de un objeto, una persona, un grupo, etcétera. Sin embargo, en lo que respecta a las entidades sociales, ellas mismas son las entidades representadas y las más relevantes son las que se refieren a fenómenos como el dinero, los mercados, los derechos humanos, Francia, Dios, etcétera" (Moscovici y Marková, 2003: 123-124). Es un desafío político-pedagógico del Nivel Inicial operar sobre el sustrato, es decir, sobre el mundo social de la crianza, sobre las representaciones de la sociedad acerca de la infancia temprana. Sin embargo, sería ingenuo creer que operamos sobre el sustrato cuando declamamos públicamente nuestras ideas y valores en los discursos formales. Por el contrario, intervenimos en el sustrato a través de gestos sutiles o no, disruptivos o no, que expresan en acto nuestro modo de ver el mundo.

Además de esta distinción de estratos de comunicación entre familias y jardines, es pertinente mencionar otro problema recurrente, que es el intercambio entre ambos a través de la palabra de chicas y chicos. Frecuentemente, circulan comentarios que llevan en una u otra dirección. Tomar en cuenta esos comentarios implica reconocer a niñas y niños como interlocutores, como miembros de una red de intercambios de significado. Sin embargo, también conviene mantenerse alerta porque no necesariamente los chicos se plantean los mismos requisitos de confiabilidad y verificación de los datos que se dan en el diálogo entre adultos. Montessori menciona algunos ejemplos de su práctica: "en cierta ocasión, unos niños me contaron que su madre teniendo un invitado a comer, preparó ella misma jugos vegetales vitaminosos, con sus propias manos, para hacer propaganda naturista y que llegó a obtener un licor natural tan exquisito que el invitado se decidió a usarlo y a propagarlo. La relación fue tan detallada e interesante que rogué a la madre de los niños que me indicara la manera de preparar aquel compuesto vitaminoso. Pero esta señora me respondió que jamás había pensado en tal cosa. Este es un ejemplo de pura creación de la imaginación del niño, condensada en una mentira introducida en la sociedad, sin otro objeto que forjar una novela" (Montessori, 1937: 254). Lo que los adultos llamamos "mentira" funciona como un cuchillo que separa con un tajo lo verídico y lo falso, cargando de valor lo verdadero y denunciando la impureza moral de lo segundo. No ocurre del mismo modo en las prácticas comunicacionales de los chicos, que gozan de una liviana continuidad entre fantasía y realidad. Esa posibilidad de ir y volver entre una y otra será, más adelante, un arduo trabajo del arte, en sus variadas expresiones, porque el camino a la adultez rigidiza los términos de referencia. Una expresión popular indica que "los niños y los locos siempre dicen la verdad". Aunque suele mentársela para indicar que los adultos cuerdos mienten y ellos no lo hacen porque son puros, el sentido de esa frase es indicar que ambos carecen de demarcación entre lo verdadero y lo falso: psicóticos e infantes pueden transitar sin tapujos la fantasía y siempre dicen "su" verdad. En el diálogo entre jardines y familias, ambos polos deben aprender a considerar este rasgo infantil como parte de las reglas del intercambio. Por el contrario, si cada cual toma sin reparos todo lo que los chicos dicen, fácilmente se avanza hacia territorios muy resbaladizos de interpretación del contexto.

Lo expresado hasta aquí atañe a la mayor parte de las informaciones que circulan entre ambas orillas del mundo infantil por boca de niñas y niños. Sin embargo, hay ocasiones en que se torna relevante determinar de modo confiable si quieren comunicar algo específico, denunciar algo que los conmueve o pedir ayuda ante algo que los sobrepasa. En esos casos, cuando hay sospechas de abuso o maltrato en el entorno de crianza, se requiere el peritaje de profesionales autorizados a tal fin, especialmente formados para evaluar clínicamente la situación. La responsabilidad principal del equipo docente o de los padres, cuando la voz de los niños trae sospechas sobre la otra parte, es derivar el problema a los ámbitos que tengan capacidad y competencia para resolverlo. En su proceso de maduración emocional e intelectual, van construyendo el límite entre fantasía y verdad, pero también van interpretando el valor social de las verdades y los silencios, en una sociedad atravesada por relaciones de poder. Montessori menciona un caso de su experiencia, que sigue resultando interesante un siglo más tarde: "Tuve ocasión de conocer a un niño de cinco años que su madre había colocado provisionalmente en un colegio. La aya encargada del grupo de niños a que pertenecía aquél, estaba perfectamente adaptada a su misión y llena de admiración por el niño. Al cabo de cierto tiempo, éste se quejó a su madre de la aya, exponiendo gran número de quejas contra la misma, describiéndolas en forma excesiva. La madre se dirigió a la directora para obtener algunas informaciones y se presentaron pruebas luminosas de la extraordinaria afección que esta aya sentía por el niño, al que había colmado de atenciones cariñosas. La madre afrentó a su hijo, preguntándole los motivos de su mentira. 'No son mentiras, respondió el niño, pero yo no podía decir que la directora era la persona mala'. No fue por falta de valor que no quiso acusar a la directora, sino por cierto respeto a las conveniencias sociales. Mucho se podría escribir sobre las formas de adaptación al ambiente por medio de la astucia de que son capaces los niños" (Montessori, 1937: 254-255). El niño había dicho la verdad, su verdad, en el medio tono de las denuncias que no encuentran la brecha para salir a la luz. Como en Emma Zunz, el famoso cuento de Borges, "verdadero era el tono [...], verdadero el pudor, verdadero el odio. Verdadero también era el ultraje que había padecido; sólo eran falsas las circunstancias, la hora y uno o dos nombres propios" (Borges, 1960: 65-66).

Tras estas disquisiciones sobre diferentes aspectos de la comunicación institucional, volvamos a poner el foco en los actos escolares, que constituyen una de las oportunidades más emblemáticas de la relación entre escuelas y comunidad. En ellos se puede apreciar la huella de intencionalidades del pasado, sobre la cual se inscriben nuevos significados no siempre congruentes. Se trata de un dispositivo poco frecuente en otras latitudes[19], pero característico del sistema educativo argentino: "El acto escolar fue tomando perfiles específicos que involucraron especialmente a la escuela y se hizo eco en fechas que adquirieron relevancia en el calendario oficial. Dichos actos, de corte patriótico, han jugado un importante papel en la biografía de las docentes entrevistadas y, sin duda, la imagen que nos conformamos tanto de otras culturas, como de la propia, está asociada con la historia, tal como se nos contó en la infancia. Muchos adultos llevan a cuestas una serie de historias repetidas y estereotipadas, vinculadas con las fechas patrias que, posiblemente, tengan su anclaje en la propia formación" (Varela, 2004: 119).

Unos años atrás, se apreciaba fuertes continuidades entre los actos escolares de principios del siglo XX y los de su final: "Actualmente, en muchas escuelas se continúa realizando estas ceremonias, en algunos casos incorporando cambios significativos respecto de los contenidos del discurso histórico (como por

---

19. En un libro dedicado a analizar los relatos nacionalistas que circulan por las escuelas, el prologuista se ve en la necesidad de advertir a desprevenidos lectores europeos sobre las tradiciones del norte y el sur de América, al referirse a "acontecimientos y prácticas escolares, como los juramentos a la bandera o la celebración de fiestas patrias. Este prologuista nunca ha tenido ocasión de asistir a esas tiernas escenas, que se repiten diariamente en países como Argentina o los Estados Unidos, de niños izando la bandera y cantando el himno nacional. Imaginadas desde la España de hoy, resultan bastante chocantes" (Álvarez Junco, 2007: 15).

ejemplo, versiones críticas sobre la conquista de América, o la celebración del 12 de octubre como un encuentro de los pueblos latinoamericanos). También se advierte una mayor flexibilización en cuanto a las normas protocolares con las que se organiza el acto (como por ejemplo, alumnos que coordinan las actividades o que dirigen el discurso al conjunto reunido). Las modificaciones en los textos de las representaciones históricas, si bien tratan de adecuarse a los nuevos contenidos curriculares propuestos, mantienen 'naturalizado' el cronograma de fechas y efemérides. La repetición de las fechas y de un relato legendario se realiza mediante una representación del orden escolar similar al de la escuela de principios de siglo (formación frente a la bandera, himno, abanderados, discurso…). En ese marco, los enunciados curriculares sobre formas de enseñanza que valorizan la participación y la necesaria reciprocidad en el reconocimiento del lugar de los sujetos, maestro-alumno, no aparecen representados en los actos escolares como normas de comportamiento acordes con un nuevo orden social" (Amuchástegui, 1999: 125).

Al despuntar el nuevo siglo, proliferan los ensayos de renovación[20], con tintes especiales en el Nivel Inicial. *Nidia* explica la modalidad que ha adoptado su escuela: "La primera reunión que nosotros hacemos [con los padres], les decimos que los actos patrios son celebraciones en donde nosotros queremos que el niño incorpore todos los conceptos de la historia, pero que no los considere lejanos a toda la gente que ha formado parte de nuestra historia argentina, sino que los consideren como mamá y papá que han podido trabajar en su momento por un mundo mejor. Entonces es inculcarle los valores a través de las pequeñas cosas que hacen los papás con las señes, que es una manera de que ellos vayan aprendiendo, internalizando los conceptos. Y es que vienen los papás, hacen los talleres, arman las ornamentaciones, a veces conducen los actos y suceden cosas lindas. Por eso ponemos celebraciones patrias en familia". *Cecilia* describe los actos de su jardín como parte de una estrategia de visibilización del movimiento y relación con la comunidad barrial: "Había una

---

20. Expuse mis ideas sobre los actos escolares en el artículo "La recurrente celebración de lo efímero" (Siede, 2007).

modalidad en este jardín, que era que las celebraciones se hacían cortando la calle, para mostrar al barrio qué se hacía en este jardín. Por ejemplo, la inauguración del jardín, el día del niño, los aniversarios del jardín, los cierres de cada ciclo, los fines de año. Es verdad, el jardín era chiquito y adentro no se podía estar, pero más allá de esto, la calle era una calle no muy transitada y entonces… Por otra parte, era una decisión salir al barrio a mostrar lo que pasaba en este jardín". *Leonor* explica que, en su jardín, hay muchas celebraciones religiosas de la comunidad, así que reducen el festejo de las efemérides a una vez en el año, sólo en la sala de cinco años: "Una vez en el año, o el 17 de agosto o el 25 de mayo, sala de cinco arma algo. Lo hemos hecho en el salón de actos, todos disfrazados. Algo muy típico y terminamos con un juego con padres, comentando alguno de los contenidos de la fiesta. Algo así, simple". Las fiestas religiosas son semejantes, pero más frecuentes: "Estas también son con actividades con padres. Por ejemplo la fecha de entrega de la Torá, se cita a los padres, los chicos les cantaron a los padres una canción alusiva. Armamos unos postres típicos, junto con padres, postres típicos de esas fiestas".

El lugar de los chicos y la tradición de que participen en representaciones alegóricas son objeto de debate en varias instituciones, con diferentes matices. *Judith* comenta que han decidido no preparar actos escolares en los cuales todos los chicos se disfracen y actúen, porque "no nos parece ponerlos a hacer ese tipo de cosas, si no nace naturalmente del deseo de ellos de hacerlo. No todos los chicos disfrutan de exponerse públicamente a través del lenguaje artístico teatral. Por ahí les gusta más la música o les gusta más pintar o les gusta escuchar un cuento pero no exponerse a hacer. Por ejemplo, en esta muestra que hacemos para la libertad, están los que les gusta tocar y tocan y están los que les gusta exponer fotografías y exponen fotografías y no todos tienen que hacer todo y lo mismo. Entonces, exponerlos en un escenario y que los papás estén expectantes de que sus hijos actúan y de que los otros chicos no quieran y que lo hagan nada más que para satisfacer el ego del padre no, no nos parece". *Cecilia* comenta que en su jardín tanto los docentes como las familias rechazaban que los chicos actuaran: "Acá estaba mal visto, yo sé que en otros lados no está mal visto, que es algo valorado y propiciado. Bueno, acá está mal visto. Porque las edades de los nenes con las que nosotros trabajábamos nos hacían asegurar que los nenes no disfrutaban de esto y que era un modo de exponerlos y de generarles un stress que no tenía que ver con el disfrute. Entonces no, en ningún momento nos planteábamos eso, en ninguno de los dos espacios. Sí, una vez, ya te digo, los papás armaron una obra de teatro para regalarles a los nenes y eso estuvo bueno".

En esta como en otras instancias de su devenir cotidiano, las escuelas oscilan entre mantener o interrumpir las tradiciones, conservarlas intactas o redefinirlas. En el relato de *Liliana*, el diseño de los actos escolares surge de la intención expresa de diferenciarse de su formato tradicional: "Nosotros, los educadores, también queremos romper con muchos chips que uno trae de la escuela tradicional. Entonces los hacemos siempre que tengan mucho significado para los chicos y para nosotros. Por ejemplo, en el jardín, para el 25 de mayo suele ser una fiesta donde armamos como un proyecto con una intencionalidad. Por ejemplo, si queremos festejar la participación, la organización, haciendo referencia a la participación que tuvo el pueblo en esa fiesta, entonces los chicos, cada sala, presenta... no un numerito ensayado para mostrar a los padres, sino un numerito como resultado de un trabajo que hicieron en la sala. Entonces ese día se invita a todas las familias. Por ejemplo, para el 25 de mayo, se arma en el SUM como si fuera una gran peña ¿no? Con mesas, con sillitas. La familia viene con el mate. Si es tradicional, traen, o pastelitos o tortas fritas o... Entonces se comparte la merienda y, mientras se va compartiendo la merienda, los chicos van mostrando lo que trabajaron en cada sala con ese proyecto. Suelen ser muy festivas, o sea, con bailes, con representaciones. A veces bailan los educadores, a veces se invita a hacer bailes tradicionales a los papás, pero se trata de que sea no el típico acto de la escuela, donde los chicos ensayan y muestran a los papás, sino una convocatoria, una fiesta, una celebración, donde compartimos lo que los chicos trabajaron durante ese proyecto".

Como podemos apreciar, hay muchas voces disonantes sobre lo que son y lo que pueden llegar a ser los actos escolares en el jardín. En la escena que analizamos, hubo un trato específico, bastante menos claro de lo que supone quien narra la escena. En el nivel del *trato*, uno de los problemas usuales es la terminología que se emplea. En la tarea docente, como en cualquier otro ámbito laboral, se maneja una "jerga" específica, que favorece la comunicación entre los usuarios habituales y deja fuera a los que no están iniciados en ella. Muchos de los ámbitos que no son propios resultan hostiles cuando uno se acerca a dialogar y encuentra interlocutores que prefieren mantener la jerga y excluir a los neófitos[21]. En esta escena, ¿es tan clara y universal la distinción entre "caracterización" y "disfraces"? Suelen aclararme que la primera sólo requiere uno o dos objetos alegóricos y los segundos implican el despliegue de todos los recursos disponibles, como el vestuario, el maquillaje, los accesorios, etc. No obstante, creo que se trata de una distinción operativa que circula en los jardines y tiene significado ambiguo o nulo para los padres. Por otra parte, más que una distinción dicotómica, parece delinear una diferencia de grados, pues a un niño caracterizado con un objeto se le puede agregar otro y sigue siendo una caracterización, quizá se lo maquilla pero no llega a ser disfraz, ¿en qué punto queda claro que los agregados dejan de ser una cosa y pasan a ser la otra? La disquisición puede parecer abstracta, pero intento recuperar las elucubraciones de un familiar que, en su casa y a partir de lo que lee en la nota del cuaderno, trata de elucidar qué esperan los docentes. Quizá cuando agrega una mantilla y un velo, o estira el vestido de una dama antigua y colorea sus mejillas, no está buscando transgredir una norma

---

21. Sucede cuando vamos al mecánico y no siempre acepta explicar en términos sencillos lo que sucede con nuestro auto, cuando vamos a la ferretería y se niegan a traducir nuestras descripciones en las denominaciones específicas de los productos que venden, cuando vamos a una guardia médica y encontramos un profesional que trata de mantener distancia hablando de modo que sólo lo pueda comprender un colega, entre muchos otros ejemplos posibles. Estos ejemplos de incomodidades cotidianas pueden ayudarnos a pensar lo que sienten las familias cuando los docentes les exigimos que se adecuen a una jerga que desconocen.

sino cumplir más acabadamente lo que supone se espera que haga, pero luego encontrará en el patio del jardín la mirada injuriosa de otros adultos. La ambigüedad del trato es el terreno propicio para que la comunicación resbale en interpretaciones múltiples y dispares.

Según se explica en el relato que analizamos, la intención de esta modalidad era intervenir en el *contrato*, pues apuntaba a modificar las expectativas de la comunidad sobre los actos escolares, es decir, sobre uno de los puntos de contacto más recurrentes entre escuela y comunidad. Se buscaba, entonces, conmover algo que tanto suscita debate entre los docentes como creencias y valoraciones de las familias. Discutiendo esta escena, una colega cordobesa mencionaba "la presión de los papás, que es una tradición, también. Hay muchas cosas que se mezclan acá. El hecho de que los niños participen, que se disfracen... Hablábamos del tema de los alquileres también: los papás que están esperando que uno les diga de qué se van a disfrazar para buscar el disfraz y alquilarlo y eso es lo que hace al acto". Por mi parte, entiendo y comparto la intención de aminorar el peso de los actos escolares, pero ¿podemos suponer que lo haremos livianamente, comunicando por nota una decisión tomada a comienzos de año? Quizá algunas comunidades aceptan el viraje, porque lo esperaban o porque tienen menor apego a las tradiciones escolares, pero vemos que no fue ese el caso. Puede haber un error, entonces, en tratar de resolver en el nivel del *trato* algo que corresponde al nivel del *contrato*. Es cierto que el contrato también se puede modificar y, de hecho, mencionamos que está en permanente construcción, pero amerita una estrategia más pulida, una deliberación más abarcativa y sostenida y, quizá, también una progresión menos exigente.

Al mismo tiempo, el relato sugiere que las desavenencias van más allá del contrato entre familias y jardines, pues compromete las relaciones de los grupos familiares entre sí. Este jardín no consideró suficientemente que la modificación propuesta afectaba aspectos del sustrato que no se corrigen por un mero trato, pues emergen bajo la forma de una protesta, de una transgresión o, como en este caso, de un error de interpretación. En comunidades más o menos cerradas, más o menos pequeñas al punto que los adultos que crían a los niños se conocen desde antes de encontrarse en la misma sala del jardín, los actos escolares suelen tener otras resonancias comunitarias. Podemos imaginar la sorna y la picardía escondida detrás de la frase que se cita: "si no tenían plata, hubiésemos hecho un fondo común para alquilar la ropa para todos. Es una lástima que no los hayan disfrazado". Podemos suponer, también, la airada indignación de las familias que, por cumplir con las limitaciones establecidas por el equipo docente, se vieron menoscabadas en estos "comentarios de arpía". Lo que estaba en juego en ese acto no eran sólo los contenidos de enseñanza ni el calendario escolar. Quizá no eran siquiera lo más importante que estaba en juego. En ese comentario emergen aspectos del *sustrato* sobre los cuales se asientan las intervenciones de algunos grupos familiares en este tipo de actividad. Sería bueno que el jardín contribuyera a formar una sociedad menos competitiva y más solidaria, menos atenta a las apariencias y más preocupada por las experiencias formativas de niñas y niños, pero ¿podemos suponer que lo hará livianamente, comunicando por nota una decisión tomada a comienzos de año?

Cuando lo que está en juego son contenidos relevantes del sustrato ideológico sobre el cual se asientan tratos y contratos, el trabajo de la escuela es políticamente más relevante y, al mismo tiempo, más difícil, porque encontrará resistencias seguramente proporcionales al valor de lo que se busca modificar. En estos casos, no se trata sólo de mejorar la comunicación, sino de hallar estrategias específicas que permitan sumar adherentes para provocar cambios culturales, para torcer el rumbo de las representaciones consolidadas, para generar nuevos vínculos y experiencias formativas superadoras de lo que hemos heredado de las generaciones anteriores. Los actos escolares son una de las principales instancias en que el jardín "se muestra" a la comunidad. Muestra lo que es, lo que hace y lo que piensa. Si todo lo que el jardín es y hace es mera reproducción de lo que la comunidad acepta y avala, seguramente habrá menos fricciones, pero también menos transformación hacia una sociedad más justa y solidaria. En definitiva, la escena que analizamos sugiere la presencia de componentes oscuros que es relevante objetar y conmover en esa comunidad: un grado considerable de competencia y de instrumentación de niñas y niños en pos de posicionarse ante el resto. Es valioso y pertinente que el jardín quiera intervenir en el sustrato para modificarlo, pero no lo logrará sólo con "mejor comunicación", sino con sus propios recursos institucionales y pedagógicos de contrapunto de las representaciones sociales que circulan en su comunidad.

Capítulo 6

Las reglas del juego

La cuestión de las regulaciones es, probablemente, la más irritativa y preocupante en el vínculo cotidiano entre familias y jardines. Éstos se quejan de que las familias incumplen las normas institucionales o apañan a sus hijos en transgresiones que deberían preocupar a los padres tanto como a los docentes. Las familias, por su parte, se preguntan por el sentido de las reglas institucionales cuyos fundamentos no siempre se explicitan, impugnan la excesiva rigidez de la escuela para con sus hijos o la conmiserada blandura con los hijos de los demás y cuestionan los "acuerdos institucionales". Se trata, claro está, de ejemplos tomados de variadas escuelas y no susceptibles de generalización, pero potentes para mostrar que el terreno de las normas entra día a día en disputa[22].

¿Qué normas son justas y pertinentes para los procesos formativos de la primar infancia? ¿Por qué tiende a haber desavenencias entre las personas o entre las instituciones cuando se trata de definir las reglas? Lo que ocurre en el ámbito del jardín está teñido de los procesos sociales y culturales que han llevado

---

22. En la ética, el derecho, la psicología y otras ciencias sociales, hay diferentes maneras de definir y diferenciar categorías como norma, regla o ley, según tradiciones teóricas muy variadas. En este caso, me permito usar esos términos de modo bastante laxo, pues nos distraería en demasía justificar por qué escojo uno u otro en cada caso.

al debilitamiento de las pautas de convivencia en la vida social y la pérdida de consensos básicos sobre algunas reglas de crianza que antes eran (o parecían) frecuentes en los hogares. Numerosas escenas cotidianas dan cuenta de la licuación de lo obvio: lo que para unos es tan evidente que no requiere argumentación, para otros puede ser sumamente objetable. Todos creemos jugar el mismo juego pero, al perder las reglas básicas, ya no sabemos cómo desarrollarlo.

La varita mágica [23]

Mientras preparaba a su hija para llevarla al jardín, la pequeña le preguntó:
—Mamá ¿puedo llevar la varita mágica al Jardín para jugar? Porque así puedo

Mientras Laura continuaba con los infinitos porqués a favor de una respuesta positiva a su pedido, Susana empezó a pensar en que no sabía qué contestarle. No recordaba si en alguna reunión de padres Paula, la maestra de Laura, había aclarado algo al respecto. Más bien estaba en condiciones de asegurar que nunca se había comunicado ninguna indicación acerca de si los chicos podían o no concurrir al Jardín con juguetes propios. Pero sí recordaba que su amiga le había dicho "Dejá de meterte tanto entre Laura y su Jardín, que se las arregle ella". La indicación había sido formulada en relación con otros temas sobre los cuales habían estado hablando, pero bien podía aplicarse a esta situación.

—Sí, hija, podés. Si cuando llegamos al Jardín no querés entrar con la varita, se la das a mami y yo la traigo de vuelta a casa—. Le abrochó el último botón del delantal a cuadritos, le enrolló un poco más los rulos oscuros a su hija, le pidió "un beso con abrazo" y partieron.

La mañana estaba espléndida. Sol y un poquito de frío, el invierno ideal. Cuando se despidieron en la puerta del Jardín,

---

23. Esta escena proviene de una anécdota particular narrada oralmente por Mariela Helman y redactada por Guillermo Micó.

ninguna de las dos se acordó de la conversación sobre la varita. Se habían distraído con la charla de la caminata y tres cuadras antes de llegar se encontraron con Matías y su mamá, que bombardeó a Susana con preguntas personales, mientras Laura y Matías se adelantaron un poquito.

De vuelta en su casa, Susana volvió a acordarse de la presencia de la varita en la sala. Pero la imagen de Matías con su autito preferido en la mano, y otros juguetes con que vio a varios nenes que entraban al patio, la tranquilizó. Pensó que las maestras dejaban que los chicos llevaran sus chiches preferidos.

Susana llegó, como siempre, varios minutos antes del horario de la salida. A través del alambrado que separa el patio de la vereda, vio a Laura, varita mágica en mano, en el tope del tobogán, dispuesta a deslizarse hacia la arena. También vio que Raúl tiraba del extremo de la varita justo en el momento en que Laura se soltaba para caer tobogán abajo. Por supuesto, se deslizó llorando y con media varita. Allá arriba, Raúl blandía la otra mitad y mostraba una sonrisa preocupada, porque estaba viendo que Laura se dirigía hasta donde estaba su maestra, diciéndole con voz entrecortada:

—Seño, otra vez mirá, Raúl me desarmó la varita otra vez.

—Bueno, no llores Laura —intentaba tranquilizarla Paula—, traela que yo la armo de nuevo.

Pero no la convenció. Laura siguió hasta el alambrado para contarle lo mismo a su mamá. Susana le contestó:

—Laura, bueno, ya te dije, la hubieses guardado y listo.

La maestra agregó:

—Eso es lo que yo te dije antes, todo el tiempo Laura, que la guardaras.

En los talleres con docentes, la primera pregunta que aparece en torno a esta escena es si existía una norma sobre los juguetes o no. Si releemos la escena, advertiremos que eso nunca queda claro. Esa madre, ¿transgrede una norma? ¿Desconoce una norma que debería conocer? ¿Se alía con su hija en desmedro de la organización cotidiana del jardín? Muchas docentes expresan su empatía con esa maestra a la cual "una mamá desconsiderada le arruinó el día", porque introdujo ese elemento perturbador en lo que estaba planificado. Algunas colegas se preguntan: ¿cómo podemos transformar esto en situación de aprendizaje? ¿Qué aprendieron Laura y Raúl con la intervención de la maestra?

Al discutir esta escena, algunas colegas enfatizan las dificultades de la mamá de Laura para decirle a su hija que no puede llevar juguetes. Aunque no creo que la escena muestre ese defecto, es cierto que se trata de una tendencia que impacta en la cotidianeidad de los jardines: a algunos adultos familiares les cuesta decir que no, sostenerlo y soportar el embate de niños y niñas que se encaprichan contra la regla instituida. *Nancy* comenta que, en la comunidad con la cual trabaja, "a los padres más jóvenes, las mamás o papás más jóvenes les cuesta más poner límites. Creo que se sienten como condicionados a veces por los abuelos". Muchas de esas parejas parentales o madres solteras viven en una misma casa con los abuelos de sus hijos, y suelen ser los abuelos quienes establecen las reglas de convivencia doméstica. *Nidia* aporta en el mismo sentido: "ellos quieren que vos les digas y les pongas límites a sus hijos o que vos le digas a la suegra, por ejemplo, que no se meta en la familia". *Judith*, por su parte, menciona las dificultades de los padres de mayor edad, "para saber cómo dialogar con este niño, cómo explicarle las cosas que puede y que no puede hacer. Muchos papás que son grandes, cuarenta y pico[24], dicen 'llegamos mejor preparados a nivel económico, para poder ofrecerles todo lo que necesita un niño, pero llegamos más cansados. Estamos grandes y por eso estamos más realizados personal y profesionalmente, pero también estamos en una etapa de la vida en la que nos encontramos como más cansados y nos damos cuenta de que lo esperamos muchísimo, este momento de poder tener un hijo, y tenemos ganas de disfrutarlo y hacemos todo lo imposible, pero después, claro, no hay una energía como para poner un límite y sostenerlo'. Y esto está pasando bastante".

---

24. Las percepciones sobre la juventud o la madurez de los padres es relativa. En algunos jardines se sorprenden porque llegan madres y padres cada vez menores, por debajo de los quince años de edad. En otros jardines, los mayores ya no son los de "cuarenta y pico", sino los que superan los cincuenta y los sesenta.

Establecer los límites suele ser motivo de disputas, porque son cuestionables tanto el exceso de permiso como el exceso de restricciones. No parece sencillo encontrar el punto adecuado. Así lo relata *Judith*: "hay padres que te cuentan con mucha naturalidad que el nene sale corriendo por la calle pero que frena justo al borde de la vereda, con lo cual, 'sí es inquieto, pero yo sé que él va a frenar' y vos decís 'bueno, yo no confiaría tanto, porque el día que no te frenó, no lo podés contar...' Y hay otros que no tolerarían llegar a ese límite, a ese extremo. Entonces tenés matices, en eso, importantes". *Nancy* agrega que "también tiene que ver si son hijos únicos o si es el más chiquito. Hay muchos que son hijos únicos, primer nieto, primer sobrino. Entonces todo, todo, todo es para el nene o para la nena, y llega al jardín donde se encuentra con veintinueve compañeritos más, que tiene que compartir, que le gustó un auto y lo tiene que compartir con el otro, entonces ese negociar no es tan fácil". Según la experiencia de *Nancy*, "al principio del año en sala de tres se pegan, se pelean, se muerden, entonces llega abril, mayo y empiezan 'y porque fulanito le pegó', 'fulanito lo muerde'. Y después está el que siempre muerde y el que siempre pega. Entonces ahí empiezan los conflictos y ahí empiezan los temas de los límites. Cómo ponemos los límites en casa. Y hay mamás que dicen que en casa no les hacen caso, 'no me hacen caso', 'ya no sé qué hacer'". Algo semejante agrega *Nidia*, que recibe "la demanda esa de querer que, a lo mejor, le digas vos, que le pongas los límites y no ellos. O sea, este año hemos tenido muchos casos de los chiquitos de cuatro años, que los papás decían 'bueno, pero no me hace caso'". Así lo describe Daniel Calmels: "Para decir y sostener el *no* hay que 'poner el cuerpo'. Existe un retaceo de la puesta del cuerpo, un retiro de las manifestaciones corporales en las situaciones donde es necesario poner un límite o contención y, por el contrario, un aumento de las expresiones de malestar, al modo de quejas, por las demandas desmedidas de la infancia, demandas que bajo la forma de pedidos se acentúan conforme el adulto se retira corporalmente. Resulta difícil el interjuego de permisos y prohibiciones, mostrar cuáles son los límites que cada uno tiene frente a los deseos y las necesidades del otro y habilitar lo que es conveniente para el niño. Los papás encuentran una serie de dificultades para decir *no* cuando el niño pide lo que no se puede. Las maestras de nivel inicial comentan que, durante la mañana, a muchos chicos los llevan al jardín sin cambiar, pidiendo que lo hagan en la institución porque no se los pudo 'cambiar en casa'. Los chicos ofrecen y ofrecieron resistencia a una cantidad de requerimientos: peinarse, sacarse los piojos, cortarse las uñas, lavarse los dientes, cortarse el pelo, usar medias o calzados (cada vez más reemplazados por zuecos u ojotas), etc." (Calmels, 2013: 69-70). En este sentido, la crianza es una tarea agotadora y no siempre los familiares asumen el costo o toleran el desgaste cotidiano que ella implica. Más aún cuando la tarea del hogar no es la única que realizan y, tanto hombres como mujeres, salen a trabajar fuera del hogar y retornan cansados a afrontar sus responsabilidades domésticas.

Tradicionalmente, las escuelas miraban con recelo y conmiseración a los hijos de padres separados, un rasgo de la vida doméstica al que se atribuía el origen de todos los males en la vida de cada niño. *Judith*, en cambio, observa que las desavenencias parentales pueden darse en parejas separadas o no: "puede haber diversidad de opiniones en el interior de la pareja, aunque no esté separada, y es muy común que eso pase. Que uno dice 'él no le pone límites, yo sí', 'él piensa que es natural y yo pienso que no', 'él lo deja hacer estas cosas y a mí no me gusta que las haga'. O sea, no necesariamente es porque están separados. Pero, bueno, se puede agudizar cuando está separada la pareja, se puede agudizar y puede ser usado como excusa para la pelea interna entre ellos dos, pero no necesariamente tiene que ver con la separación". En la trayectoria de la pareja, hay distintas instancias que requieren negociación y búsqueda de acuerdos. Uno de ellos es la crianza de los hijos y, ante las tensiones que ello origina, algunas parejas se disuelven. Otras no lo hacen, pero mantienen abiertas sus discrepancias y tropiezan con ellas recurrentemente, lo cual suele deparar escenas desagradables para los hijos de una pareja. También hay casos en que buscan que el jardín funcione como árbitro o que le comunique al otro cónyuge la idea que uno no logra imponer.

La cuestión de los límites exige también una delimitación de responsabilidades, que pueden confundirse en comunidades de intensa vida social o en localidades de menor tamaño. Los vínculos interpersonales extraescolares, entre docentes y familias, pueden tender a informalizar las normas y desdibujar las responsabilidades. Lo menciona *Leonor* con respecto a su comunidad: "lo comunitario, a veces, hace que algunas normas cueste sostenerlas. 'Porque además te veo en el club y después somos amigos y mis hijos son amigos de los tuyos' y todo lo que tiene que ver con formalizar las normas, ahí se nos complica porque somos comunidad. Y con mucho carácter también social entonces 'ay, ¿no lo puedo dejar un ratito más, porque en realidad después...?' 'No, porque el horario termina a tal hora'. 'Ay, pero vos sabés, estoy complicada...'. Esa es una de las dificultades que tenemos nosotros como equipo de trabajo, de poder decir 'bueno, hasta aquí'.

A mi modo de ver, el conflicto central de la escena que analizamos gira en torno a las reglas y, en particular, al pasaje de un contexto regulativo familiar a uno público en el jardín. Diferentes ámbitos de convivencia admiten regulaciones disímiles, por lo que el pasaje de uno a otro ámbito implica también el recambio de una trama regulatoria por otra. *Nancy* menciona con cierta sorpresa algunos rasgos del trato cotidiano entre adultos y niños en los grupos familiares: "en esto de las brechas generacionales, yo noto que, a veces, por ejemplo, los papás tratan a los nenes así de 'che, boludo', una cosa así, como si fuese que es un hermano... Y bueno, los chicos copian la misma manera de hablar y la llevan al jardín, pero no lo dicen como insultando". Algunas escenas en que los docentes ven la interacción de los chicos con sus grupos familiares llevan a pensar que lo que ocurre en el jardín es resultado de lo que ocurre (y lo que no ocurre) en las casas. Así lo narra *Judith*: "Hay familias que son de poner límites de manera un poquito más consistente y familias que son más laxas, más lábiles y en los cumpleaños, sobre todo, ahí es donde las familias pueden visualizar quiénes son los padres, qué ponen y qué no ponen y con razón, entonces, después, en el jardín, la maestra dice que el grupo... que fulanito pega, menganito se fue con una mordida y, bueno, ya me doy cuenta por qué pasa, porque los padres no le ponen nunca un límite". Nancy relata una escena entre maestras y familias que da cuenta de la escasa confianza sobre la sinceridad y la integridad de los padres en torno a los límites: "la otra vez, cuando fue la jornada esta 'familias, escuela y comunidad', justamente yo les dije a las maestras de sala de tres. Había un documento sobre límites, entonces les dije: 'bueno, me parece que podrían trabajar esto con las familias, para ver qué pasa'. Entonces después les pregunté cómo les había ido y me dicen: 'bien, los padres reconocen, pero me parece que me mienten un poco, porque ellos dicen que les ponen los límites en la casa pero después acá no se nota eso, los chicos hacen lo que quieren, me parece que me están mintiendo'". ¿Mienten esos padres o la maestra supone que lo aprendido en un ámbito se trasladará mecánicamente a otros? ¿Mienten las familias o el jardín toma el cumplimiento de límites por parte de los chicos como un requisito previo de su trabajo? ¿Aceptaría la maestra que se dudara de su sinceridad si ella planteara que trabaja sobre las reglas de convivencia y luego los padres evaluaran que ese aprendizaje no se traslada a las casas?

Cada ámbito tiene sus reglas y, como vemos, lo que se aprende en uno de ellos puede resultar desubicado en otro contexto. Niños y adultos aprendemos a cambiar el código regulatorio cuando transitamos de un espacio a otro. Ese cambio de las "reglas del juego" requiere una plasticidad subjetiva que no todos poseen, pero que se puede entrenar en cierto tiempo. Lo que históricamente se ha llamado "adaptación", en el Nivel Inicial, alude básicamente al trabajo sobre esa cualidad subjetiva de transitar entre contextos regulativos diferentes, adoptando el código de convivencia y la distribución de roles que rigen en cada uno de ellos (como lo hemos analizado en el capítulo 4). Tradicionalmente, se ha enfatizado la necesidad de que los niños y las niñas "se adapten" y, aunque hoy está cuestionada esa denominación por el carácter unidireccional que a veces se le ha atribuido, cada vez queda más claro que muchos adultos tampoco dan muestras de versatilidad en las relaciones entre familias y jardines, por lo que también se requiere un trabajo centrado en ellos.

La vida cotidiana de los adultos (docentes y familiares) suele incluir numerosos pasajes por ámbitos de regulación diferenciada, lugares que no se rigen por las mismas pautas de convivencia que otros: no se usan los mismos códigos en el trabajo, en la cancha de fútbol, en el transporte público, en un local comercial, etc.[25] Lo que es usual y esperable en un ámbito puede resultar agresivo o escandaloso en otro. Muchos de los conflictos cotidianos en esos espacios de relación echan raíces en la escasa versatilidad de quienes transitan de uno a otro y en la poca paciencia de algunos expertos para tolerar los errores de los novatos. Ni los grupos familiares comprenden, adoptan y recuerdan fácilmente las "reglas del juego" en el jardín, ni los equipos docentes tienen en cuenta que los ingresantes están incorporando paulatinamente un nuevo código, un nuevo lenguaje regulativo, que suele ser más intrincado de lo que piensan quienes lo conocen hace mucho tiempo.

Algunas instituciones comunican sus normas en las primeras semanas de clase, por vía oral o escrita, y tienen la fantasía de que serán rápidamente interpretadas e incorporadas, lo cual excluye la noción de proceso de aprendizaje. Cuando hablamos de un "código regulativo", estamos aludiendo a un lenguaje de signos, que requiere tiempo de comprensión y apropiación. Si alguien nos expusiera los caracteres del alfabeto hebreo y luego nos invitara a leer y escribir con ellos, le reprocharíamos su ansiosa ingenuidad, por una expectativa básica de proceso de aprendizaje. Sin embargo, las normas suelen barrer con todos nuestros recaudos pedagógicos y, desde las instituciones educativas, las suponemos claras, sencillas y fácilmente aprehensibles, al punto de criticar en la segunda semana a los grupos familiares que no las respetan.

Las contradicciones regulativas entre jardines y familia se tornan comprensibles al considerar que la convivencia social está atravesada por una gran variedad de pautas y reglas de diversa índole, que demarcan lo correcto y lo incorrecto, desde fundamentos dispares. En la sociedad argentina contemporánea, buena parte de ese enjambre normativo se ha debilitado y ha adquirido una ambigüedad en la que trastabillan muchas de las buenas intenciones de diferentes actores. Podemos mencionar al menos

---

25. Por ejemplo, no se palpa de armas a quien ingresa a una verdulería como sí se hace en una cancha o no nos ubicamos a pocos centímetros del cuerpo de un compañero de trabajo como sí lo hacemos en un colectivo repleto.

cuatro niveles normativos que tiñen la relación entre familias y jardines: principios morales, legislación vigente en el estado de derecho, reglas institucionales y reglas contextuales.

Por un lado, hay *principios morales*, supuestamente generales pero no necesariamente extendidos con igual grado de comprensión a las prácticas sociales de los grupos y las personas que circulan por el espacio público. Un ejemplo de estos principios es "no mentir" o "decir la verdad". Dentro o fuera de las prescripciones religiosas que juzgan lo pecaminoso, en tradiciones teóricas como el kantismo o en cosmovisiones antiguas de los pueblos americanos[26], aparecen diferentes versiones de este principio, que emerge en las expectativas de las relaciones interpersonales (entre amigos, entre vecinos, entre colegas, etc.) e institucionales (se espera que uno no mienta cuando alega haber estado enfermo para justificar una ausencia, por ejemplo). Principios morales de este tenor subyacen en la comunicación entre familias y jardines, aunque no siempre se expresan en palabras, sino que integran un contrato obvio (como hemos mencionado en el capítulo 5). Sin embargo, más de una vez se transigen por motivos que la parte interesada considera plausibles. En uno y otro contexto, chicos y chicas observan y aprenden que las pautas éticas suelen ajustarse a las necesidades e intereses de quien las interpreta en cada circunstancia: mentir para cuidar, mentir para evitar un dolor o evitarse problemas, mentir para lograr un bien, etc. Ni el rigor kantiano ni el halo pecaminoso de las tradiciones religiosas tienen hoy la fuerza admonitoria de antaño. Sólo en casos extremos y, generalmente, cuando es posible atribuirla a otros, la transgresión a estos principios se torna escandalosa y recibe el repudio social. Por lo tanto, un primer problema normativo que tiñe la cotidianeidad institucional es que los principios morales no siempre funcionan como horizonte compartido de las conductas sociales y, por el contrario, suelen ajustarse al gusto y las necesidades de uso de quienes los invocan. Es lo que Gilles Lipovetsky llama "ética indolora" (Lipovetsky, 1994), que incluye tanto el alejamiento de un deber omnímodo y sin sentido

---

26. El lema quechua "ama quilla, ama shua, ama llulla" se traduce usualmente como "no mentir, no robar y no ser holgazán".

como el distanciamiento de criterios éticos que sí cabría mantener vivos pero exigen un esfuerzo de cumplimiento ajeno a las liviandades contemporáneas. En este sentido, los criterios morales sufren transformaciones en el tiempo, que las instituciones y los grupos sociales incorporan de modo disrítmico: la escuela algunas veces conserva pautas que la sociedad ha desechado hace tiempo y otras avanza un paso delante de los cambios culturales. Por ejemplo, en junio de 2000, una familia fue denunciada por la escuela por llevar a una niña de nueve años, que había reprobado una asignatura, con un cartel en la espalda que decía: "soy burra". No caben dudas de que la escuela operó justamente para evitar una situación de maltrato, pero ¿dónde había aprendido esa familia que a los niños poco esforzados se los sanciona con el mote de "burros" y que "la letra con sangre entra"? En la misma escuela que, unas décadas después, se escandalizaría por esos actos. Si una institución ha incluido en su larga trayectoria una considerable dosis de discursos machistas, xenófobos y estigmatizantes, ¿puede rasgar sus vestiduras al ver el retorno de aquellas enseñanzas en la voz de sus ex alumnos que ahora vuelven como padres y madres de familia?

En segundo lugar, hay *legislación vigente en el estado de derecho*, desde la Constitución Nacional hasta la normativa jurisdiccional que regula el funcionamiento de las escuelas (el diseño curricular, el estatuto docente, el reglamento de escuelas, etc.). Las leyes públicas demarcan y tipifican nítidamente lo permitido y lo prohibido, en torno a la materia que regulan. Sin embargo, la cultura política argentina muestra un escaso grado de apego a la legalidad y, por el contrario, una búsqueda recurrente de atajos que permitan evitar los sinsabores del acatamiento. Carlos Nino (2005) caracterizó comportamientos típicos de la cotidianeidad argentina, en que la sociedad tanto elude la ley como la posibilidad de cooperar en función de satisfacer necesidades comunes o encontrar acuerdos de convivencia. Según Nino, rasgos de lo que denominó "anomia boba" pueden rastrearse en diferentes momentos de la historia local y contribuyen a explicar las dificultades del país para desarrollar sus potencialidades. Un ejemplo cotidiano en las instituciones es la liviandad con que se transgreden leyes de tránsito en el momento de entrada y salida del jardín, cuando autos en doble y triple fila taponan la circulación del resto de los transeúntes. Pero, si ese ejemplo es atribuible a las familias, no faltan otros que circulan por dentro de las salas, en los vericuetos de las decisiones institucionales que usan la ley en beneficio propio y la ignoran u ocultan cuando resulta más cómodo[27]. Operar sobre esa cultura política de la transgresión es un desafío pedagógico de envergadura, que amerita un trabajo prolongado y constante sobre las propias prácticas y las de los grupos familiares, pero que difícilmente pueda asentarse en la culpabilización descarnada de "estas familias" como si hubieran desarrollado sus prácticas por fuera de un contexto histórico determinado.

En tercer lugar, podemos ubicar a las *reglas institucionales*, que un esfuerzo eufemístico extendido en las escuelas lleva a denominar "acuerdos". Esta identificación de las "reglas" con los "acuerdos" es objetable por una doble vía. Por un lado, no parece legítimo llamar "acuerdo" a los enunciados que no surgen del consenso o de la libre confluencia argumentativa de todas las partes interesadas: algunas familias se sienten violentadas cuando la escuela les pide que firmen en el cuaderno de comunicaciones, de un día para el otro, los "acuerdos" institucionales... Por otra parte, cabe preguntarse si efectivamente esas reglas deberían surgir de acuerdos o si tienen potestad las autoridades de la escuela para fijar reglas operativas dentro de la institución. Esto no excluye que haya instancias de participación para deliberar sobre aspectos puntuales, pero toda institución establece reglas que surgen de la lectura cotidiana que las autoridades realizan sobre el funcionamiento y las necesidades de la organización institucional. Cuando la Directora del Jardín toma una decisión, establece una regla que comunica a toda la comunidad educativa, pero no resulta adecuado llamarla "acuerdo". ¿Es autoritario establecer

---

27. Por ejemplo, podemos apreciar las disparidades del acatamiento a la prohibición de fumar en las escuelas, si los miembros del equipo directivo tienen ese hábito o no. Los docentes vemos cotidianamente que muchas normas legales se flexibilizan cuando la escuela lo considera conveniente y se exigen taxativamente cuando su cumplimiento corresponde a terceros.

reglas? Lo sería si la decisión careciera de fundamento o se negara el derecho a crítica a quienes se vean afectados por ellas, pero es simple ejercicio de autoridad democrática el formular reglas operativas que pueden ir modificándose o puliéndose en la medida que la práctica plantee desajustes o nuevos desafíos. Un problema alarmante en nuestras instituciones educativas es el pasaje de prácticas autoritarias a la riesgosa parálisis de los equipos directivos cuando se trata de establecer reglas de funcionamiento institucional. El temor a recibir el mote de "autoritarios" detiene a muchos directivos y deja a la intemperie cuestiones irresueltas de la cotidianeidad institucional. *Judith* y *Liliana* ofrecen interesantes ejemplos de lo que ocurre en dos instituciones muy diferentes con un mismo tema: el uniforme. Cuenta *Judith*: "Hay un uniforme muy laxo: pueden venir con remeras azules y grises con el logo del colegio que lo pueden pegar en cualquier remera gris o azul. Si fuera por nosotros, erradicaríamos los uniformes, porque no queremos uniformar a los chicos. Así como nuestra propuesta va hacia la heterogeneidad y no a la homogeneización de los chicos, nos parece que el uniforme uniforma y no queremos uniformarlos, pero sabemos que sería para los padres un trastorno a la mañana infernal y esto es lo que nos está frenando, porque así como les cuesta hacerlos desayunar... El uniforme es por la parte de arriba; abajo pueden venir con lo que quieran, dentro de lo que es cómodo para poder jugar: un jogging, un jean, un short, lo que quieras para que vos tengas la posibilidad de jugar y mancharte y que eso no te genere a vos ningún stress, ni ningún problema después cuando llegues a casa. Y se pelean por si se ponen calzas rosas, azul, violeta, verde. Las nenas, sobre todo ¿no? Y alguna que otra a veces no viene con la remera, viene con otra cosa, y las madres te dicen '¿por qué les permiten?' 'Porque para nosotros no es que sea un valor tan importante que venga con uniforme, lo hacemos para evitar que ustedes tengan discusiones matinales'. 'Sí, pero yo con la mía me peleo todos los días para que se ponga la ropa del colegio y, si ve que la otra viene de violeta y rosa, y ella también quiere...' 'No, tenés razón'. A nosotros nos genera un conflicto ser un poco laxos con ese tema, porque no estamos convencidos nosotros. Pero a la larga yo creo que vamos a tender a que se peleen en casa y aprendan a convivir con eso y generen ellos recursos y estrategias para que a la noche elijan la ropa y, mientras sea cómoda y la puedan usar para potrear, que vengan con la ropa que quieran". *Liliana*, por su parte, lo reconoce como una cuestión que genera fricciones desde hace tiempo: "hay un tema que lo vienen reclamando desde que la escuela está. La escuela, por tener un proyecto de educación popular, justamente, decidió romper con algunos ritos escolares, para presentar una escuela diferente, que atraiga más a los chicos, con romper con esas cosas de la escuela que los chicos no quieren. Una de las cosas que no tiene la escuela es, por ejemplo, uniforme o delantal. Los chicos van y nosotros vamos así, vestidos como uno va normalmente por la vida. Eso, hasta el día de hoy, sigue generando algún tipo de cuestionamiento en los padres. Ellos dicen '¿por qué no tienen un uniforme? Porque, cuando salimos de paseo —dicen—, vamos al centro y no se nota que los chicos son de esta escuela. Nosotros vemos chicos de otro grupo que se... se... uno se da cuenta que es de tal escuela por el uniforme, por el guardapolvo' o 'es más fácil de ubicarlos a los chicos cuando vamos de paseo, están todos vestiditos iguales'. Bueno, cuando nosotros les damos el fundamento, y... lo terminan aceptando, porque no les queda otra. Si quieren mandar a los chicos ahí lo terminan aceptando".

Finalmente, aunque no menos relevantes, podemos llamar *reglas contextuales* a aquellas establecidas dentro de la escuela, que no comparten la extensión ni la estabilidad de las reglas institucionales. No todas las decisiones deben resonar de modo homogéneo en todo el jardín, ni deben fijarse sin plazo de finalización. Muchas reglas útiles para una sala en un año particular pueden no serlo para otras o dejar de serlo al siguiente para la misma sala o para el mismo grupo. *Judith* comenta que la cuestión de los juguetes es objeto de revisiones permanentes y debe adecuarse a los rasgos de cada grupo: "¿Se puede traer juguetes al jardín? ¿Por qué no? Siempre y cuando no sea la playstation, que te salió carísima y que, si se llega a romper, te va a agarrar un malestar muy grande. Tampoco sirve para mucho acá en la escuela, cuando tenemos tantas otras cosas para compartir interesantes. Y no cosas así de chiquititas que, si se pierden, después es imposible encontrarlas. O sea, acordamos con las familias que, dentro de cada sala, se va a negociar la cantidad y la calidad de los elementos que se pueden traer y en qué momento se van a poder usar. No lo hacemos para todos igual, porque no es lo mismo un chico de dos que un chico de cinco. No en todos los grupos todos los años pasa lo mismo".

En este tipo de regulaciones, hay posiciones muy diferentes en cada institución[28]. Comenta *Leonor* que, en su jardín, la regla es "no traer chiches al jardín de casa, y es una lucha: 'no lo que pasa es que no quería venir si no venía con el soldadito y después...' Porque trae los temas de 'te presto, no me prestaste', 'me lo olvidé en el patio y después, cuando volví, vino la otra sala y se lo llevó' Y el nene llora y cuando viene la mamá dice '¿Cómo puede ser que esté perdido el soldadito?' Entonces, 'por favor, no traigan más los soldaditos, ni pelotas, ni cochecitos'. Aparte también sostener que los juegos se sociabilizan, que el jardín provee de juegos, que los juegos para jugar son de acá y para todos". El jardín de *Judith*, en cambio, incluye las voces y opiniones de chicos y familias para tomar este tipo de decisiones: "A veces nace primero de la discusión con el grupo y con los chicos y después se transmite a la familia: 'nos hemos puesto de acuerdo con los chicos que vamos a hacer esto'. En una reunión de padres se consensúa, como para que todos tengamos esto que con los chicos negociamos. Estamos todos de acuerdo cuando vienen dejan todo en el lockers que tienen y lo van a sacar cuando van al patio. Esto ya es una regla que ese grupo instituyó. Pero el de al lado, a lo mejor, puede usarlo en el momento del juego inicial, porque traen juguetes que los incluyen en los juegos de una manera armónica, y otros que no, porque lo que traen es para jugar en el patio y no propicia un buen juego o una buena convivencia dentro de la sala. Son normas que se van construyendo al interior de cada grupo".

---

28. Andrea Fernández relata una interesante experiencia de investigación con niños de Jardín Maternal, en la cual se les pidió que llevaran juguetes de sus casas: "enmarcando la propuesta y asegurando determinadas condiciones (por ejemplo, que todos hayan llevado un elemento del hogar, que haya adultos disponibles para jugar y ayudar a resolver situaciones o conflictos), es posible la entrada de juegos que pertenecen a los escenarios familiares" (Fernández, 2008: 85-86).

Estas reglas contextuales, necesariamente más livianas y flexibles que las reseñadas más arriba, guardan un considerable potencial pedagógico, en tanto son las que más fácilmente pueden delegarse en los alumnos, como parte de su educación en la ciudadanía. Si hay que decidir qué hacer con los juguetes en la sala de tres años, ¿no pueden deliberar chicos y chicas sobre las ventajas y desventajas de una u otra decisión? ¿No será útil a su formación como sujetos políticos el participar de una discusión sobre la regla más justa posible? Considero que ese es el camino más adecuado para que, desde la primera infancia, niñas y niños comiencen a construir una actitud de comprensión y adhesión crítica a los marcos regulatorios que atraviesan sus ámbitos cotidianos. Deliberar sobre las razones de una regla los conducirá a suponer que hay razones que sustentan otras y a exigir argumentos cada vez que se les reclame su cumplimiento. La única condición para que esa deliberación sea formativa es que la institución se comprometa a respetar efectivamente lo que el grupo defina, sin que esté preestablecido por docentes y directivos. Asimismo, es conveniente que, en este proceso de aprendizaje ciudadano, los acuerdos tengan plazos de vencimiento acotados, de modo tal que puedan ser revisados a la brevedad. Las primeras oportunidades en que niñas y niños establecen reglas, suelen producir enunciados muy restrictivos y exigentes. Sólo la práctica recurrente de la deliberación legislativa les permitirá hallar respuestas prudentes y flexibles a sus necesidades grupales. Del mismo modo, sólo la exploración persistente de las reglas contextuales, por parte de los equipos docentes, permitirá encontrar respuestas más creativas a problemáticas que a veces se agotan en la prohibición.

En la escena que analizamos, lo que Laura develó, con su inocente pregunta sobre la posibilidad de llevar juguetes al jardín, es la frágil y precaria resolución de las regulaciones que existía en ese jardín, del que nunca nos enteramos cuál era la regla existente. Ante la duda, la mamá de Laura actuó como lo hacen muchos sujetos que transitan un marco regulatorio desconocido: se acopló a los hábitos predominantes[29]. "Lo que se hace habitualmente"

---

29. Por ejemplo, cuando una persona trata de interpretar cómo comprar en una tienda de grandes dimensiones o dónde ubicarse en un aeropuerto

es tomado como prueba concluyente de "lo que hay que hacer" y lo usual adquiere carácter prescriptivo. En consecuencia, se desmorona estrepitosamente el armazón regulatorio que intenta torcer lo usual para llevarlo hacia lo deseable.

Me detengo, finalmente, en el cansado rezongo de la maestra de Laura al terminar la escena que analizamos: "Eso es lo que yo te dije antes, todo el tiempo Laura, que la guardaras". Esa colega despide la jornada con el fastidio de quien se siente estafado por las circunstancias. Parece decir (y decirse) que esto no debería ser parte de su actividad cotidiana. Lo aceptemos o no, el trabajo pedagógico con las reglas de convivencia no sólo es indispensable para llevar a cabo la tarea de enseñar, sino que forma parte del núcleo duro de esa tarea. Cuando termina el año y cada maestra cierra el largo proceso desarrollado con su grupo de alumnas y alumnos, no imagina que nunca más volverá a enseñar las mismas cosas. Por el contrario, sabe que, al año siguiente, desandará sus pasos y empezará a recorrerlos nuevamente con otro grupo. Con las normas, en cambio, hay menos consideraciones: algunos esperan que se acepten y cumplan rápidamente, algunos sueñan con no tener que volver sobre ellas, algunos imaginan unos grupos familiares que llegarán al jardín sin problemas regulatorios en el ámbito doméstico. Todos ellos ven con fastidio que sus fantasías se diluyen una y otra vez contra el muro de la realidad. Pocos docentes asumen que ese es su trabajo y que, a través de él, realizan un aporte sustantivo para mejorar el mundo. Educar en reglas de juego más inclusivas, justas y democráticas es un desafío permanente para garantizar que sigamos jugando el juego de la vida en sociedad.

---

desconocido: pregunta a quien encuentra o mira lo que hacen los demás y se acopla a sus movimientos.

Capítulo 7

La diversidad como problema[30]

Pocas palabras tan mentadas y meneadas como bandera de renovación pedagógica que la "diversidad". Tolerar, valorar, respetar o reconocer la diversidad son frases que engalanan carteleras y discursos aun cuando no siempre queda claro de qué diversidad hablamos ni que implicancias tiene su presencia en las aulas. Educados en y para la homogeneidad, los docentes de hoy asumimos este desafío con entusiasmo pero, a poco de andar, percibimos que nos faltan herramientas o que damos respuestas contrarias a las que elegiríamos dar si tuviéramos opciones. Sumergidos en la diversidad y empapados de ella, aflora la fantasía de que seríamos más felices si no hubiera diferencias, o si las minorías no golpearan las puertas de lo común, o si las particularidades de cada uno se disolvieran mansamente en normativas pensadas para satisfacer a las mayorías.

En este sentido, una de las escenas que han generado más discusiones en los talleres con docentes es la que presento a continuación, originaria de una localidad patagónica, con población en ascenso. La situación muestra una escuela que toma decisiones y actúa en consecuencia, pero conviene revisar qué criterios orientaron a cada uno de los que intervienen en ella.

---

30. Retomo en este capítulo el análisis de una escena escolar que publiqué en la Revista *El Monitor* N° 27, de 2010.

Cumpleaños feliz

Es miércoles por la tarde y los chicos de la sala de tres van a festejar el cumpleaños de Javier, cuya mamá mandó una torta y cuatro velitas porque esa es la edad que cumple. Todos están ansiosos porque les gusta el momento de cantar, soplar las velitas y comer torta. El ritmo cotidiano del jardín se interrumpe cuando hay un cumple y el clima de fiesta impregna toda la sala.

Andrea, la maestra, está preocupada porque aún no ha tomado una decisión. Sabe que Martín, un chico que ingresó hace dos meses, proveniente de otra provincia, es Testigo de Jehová y la mamá, una señora agradable aunque un poco distante, le pidió que su hijo no participara en festejos de cumpleaños. El tema de la bandera fue más sencillo porque Martín se va un ratito antes todos los días; la abuela lo pasa a buscar y así no ve que el resto participa en el arriamiento, pero este es el primer cumple desde que él se incorporó al grupo y Andrea no sabe qué hacer. Es la primera vez que le toca a ella y no hay un criterio único en la institución. La directora dijo que cada una decida "según su conciencia" y así fue.

Mara, la maestra de tres de la mañana respeta rigurosamente lo que le piden las madres: si es Testigo de Jehová se queda fuera de los cumpleaños. También se quedan fuera los "gorditos", cuando las mamás avisan que están a dieta por prescripción médica y se quedan fuera los alérgicos al chocolate, los celíacos o cualquiera que tenga un motivo para pedirlo. Los que no pueden estar en el momento de comer la torta se van un rato al arenero y juegan entre ellos. Mientras tanto los cuida Dora, la vice, que siempre está disponible para estos favores.

Lucrecia, en cambio, la maestra de sala de dos, les pide a las mamás que ese día no los lleven al jardín, así no sufren quedando fuera del festejo colectivo. "No ven pero escuchan", dice Lucrecia, "y saben que sus compañeritos están divertidos en la sala mientras ellos se quedan al margen". Para eso, según ella, es preferible que falten.

> Ana Laura, la de sala de cinco, a principios de año les pide a todos que festejen los cumples fuera del jardín y acá traigan las tarjetitas de invitación. "El que quiere va y el que no, no", dice Ana Laura, "pero nadie se va a quedar fuera de nada por apagar unas velitas".
> Andrea escuchó las razones de todas y ninguna la convence. Para ella es importante que Martín esté en ese momento porque puede ayudarlo a integrarse al grupo. No sabe si Martín querrá porque aún no ha comentado nada y desconoce qué información le han dado en la casa. Mientras va a buscar la torta a la cocina, sigue pensando: "yo la llevo y propongo cantar, si a él le molesta, me lo va a decir. Si quiere quedarse, que la madre proteste todo lo que quiera pero no lo voy a privar a él ni a nadie de esta fiesta".

Muchas preguntas surgen en el intercambio entre colegas: ¿es justa la decisión de Andrea? ¿Es preferible alguna de las alternativas que plantearon sus compañeras? ¿Qué efectos podría tener cada alternativa en el proceso formativo de Martín? Por otra parte, ¿es atinada la decisión de la directora de dejar que cada docente decida en forma individual o debería haber tratado de construir un criterio institucional? En cualquier caso, ¿por qué?

Empecemos considerando por qué la directora delega la decisión en cada docente. Muchos colegas evalúan que "se lava las manos" y le atribuyen la causa de todo el malestar posterior entre las docentes. Aunque comparto el cuestionamiento, no estoy seguro de que su actitud refleje falta de compromiso: quizá ella lo hace porque cree que es el camino más democrático. ¿Por qué debería haber una definición institucional en este terreno? ¿No podría actuar cada maestra según su criterio en cada caso? Según lo que hemos visto en el capítulo 6, ¿debería formularse una regla institucional o contextual? En mi opinión, si la participación en el cumpleaños es un dato tan relevante para esta familia y suscita tantas controversias en el equipo, eso justifica que se trate de arribar a un criterio compartido y estable, para que Martín encuentre una respuesta acorde a lo largo de su trayectoria en el jardín. Por otra parte, el abanico de decisiones contrastantes indica que, en ese equipo, hay muchos criterios aún no conversados largamente, aún no templados en el diálogo constructivo entre pares. *Inés* comenta las tribulaciones de su propia práctica como directora: "creo que sabemos muy poco para trabajar con la diversidad. Lo aprendés en el hacer, lo seguís aprendiendo y yo creo que te quedan montón de materias por dar". En consecuencia, cuando la directora renuncia a debatir, la institución se pierde una oportunidad para pensar qué significa, en los hechos, respetar esa diversidad que tanto se menciona.

Para desbrozar el caso, siempre sugiero remontarnos al comienzo de la escena, ¿es pertinente el pedido de la mamá de Martín? ¿Por qué? Considero relevante tamizar con estas preguntas cada una de las demandas y propuestas que llegan al jardín desde los grupos familiares, pues allí radica el problema de las legitimidades (que hemos mencionado como una de las tensiones actuales, en el capítulo 3). ¿Tiene derecho esa madre a pedir que su hijo no participe de una actividad usual y destacada en muchos jardines? El festejo de los cumpleaños suele tener gran relevancia en la vida cotidiana del Nivel Inicial, aunque no ocurre lo mismo en otros niveles. Algunos de los textos emblemáticos en la formación de docentes de este nivel le dedican largos párrafos a prever estos festejos: "Es aconsejable hacer un festejo de cumpleaños mensual; de esta forma en cada fiesta se homenajeará a un grupo de niños que han cumplido años en el transcurso de ese mes. Luego de fijada la fecha para el festejo, los niños participarán en los preparativos. Algunos días antes pueden hacer adornos para la sala, decorarla luego, hacer unos bollitos el día antes y en el mismo día arreglar las mesas y sillas y disponer el arreglo de la sala. La maestra habrá preparado y previsto todo en una planificación que puede adoptar para todos los festejos de cumpleaños del año. Con esquelas breves, concisas y amables invitará a las madres de los niños que cumplieron años en ese mes a participar en la reunión, solicitándoles su contribución, que se concretará en una torta con velitas para su hijo. El grupo también puede elaborar algún regalo para sus compañeros homenajeados. Para amenizar la reunión, la maestra puede haber preparado algún sencillo acto de títeres o la proyección de tiras didácticas o película. La música no debe faltar; un tocadiscos de la escuela o alguno que prestó una madre y discos apropiados colaborarán para que se logre el clima festivo. Es importante cuidar todos los detalles para que nada falte. Sin duda, la maestra podrá contar en ese momento con la colaboración de las madres, a quienes debe tratar de asimilar al festejo. La asistencia de ellas se asegurará da antemano por medio de un llamado telefónico o agregando un talón a la esquela, que la madre tendrá que devolver firmado asegurando su asistencia. En caso de que la madre no pueda asistir, se evitará decepcionar al niño postergando el festejo de su cumpleaños o asegurando la asistencia de algún otro familiar. La adopción de la técnica a usar depende en gran medida de circunstancias muy especiales en cada caso, pero, cualquiera sea la adoptada, la maestra deberá buscar la participación de las madres o personas asistentes, deberá brindar a sus niños oportunidades para homenajear a los compañeros cuyos cumpleaños se festejan, para que éstos sientan que su fiesta también es importante para su maestra y compañeros, y provocar en el resto del grupo la satisfacción de brindar ese día un regalo, así como la participación en la alegría de los homenajeados, seguros de que su fiesta también será conmemorada de la misma forma. Sin duda, el momento culminante de la fiesta será cuando llegue la hora de apagar las velitas. Se aconseja hacerlo en forma individual. El resto del grupo participará cantando en honor de uno de sus compañeros, a quien luego se le entregará el regalo, producto del quehacer infantil. De esta forma se asegura, siempre que se haya sabido lograr, un momento de emotividad que compartirán todos" (Fritzsche y San Martín, 1968: 251-252). El festejo del cumpleaños, con modalidades clásicas de las clases medias urbanas, ha sido considerado en las últimas décadas una práctica casi imprescindible para la integración de los niños a la institución, para la afirmación de su identidad personal y para la comunicación entre docentes y grupos familiares: "La celebración de los cumpleaños de los niños, que forma parte de las actividades habituales del Jardín, es un motivo de interés para la concurrencia de los padres al mismo y, en consecuencia, una oportunidad para la comunicación directa. El niño que en esa ocasión es el agasajado tiene particular satisfacción de ver a sus padres junto a su maestra y compañeritos. Los padres, por su parte, podrán observar el ambiente y participar del clima afectivo que rodea a su hijo, lo cual contribuirá a desarrollar sentimientos de confianza hacia el Jardín. Dichos sentimientos afianzarán la acción cooperativa que el hogar y la escuela realizan en bien de la educación del niño" (Bosch y otras, 1969: 139). Se trata, en esta descripción, de una actividad potente y relevante en la vida grupal, de una herramienta pedagógica para la construcción de identidad personal e integración grupal. Actualmente, dicha tradición se sostiene en la mayor parte de los jardines, aunque puede haber variaciones, sobre todo debidas a la clase social. Según dice *Nancy*, que trabaja con sectores populares del Gran Buenos Aires, "no se suelen festejar mucho los cumpleaños en el jardín. Es una práctica que no se ve. En algunas salas sí, en otras no. Por ahí en las más chiquitas, pero en las de cinco no he visto. Uno solo, me parece, que he visto en una sala de cinco. En las reuniones de padres se les dice a las familias que, bueno, el que quiere festejar el cumpleaños lo puede hacer, que lo tiene que charlar con la señorita, qué día lo quiere festejar, qué es lo que tiene que traer. No se les pide que traigan grandes cosas. Si trae la torta, listo, traemos la torta y festejamos. Sí, suelen traer las invitaciones, pero pocos, muy pocos". *Judith*, en cambio, que recibe población de sectores medio-altos, describe prácticas muy distintas: "nosotros propiciamos no que festejen el cumpleaños en el jardín como sustituto de otro festejo. El festejo con los amigos se hace afuera del jardín, porque los papás lo propician así, en su casa o en algún salón, generalmente, que alquilan para esa finalidad. Con los de dos años tenemos la propuesta de que vengan los papás a traer una torta y compartan un momento de encuentro con el grupo de niños. A partir de los tres años lo que les decimos es que nosotros acá queremos soplar las velitas con ellos el día de su cumpleaños con los maestros. Entonces, que pueden traer una torta y festejamos acá internamente su cumpleaños. Después ellos cuando decidan festejarán con su familia y con sus amigos afuera del colegio, pero si es el día de su cumpleaños pueden traer una torta y festejar acá con los maestros y con los chicos. Lo que hacemos todos los lunes, en la ronda general que es una ronda para integrar a todo el jardín, saludar a la bandera con una canción que inventamos nosotros, saludar a los que cumplen años esa semana, ya sean chicos o maestros, y les cantamos el cumpleaños feliz todos juntos". Como podemos apreciar, el pedido de la madre afecta una actividad frecuente e importante, por lo cual conviene empezar analizando su legitimidad: ¿puede una familia demandar algo que trastoque las tradiciones y hábitos de la institución?

El argumento que esgrime la familia es su adscripción a una tendencia religiosa minoritaria en Argentina. ¿Puede una familia decidir la orientación religiosa de sus hijos e hijas? Ante esta pregunta, muchos colegas enarbolan la bandera de la autonomía y que se permita a cada niño escoger sus propias creencias y prácticas religiosas. En tal sentido, ¿debe ser Martín el que decida si quiere quedarse en el cumpleaños? En muchos encuentros con docentes, la elección de Andrea recoge adhesiones porque a ella le importa la voz de Martín y le interesa integrarlo al grupo. Sin embargo, si aceptamos que padres y madres de otras confesiones bauticen o circunciden a los niños sin su consentimiento, tenemos que aceptar también que los introduzcan de otros modos en sus hábitos, preceptos y creencias. Así lo reconocía Juana Manso: "La primer instrucción religiosa del infante, es de la exclusiva competencia de la madre; y sin calumniar a la especie humana, no podemos afirmar que todas las madres falten a su deber. Pero cuando faltasen, no somos nosotros los responsables de las ajenas faltas ni puede Consejo alguno de Instrucción Pública abrigar la pretensión de constituirse representante de la conciencia privada de la familia" (Manso, 1869: 331). En términos contemporáneos, este derecho está limitado y regulado por otros, como el que permite a cada sujeto escoger su propia orientación religiosa en la medida en que alcance mayor autonomía. Según el artículo 26 de la Declaración Universal de los Derechos Humanos, "Los padres tendrán derecho preferente a escoger el tipo de educación que habrá de darse a sus hijos". Esa preferencia tiene límites, pues no podrían escoger negarles educación o adoctrinarlos en principios opuestos al estado de derecho. Del mismo modo, el Artículo 14 de la Convención sobre los derechos del niño, establece que "Los Estados Partes respetarán el derecho del niño a la libertad de pensamiento, de conciencia y de religión. Los Estados Partes respetarán los derechos y deberes de los padres y, en su caso, de los representantes legales, de guiar al niño en el ejercicio de su derecho de modo conforme a la evolución de sus facultades. La libertad de profesar la propia religión o las propias creencias estará sujeta únicamente a las limitaciones prescritas por la ley que sean necesarias para proteger la seguridad, el orden, la moral o la salud públicos o los derechos y libertades fundamentales de los demás". El reconocimiento de la libertad religiosa y, particularmente, el respeto de las minorías religiosas es uno de los aspectos que caracterizan el pluralismo democrático de una sociedad. Las creencias y elecciones familiares se comunican a los hijos a través de un proceso de socialización largo y paulatino, no exento de equívocos y contradicciones. *Nidia* comenta un ejemplo de estos equívocos: "Por ejemplo, están los cultos evangélicos. Justamente, en esto de la Pacha Mama, has visto que hay un momentito en que viene algo de los diablitos. No sé qué dicen, porque es de toda la parte del norte, que los diablitos bajan de las montañas o del cerro, así, para bailar. Había una de las chiquitas que dice: 'A mí el pastor me ha dicho que no baile, porque eso no corresponde que hagamos nosotros, porque la Iglesia...' Le digo: '¿Y qué más te ha dicho el pastor? ¿Que no juegues...?' 'No, que no baile, directamente que no baile, porque esas son cosas del diablo'. Entonces yo la llamo a la mamá y le explico. 'No —me dice—, pero ella debe haber malinterpretado lo que era bailar, si el pastor nos ha dicho a nosotros que no vayamos a los boliches, porque esas son cosas del diablo' (risas)". Nuevamente, es importante señalar que la aceptación literal de lo que los chicos llevan de casa al jardín (o viceversa) puede suscitar errores graves de interpretación, que se subsanan si ambos polos mantienen abierto el diálogo sobre lo que cada uno ha hecho o ha dicho. *Nancy* comenta que, en su jardín, "hay como una polarización entre católicos y evangélicos, pero no se notan. No se hacen notorios. En realidad, por ahí te dicen que son católicos pero no son fervientes católicos y evangélicos tampoco fervientes evangélicos. Cuando uno les pregunta, te dicen, bueno, católico o evangélico. Esas son las dos religiones que más predominan". También menciona que "hay una sola familia que son testigos de Jehová y, por ejemplo, si hay un acto escolar, el nene no viene, porque, bueno, teniendo en cuenta su religión no puede cantar el himno, no puede participar de actividades donde tenga que bailar o mover el cuerpo. La mamá no lo manda".

En la escena que analizamos, la mamá de Martín pide que su hijo no participe de los cumpleaños, por motivos religiosos. En definitiva, el jardín, en tanto institución pública, tiene la responsabilidad de cumplir este compromiso adecuando su estructura interna a los desafíos y necesidades que presenta la diversidad de creencias religiosas. En otros términos, si la demanda de esa madre es legítima, merece una respuesta acorde. En la escena que analizamos, pedidos como este reciben múltiples respuestas y cada una de ellas merece una reflexión:

- Dejar niños y niñas fuera de la sala por este u otro motivo (la elección de Mara) implica creer que la actividad de la sala no debería cambiar para adecuarse a la diversidad, sino sostener una actividad única e inmutable. El jardín parece decir "esto es lo que hay" y deja fuera a quienes no se adaptan. Por otra parte, Mara asume un rol de "correa de transmisión" de decisiones parentales, independientemente de su contenido y oportunidad. No se toma el trabajo de interrogarse sobre la legitimidad de los planteos, sino que trabaja "a la carta" o "en piloto automático".

- Avisar a las familias que habrá cumpleaños y dejar a su criterio llevarlos o no (la opción de Lucrecia) expresa la idea de que la escuela es una especie de club o actividad recreativa. Si hay veinte chicos en el grupo, los que faltan a los cumpleaños se perderán casi un mes de clases al año. Todas las luchas del Nivel Inicial para ser considerado un componente relevante del sistema educativo, para recibir apoyo sostenido del Estado y acompañamiento de la sociedad civil, se van por la borda.

- Eliminar los festejos de la sala y proponer que se hagan fuera (la decisión de Ana Laura) es, quizá, la opción más inclusiva porque no deja a nadie fuera ni violenta a ninguno. Sin embargo, suscita problemas para quienes no tienen dónde festejar los cumpleaños y priva a todo el grupo de una actividad generalmente muy apreciada. En el polo opuesto a la actitud de Mara, diluye toda la actividad grupal para atender una demanda individual.

A mi modo de ver, estas concepciones de la diversidad sólo segmentan, cuadriculan y aíslan; mantienen la impronta de la homogeneidad, travestida ahora en rigidez. Lo mismo ocurre cuando muchos colegas me dicen: "¿Por qué no lo mandan a una escuela de Testigos de Jehová?" Es un modo de tramitar la diversidad. En Argentina existe la posibilidad de abrir jardines de gestión privada y muchos de ellos adscriben a un culto reconocido. El jardín que dirige *Leonor* está integrado a una institución judía ortodoxa, por lo cual hay bastante homogeneidad de pensamiento sobre cuestiones básica de la vida, aunque no siempre se mantiene coherencia entre las ideas y las conductas: "Las madres muchas veces, cuando traen a los chicos, tienen cursos de educación, de armonía familiar, cursos de ética judía. Acá mismo. Los dicta el rabino, o el maestro, o algunos invitados. Por este crecimiento espiritual que hubo este tiempo, también hay muchos espacios para seguir enriqueciendo. Hay como una especie de horizonte común, en ese sentido. Que los chicos se mantengan dentro de la comunidad, que críen familias. En el trabajo en los cursos a veces decimos que del dicho al hecho hay un gran trecho. Como que la mayoría de nosotros venimos de una vida secular. Entonces nos fuimos como formando y creciendo en este camino y a veces decimos que es más fácil 'vestirte como' que tomar el mensaje en lo profundo. Nuestro Rabino siempre dice 'es más fácil cumplir con las normas de Cashrut que ser una buena persona'. Como que el ritual es mucho más fácil que la transformación profunda de la persona". La escuela de *Liliana*, si bien es religiosa, está abierta al ingreso de familias de otros cultos: "la escuela es religiosa pero abiertamente es una escuela muy inclusiva, incluso también con las creencias. Hay mucha gente en el barrio en una iglesia evangélica y hay muchas familias que siendo católicas se pasaron a la iglesia evangélica. Hay otras que son católicas no practicantes. No hay ningún conflicto con respecto a la creencia religiosa y la escuela también se muestra muy abierta. No hay tampoco, hasta el momento, una catequesis explícita, con una hora de catequesis, sino que también eso se está reviendo. Después de once años todavía se sigue reviendo el tema este de la catequesis".

La escuela pública laica, en cambio, es el espacio donde se encuentran sujetos diferentes con la única condición de estar dispuestos a transitar un recorrido formativo basado en la pluralidad de voces e ideas. Siempre es desafiante y provocador recibir en el jardín el abanico diverso de creencias, estilos y elecciones que caracteriza la vida de una sociedad de rasgos aluviales, como la argentina. *Elena* cuenta: "nosotros tenemos comunidad zíngara. Por ahí hay otros jardines que no se ve que vayan nenes gitanos; en nuestro jardín sí. Es un porcentaje mínimo, pero por lo menos un nene en cada sala hay. [Esta presencia] no afecta, sino que enriquece a la institución. Porque de pronto nosotros, como docentes, también aprendemos mucho de otras culturas. Tuvimos que aprender también. De hecho tenemos por ejemplo los nenes gitanos. Su familia es diferente de otras familias, para ellos es muchas veces normal. Tienen su mama y varios papás o al revés. O, por ejemplo su mamá es su mamá pero el matriarcado lo ejerce una abuela. Hemos tenido casos que ha venido la abuela, que se ve que es la que lidera toda la comunidad zíngara. Viene a los actos y controla qué nene vino con su mamá, a ver qué mamá no viene. Hay otra característica igual, que se está dando ahora, que las nenas vienen al jardín. No venían las nenas al jardín. De hecho nos encontramos con muchas mamás gitanas que no saben leer ni escribir porque ellas no fueron a la escuela. Es como que no era costumbre que las mujeres vayan. Una vez yo le pregunté a una de las mamás por qué, si es que ellas no querían estudiar, y dice que no, que los padres no las mandaban a la escuela por una cuestión de que tenían miedo a que las violen, que las rapten, porque si no, costaban menos".

Las diferencias culturales pueden darse dentro de un mismo nivel socioeconómico, ligado a creencias religiosas o también vinculado con los lugares de origen de las familias. *Cecilia* cuenta que, en su jardín, "había una variación interesante, porque había niños que, si bien en términos de sectores de clases era relativamente homogéneo el nivel, había niños pertenecientes a distintas comunidades: comunidad de peruanos o hijos de familias peruanas, o hijos de familias bolivianas. Y había distintas concepciones o distintas modalidades de crianza en relación a estas cuestiones. Eso, en realidad, no afectaba, sino que enriquecía, complejizaba, producía variación".

Los jardines se posicionan frente a la diversidad de familias con las cuales trabajan y pueden colaborar en el fortalecimiento de identidades culturales y lingüísticas, pues, a diferencia del proyecto sarmientino, nadie debería renunciar a su lengua ni su pasado para poder integrarse a la sociedad argentina. *Inés* relata un ejemplo de estas intervenciones: "Nosotros tenemos un proyecto de radio muy interesante, que se sigue sosteniendo, y había familias paraguayas que, me acuerdo, la maestra trataba de rescatar palabras del habla materna, en guaraní, y el pibe muy miedoso de decirlas. Hasta que se descubre que la madre le prohibía decirlas, porque era como vergüenza o no se tenía que hablar en el jardín de eso, de eso no se habla. Hasta que, bueno, se trabajó esto con la mamá y se empezó a tratar de, al revés, que ella al nene le enseñe, para que a su vez él difunda un poco su lengua materna, que de verdad él la conocía porque ese había sido un nene que vino de Paraguay".

La diversidad provoca reacciones disímiles entre los docentes y entre las familias. Cuando el jardín avanza hacia una mayor apertura y comprensión, puede encontrar resistencia en algunas familias que sostienen enunciados civilizatorios y exclusores, en muchos casos aprendidos en su propio paso por la escolaridad. En otros casos, las familias apoyan y acompañan las políticas institucionales. *Judith* percibe que la comunidad de su jardín "son familias que ven con buenos ojos que la escuela es una escuela inclusiva, en todo sentido. Hemos tenido experiencias, de hace pocos años en jardín, de comenzar a tener un proyecto de inclusión, con maestros integradores en algunas situaciones particulares. En determinados casos, creemos que nosotros podemos ayudar y podemos dar un apoyo. Ha sido muy bienvenido por las familias este cambio, en algún punto, del proyecto originario, que no contemplaba la inclusión de maestros integradores. En los últimos tiempos, que hemos hecho esa experiencia y lo hemos conversado con las distintas familias de cada grupo, vemos que hay una gran apertura en este sentido y no solamente la inclusión de chicos con alguna situación particular, que tienen como derechos especiales, sino también en la inclusión de la diversidad de opiniones, en la inclusión de abrirse a maneras culturales diferentes de transitar la crianza de los hijos, etcétera". Algunos discursos en torno a la diversidad apuntan a que las minorías se adapten a lo que proponga la mayoría o se vayan a otro lugar y abogan por escuelas especiales para niños con dificultades de aprendizaje, para niños con creencias minoritarias, para niños con problemas de conducta. Según la escena que analizamos, a ellas podrían agregarse escuelas particulares para niños celíacos, para gorditos y para alérgicos al chocolate. El problema es que algunos niños reúnen más de una de estas cualidades y deberían diversificarse las escuelas, de modo tal que una atendiera a niños de minorías religiosas, celíacos y gorditos, mientras otras atenderían a los alérgicos al chocolate que tienen dificultades de aprendizaje... En definitiva, este argumento desemboca en una escuela de un metro cuadrado para cada niño, garantizando el respeto a sus rasgos particulares a través de la segregación y clasificación. Podemos imaginar el tipo de sociedad que se construye por esta vía clasificatoria y segregacionista.

Queda, por otra parte, la decisión de Andrea, la maestra de Martín, quien decide llevar la torta en función de su preocupación por integrarlo al grupo. En primer lugar, creo que la situación presenta un conflicto para los adultos y no están todos de acuerdo, ¿son niñas y niños quienes tienen que decidir allí donde sus mayores no se ponen de acuerdo? El renunciamiento de Andrea guarda cierto paralelismo con el de la directora, que delegó hacia abajo la potestad de decidir. Curiosamente, en encuentros con colegas, la directora recibe denuestos y reproches, mientras Andrea acopia adhesiones. Quizá se deba a que ella narra el caso y provoca empatía al desplegar sus argumentos, mientras que sólo recibimos la fría decisión de la directora sin atravesar los vericuetos de su pensamiento.

Desde mi punto de vista, la decisión de Andrea se basa en loables intenciones pero resulta muy objetable. ¿Qué significa integrar a Martín? En su actitud y en muchas prácticas educativas, que un niño o niña se integren a un grupo requiere que se desintegre como sujeto. Es decir, se le pide a cada uno que renuncie a sus cualidades y preferencias, su historia y su modo de ser, para diluirse en la homogeneidad del "todos-somos-iguales". Podemos imaginar la desazón de Martín al verse compelido a escoger entre la lealtad a los señalamientos de su madre o la aceptación de lo que propone su maestra. ¿A quién de ellas habrá de desairar? ¿Cuál de ellas tendrá luego motivos para reprocharle? Quienes leen el relato pueden suponer que Andrea no reaccionaría mal si Martín le dijera que no quiere participar, pero ¿puede saberlo Martín? Cuántas veces los chicos del jardín no anticipan de qué modo reaccionarán los adultos ante sus acciones y se sorprenden cuando reciben aplausos o retos por una actividad que ellos, simplemente, consideraban divertida. Andrea es la que más tensiona el vínculo con las familias, porque decide desconocer el pedido de esa mamá sin siquiera avisarle, sin exponer sus razones ni preguntar por sus efectos. Insisto: la actitud que suele generar más adhesiones entre colegas es la que más deteriora el vínculo con los grupos familiares. Por eso entiendo que este caso puede ayudarnos a pensar sobre las legitimidades que entran en disputa en ese vínculo entre casa y jardín.

Por mi parte, creo que las diferencias tensionan las tradiciones curriculares, los formatos institucionales y, en buena medida, las convicciones que hemos incorporado en nuestro paso por la escolaridad. Por eso mismo, constituyen una buena vía de avance hacia nuevas figuras de inclusión y reconocimiento. Siempre aclaro que no tengo ni puedo ofrecer la "respuesta correcta" a esta u otras situaciones. Sólo planteo algunos puntos de reflexión que, a mi modo de ver, podrían ayudarnos a pensar en qué criterios fundar una respuesta más atinada.

Llama la atención que Andrea (y quizá también las demás maestras) se quede satisfecha con ese breve comentario de la mamá de Martín. ¿No sería necesario conocerla un poco más? Es probable que muchas de las creencias (y las pautas de comportamiento ligadas a ellas) que lleguen a los jardines nos resulten desconocidas, quizá raras y hasta desagradables. Pero los docentes no tenemos derecho a evaluar las creencias de los grupos familiares ni juzgar su grado de consistencia o la coherencia entre lo que dicen y lo que hacen: en una sociedad pluralista, la escuela pública debe ser el espacio abierto a la diversidad de tradiciones culturales, estilos de vida, elecciones y rasgos personales. Cada persona y cada grupo familiar tienen derecho a escoger su propio camino de búsqueda de la felicidad, con el único resguardo de no impedir la felicidad de otros ni avasallar su dignidad[31]. El respeto de la diversidad requiere, en primer término, la apertura a conocer quién es "el otro", a dialogar sobre las creencias, tradiciones y elecciones sin suponer que son compartidas ni prejuzgar que algunas son superiores a otras. Antes de cualquier intervención, la diversidad suscita curiosidad, que es un buen punto de partida para hipotetizar, indagar y conocer. Tras su experiencia de muchos años, *Inés* observa que "la familia del norte, Jujuy, Bolivia, Salta es de tener los pies más desabrigados, de más ojotas o más sandalias, como menos medias. Nosotros nos preocupamos mucho que tengan todos medias y quizás hoy estoy pensando que tiene más que ver con una cuestión cultural, porque los ves un día de invierno y van en el colectivo con ojotas. Yo no creo que sea por una cuestión que los llevan desabrigados, sino que tienen que ver con la forma de que aquí el clima no es tan frío como el de sus lugares de origen y aquí ellos se bancan en ojotas, a pesar que nosotros tenemos mucho frío en los pies". El encuentro con las diferencias enriquece a quien está abierto a comprender y dialogar con la experiencia de vida de otros.

También es recomendable advertir que ese diálogo no supone una búsqueda destemplada de datos que puedan colisionar la intimidad del grupo familiar. Entre las preguntas de la entrevista inicial, ya a finales de los años '60 Fritzsche y San Martín sugerían incluir un tópico sobre "Relación de los padres con el niño (madre y padre)" que implicaba cierto reconocimiento de la diversidad de hábitos y creencias: "Tiempo que cada uno dedica al niño:... Temas frecuentes que se conversan con el niño:... Actitud de los padres ante las travesuras del niño (castigo corporal, amenazas, encierro, privaciones, explicaciones, etc.):... Participación del niño en los problemas

---

31. Expuse mis ideas sobre los valores en una sociedad pluralista en el artículo "Ciudadanía y felicidad: los valores en una sociedad plural" (Siede, 2007).

de los padres (discusiones, control de los gastos, cooperación en los quehaceres familiares, etc.): ... Viajes que realizan juntos:... Información de los padres al niño acerca del origen de la vida, la muerte y el sexo:... Premios y recompensas que se utilizan para estimular la conducta infantil:... Apreciaciones de los padres acerca de su hijo (alegre, nervioso, tranquilo, etc.):... Fiestas que celebra la familia (invitados, agasajos, etc.):... Aspiraciones de los padres con respecto al futuro de su hijo (vocación, profesión, etc.):... Descripción por los padres de un día completo de la vida del niño en el hogar (días festivos, etc.):... Algún comentario que los padres deseen agregar:...." (Fritzsche y San Martín, 1968: 238). Lo que no queda claro, tras un listado que fisgonea tan minuciosamente en la intimidad doméstica, es qué harían luego los docentes con esa información. Por el contrario, parece más aconsejable tender diálogos sobre aquellos aspectos que, por una u otra razón, cobren cierta relevancia en el pasaje de niñas y niños por el jardín de infantes, manteniendo un velo de recato sobre lo que las familias no quieren comunicar. *Cecilia* recuerda que el formato de la entrevista inicial fue objeto de discusiones y revisiones dentro de su equipo: "si se hacía un cuestionario, si tomábamos alguna modalidad, qué se preguntaba, cómo se preguntaba, qué podíamos preguntar nosotros, qué nos interesaba saber, qué teníamos derecho a preguntar. Poner cuestión, por ejemplo, el formato de entrevista que se tomaba en determinado momento en el sistema formal, que se preguntaba algo que, por suerte, para todos nosotros fue innecesario y hasta no sé si decir... violento. Preguntar: '¿fue un niño deseado?' Y otra: '¿nació por parto natural?' Nos cuestionábamos, ante cada cosa que se planteaba preguntar, qué nos aportaba a nosotros saber esto. Para nuestra tarea. Si no necesitamos saber eso, ¿para qué preguntarlo? Y lo que nosotros decidimos hacer fue una entrevista abierta, donde tomábamos una guía para, si hacía falta, ordenar el discurso de estos papás. La hoja era una hoja en blanco y nosotros teníamos ítems como 'qué me querés contar de tu nene'. Así abríamos, ¿no? Y empezábamos a registrar todo lo que los papás nos contaban y, a partir de ahí, después preguntar cosas como, si no había surgido en este relato, una manera de ayudar. Porque hay papás a los que, por ahí, les puede costar. Entonces necesitás acompañar un poco más ese relato: 'querés contarnos un día de fulanito'. Y bueno, lo que no nos podía faltar como información para recabar era a qué le gusta jugar, cómo duerme, qué come o qué no come, cómo duerme sobre todo para los más chiquitos, si duermen solitos, si hay que acunarlo, si hay que cantarle, si usa chupete o no usa chupete. Toda esa información que seguro que eso en el relato de los papás está pero que, si no está, ahí hay que preguntarlo. Y antes de cerrar siempre: '¿hay alguna cosa que yo necesite, que nosotros necesitemos saber sobre tu nene para estar con él durante todo el día?'¿No? Y ahí le dabas como otra posibilidad de decir: "mirá, vos no me lo preguntaste, no salió, pero... tal cosa"'.

El desafío es construir ese "punto caramelo" entre el fisgoneo indiscreto y la falta de diálogo. Se trata de habilitar un diálogo que permita conocer quiénes somos y cómo podemos convivir en un mismo espacio, participar de los mismos proyectos y satisfacer las necesidades formativas de cada uno sin renunciar a los derechos que legítimamente amparan las elecciones de cada persona y cada grupo familiar. ¿Por qué no preguntarles, desde el respeto debido a toda creencia, cuál es la prescripción a la cual se ciñen? ¿Qué aspecto del festejo de cumpleaños colisiona con sus preceptos? ¿Hay alguna modalidad de festejo que podría no afectar sus creencias? En cada religión suele haber modos diversos de adherir a las normas y quizá encontremos alternativas que podrían articular necesidades sin dejar a nadie fuera. Si lo que molesta son las velitas y la canción, ¿no podemos reemplazarlas? Es frecuente que festejemos comiendo, pero podríamos hacerlo de otros modos. En cualquier caso, el conocimiento y el diálogo son herramientas para procesar las diferencias en el espacio público y para construir rutinas que no excluyan ni violenten. El antropólogo Clifford Geertz describe esta problemática del encuentro con "el otro" demasiado cerca: "Este punto de vista –que los problemas suscitados por el hecho de la diversidad cultural tienen que ver más con nuestra capacidad de sentirnos a nuestro modo entre sensibilidades y modos de pensar ajenos (rock punk, trajes de Poiret), que nosotros no poseemos y que no nos son próximos, que con si podemos o no escapar a nuestras propias preferencias– tiene muchas implicaciones que son mala señal para un enfoque de lo cultural del tipo 'somos-quienes-somos' y ellos 'son-quienes-son'. La primera de ellas, y puede que la más importante, es que estos problemas surgen no sólo en los lindes de nuestra sociedad, donde cabría esperarlos, sino, por así decirlo, en los límites de nosotros mismos. La extranjería (*foreigness*) no comienza en los márgenes de los ríos, sino en los de la piel" (Geertz, 1996: 77).

Por otra parte, cabe preguntarse quién debería tomar esta decisión. Si las maestras de ese jardín dan muestras de tanta variedad de posiciones, es muy probable que ocurra algo semejante en toda la comunidad con la cual trabajan. ¿No sería conveniente consultar también a las familias de los demás miembros del grupo? Seguramente sí, con la salvedad de que ninguna decisión debería tomarse por voto mayoritario. En los casos de respeto a las minorías, el número no tiene legitimidad para imponer su criterio y esto es también un dato relevante de las democracias[32]. Habilitar el intercambio entre las familias para construir un criterio común que respete las necesidades de cada uno, no sólo es una vía para dar respuesta a una situación específica, sino una oportunidad política y pedagógica para interpelar a la comunidad, para intervenir en el sustrato de representaciones (como hemos mencionado en el capítulo 5) y para avanzar un pequeño paso hacia una sociedad más justa y solidaria.

Actualmente la diversidad se ha transformado en un slogan amigable y extendido en el discurso cotidiano del sistema educativo. Sin embargo, este caso pone de manifiesto la coexistencia de diferentes modos de entender el respeto a la diversidad.

---

32. "Aunque los teóricos políticos siguen discrepando acerca de los mejores medios para hacer efectivo el gobierno de la mayoría en los sistemas democráticos, parece evidente que las mayorías no pueden acotar legítimamente los derechos fundamentales de los ciudadanos. Tampoco las minorías deberían tener derecho a impedir que se hagan cumplir las leyes y políticas diseñadas para proteger estos derechos fundamentales. En suma, dado que la democracia no es sólo un sistema político de 'gobierno del pueblo' sino, necesariamente, también un sistema de derechos, un gobierno que infringe estos derechos es, en esa medida, no-democrático" (Dahl, 2004: 30).

Por mi parte, creo que las diferencias sólo son reconocidas y aceptadas en las estrategias que también preservan condiciones de igualdad y de inclusión: una escuela pluralista es aquella en la que a nadie se le pide que renuncie a ser quien es para poder participar del proceso educativo. Por el contrario, algunas visiones de la diversidad pueden resultar expulsoras y estigmatizantes. Del mismo modo, es esperable que las diferencias no sean rasgos estables, sino que se muevan en el encuentro con los demás y en la construcción de algunos parámetros comunes para entender el mundo. Sobre esa posibilidad, *Judith* narra una anécdota interesante: "Nosotros somos de abrir mucho el juego a los chicos, que cada uno diga lo que piensa y traiga, digamos, su teoría, su hipótesis, su versión, desde lo que ha construido dentro del marco de la familia y todas nos parece que son respetables y escuchables. A lo sumo se arman debates muy interesantes en el interior de los grupos y se llega a teorías, por ahí, más complejas y más interesantes aún, pero conflictos no hay. Yo me acuerdo que una vez apareció un diálogo muy interesante sobre adónde se van cuando se mueren los muertos. Unos decían que se iban al cielo y otros decían 'de ninguna manera. Se cae. ¿Dónde va a ir al cielo? Yo fui con un avión y no lo vi'. Empiezan a debatir entre ellos: 'no, a mí me dijeron que los entierran en un cementerio' y, bueno, van intercambiando opiniones entre ellos. Y no se ponían de acuerdo 'no, porque a mí me dijeron esto', 'a mí me dijeron lo otro'. Bueno, la maestra abre el diálogo y abre la discusión. Hasta que uno, en un momento, dice: 'yo ya sé lo que pasa, es así: cuando se muere la persona, la ponen en un cajoncito y la meten en la tierra, le ponen tierrita, le pones florcitas y después de que pasa mucho, mucho, mucho, mucho, tiempo se hace un polvito, viene un vientito sopla y se va al cielo. Y armó una hermosa síntesis, que integró todas las teorías y todos se fueron chochos y contentos".

Hay muchos más aspectos que no hemos analizado en este caso[33], pero intentamos abrir algunas pistas que habilitan caminos

---

33. El problema de los símbolos patrios, por ejemplo, en este caso resulta menos conflictivo que el cumpleaños, pero suele suscitar debates en los talleres con colegas.

de exploración de respuestas. La primera (y quizá principal) herramienta para encarar los problemas que la diversidad puede suscitar en la convivencia entre iguales y diferentes, es la posibilidad de conocernos unos a otros, a través del diálogo respetuoso y, al mismo tiempo, exigente, en el que nos comprometemos todas las partes involucradas. Por otra parte, si hay un espacio donde el conocimiento es no sólo una posibilidad sino un imperativo, ese es la escuela, o al menos lo es una escuela interesada en cumplir sus mejores promesas. Finalmente, si hay un momento del proceso formativo en el que la relación con los otros es suficientemente elástica, esa es la primera infancia, el tiempo en que las enojosas armaduras que nos distancian todavía no se han pegado a la piel de niñas y niños. Estos tres rasgos ofrecen el fundamento más sólido para el accionar de los equipos docentes de Nivel Inicial, que deben sopesar las alternativas de abordaje de la diversidad cultural y las diferentes elecciones de vida con las que se enfrentan en la sala. "Si deseamos ser capaces de juzgar competentemente, como por supuesto debemos, necesitamos llegar a ser también capaces de ver competentemente" (Geertz, 1996: 92). La práctica docente, en este caso, no se caracteriza principalmente como una oportunidad para enseñar, sino como una puerta siempre abierta al aprendizaje, que implica renunciar a los lentes deformantes que la sociedad (y la escuela a la que fuimos de niños) han puesto ante nuestros ojos.

Capítulo 8

El riesgo de las buenas intenciones

Lo que un docente resuelve en su casa, ejerciendo su rol de madre, de padre o de familiar de uno o varios niños, ¿puede servir como criterio para tomar decisiones en el jardín? El modelo de continuidad y contigüidad (que describimos en el capítulo 2) pretendía que en ambos ámbitos se llevaran adelante las mismas acciones educativas, que las madres y las maestras se inspiraran unas en otras y llevaran adelante una misma tarea en dos fases escasamente diferenciadas. A medida que el Nivel Inicial se constituyó como un tramo del sistema educativo, fue incorporando funciones más específicas de enseñanza, expresadas a través de una prescripción curricular. Esas funciones implican tareas claramente diferenciadas de lo que ocurre en la crianza doméstica. Sin embargo, persisten muchos rubros en los que ambos espacios operan simultáneamente en la cotidianeidad de niñas y niños, aunque no siempre con los mismos criterios: la alimentación, el lenguaje, la vestimenta, etcétera. ¿Hasta dónde la escuela puede intervenir en las decisiones de crianza de los grupos familiares? ¿Hasta dónde los grupos familiares pueden realizar sus propias elecciones si con ellas afectan la vida cotidiana del jardín? La escena que vamos a analizar expresa esa tensión en torno a los alimentos que consumen chicos y chicas en el jardín.

Comer sano

Comienza el año lectivo. Se organiza una reunión informativa donde la docente realiza una charla con los padres de sus alumnos, a fin de poner en su conocimiento la forma de trabajo, normas que ya son de la institución, y otros temas de interés que surgen en la misma. En un momento dado, la "seño" expresa: "para la hora del desayuno les pedimos a las familias que no les envíen a sus hijos golosinas", dando como explicación que es bueno compartir, se evitan molestias en los niños humildes que muchas veces no tienen acceso a ello, que no es bueno para la salud de sus hijos, pero sí pueden traer otros tipos de alimentos, siempre que los compartan con todos sus compañeros, como por ejemplo frutas, yogur, cereal, etc.

La docente continúa comunicándoles que el jardín ya provee leche, cereal y pan para todos los niños. Una mamá interrumpe y expresa que ella tiene dinero y que le va a enviar a su hija lo que desee para el desayuno. Se vuelve a aclarar la situación, pero esta mamá continúa con su postura reiteradas veces, aunque no tiene respuesta favorable.

Al término de la reunión y fuera del establecimiento, se acerca la mamá para conversar con la directora del jardín. Con enojo, insiste en que ella quiere que su hija disfrute de un buen desayuno (golosinas). La respuesta es la misma, ya que es una norma del establecimiento.

Así continuó hasta mitad de año, pero la postura de la escuela fue siempre la negación; si bien se trató de darle sugerencias a la familia como por ejemplo: dándole explicación del daño que producen los malos hábitos alimentarios, que lo consuma en otro momento y en menor cantidad, etc., ya que consideramos que el jardín debe dar un buen ejemplo de "comer sano", pues anteriormente se vivenciaron escenas no muy agradables cuando cada niño podía traer lo que quería. La institución continúa manteniendo esta norma.

En talleres con colegas, la lectura de esta escena suele concitar adhesiones empáticas a la directora que escribió el relato. Su intención parece ser mostrar la obcecación y negligencia de una madre, que se aferra a los malos hábitos que le transmite a su hija en lugar de atender la razonable normativa del jardín. En general, nadie duda de las buenas intenciones que expresa esa directora, pero ¿alcanza con las buenas intenciones? En una primera aproximación, pareciera haber consenso en que el conflicto relatado se origina en el obstinado capricho de la madre y en su negativa a acompañar las buenas acciones del jardín.

Por mi parte, comparto la preocupación de esa directora por la alimentación de los niños, pero allí terminan mis acuerdos con ella. Creo que hay muchos otros matices de su actitud que generan este enfrentamiento y lo llevan al extremo durante un tiempo prolongado. Me referiré, por un lado, a las ambigüedades de la noción de "comida sana" y, por otro, a las diferentes modalidades de posicionamiento pedagógico sobre tópicos culturales como la alimentación y la salud.

La alimentación de niños y niñas ha sido un tema recurrente de intercambio entre familias y jardines, aunque ha cobrado nuevos matices en los años recientes. Daniel Calmels describe con justeza la relevancia de este aspecto de la vida humana: "Cada niño pequeño que se encuentra ante un plato de comida rehace la experiencia del hombre de los comienzos de la civilización: toma la comida y la lleva a la boca sin objetos intermediarios. Elimina mediaciones y achica el tiempo entre la necesidad y la satisfacción. Más que masticar, traga; más que morder, desgarra; más que beber, succiona. No es tanto el alimento el que va a la boca, sino que es la boca la que se acerca al alimento. La 'civilización' ordenó los cuerpos alrededor de la mesa familiar e hizo del acto de la alimentación un ritual con reglas más o menos comunes a millones de comensales. Cubrió la tabla en la cual se ponían los alimentos con un género limpio que llamó mantel, separó la comida en pequeñas fuentes individuales desterrando el plato común (que causaba incomodidades y disputas por el alimento más codiciado) y distribuyó cubiertos para que la mano no se ensuciara, al tiempo que inventó envases para tener los líquidos sobre la mesa. Los niños no tenían un lugar en la mesa de los adultos; su acceso fue un logro de los últimos siglos" (Calmels, 2013: 75). Los modos de alimentarse son configuraciones culturales, en las cuales se multiplican las variantes en la resolución de las necesidades de nutrición, la expresión de tradiciones y la satisfacción de apetitos particulares.

Asimismo, la idea de que la escuela trabaje en beneficio de la salud adquirió fuerza en las primeras décadas del siglo veinte, bajo el impulso del higienismo (Salessi, 2000). Ante la renuncia del laicismo a fundar sus bases de predicamento moral en la religión tradicional, los criterios de normalidad que proveía la medicina dieron sustento a los discursos escolares sobre cómo ser varón, cómo ser mujer y cómo formar una familia. Aunque se podrían mencionar variedad de matices, la línea que delimita lo saludable, para distinguirlo de lo no saludable, parece haber sido más nítida por aquellos años, al menos desde las posiciones hegemónicas en que se basaba la óptica del Estado. No ocurre lo mismo en nuestros días. En las décadas recientes, han proliferado diferentes posiciones sobre la salud y las dinámicas de prevención y curación. Entre esas posiciones, la cuestión de la "alimentación saludable" es motivo de controversia. ¿Qué comida es saludable? No toda la sociedad adhiere a las mismas valoraciones sobre la carne, la leche o las harinas, por ejemplo. Múltiples versiones de la medicina alternativa, el movimiento naturista y grupos que, desde innumerables argumentos, cuestionan las nociones tradicionales de salud y de alimentación, plantearían respuestas contrastantes a preguntas básicas sobre lo que es conveniente comer y lo que no. Esta multiplicidad de concepciones sobre la salud se vincula con sendos caminos de búsqueda de felicidad o bienestar y establece también relaciones con el deseo y el placer. En este contexto, ¿puede la escuela establecer una norma taxativa sobre lo que es saludable? ¿En qué se fundamenta una regulación tan estricta?

Por otra parte, es conveniente deslindar algunas modalidades de intervención pedagógica que, si se confunden, llevan a perder legitimidad institucional. En todas las instituciones y, particularmente, en las escuelas, hay normativa regulatoria que establece obligaciones y prohibiciones. Por ejemplo, es obligatorio concurrir cotidianamente al jardín y se controla el cumplimiento diario de esa norma; está prohibido fumar en las dependencias públicas y puede recibir una sanción quien transgrede esa disposición. A través de normativa escrita y comunicada a los grupos familiares, el jardín enuncia aquellas acciones obligatorias que permiten sostener su tarea cotidiana, al mismo tiempo que aclara cuáles acciones están prohibidas, por múltiples motivos.

Entre ambos polos, también hay una franja de aspectos que son objeto de preocupación e intervención institucional pero que no llegan a traducirse en límites, sino que se expresan como promociones y permisos. Muchas veces no se expresan por escrito, sino a través de gestos y silencios, o a través de mensajes ocasionales. Permitido es todo aquello que no está expresamente prohibido, lo que afecta a una amplia gama de conductas sobre las cuales la normativa escolar no se expide. Es un conjunto ilimitado de acciones, sobre muchas de las cuales no hay definición manifiesta, sino que se sobreentienden al ver que nadie las ha prohibido[34]. A veces, se enuncia el permiso cuando el equipo directivo del jardín sabe que hay dudas al respecto o que diferentes instituciones resuelven algún problema usual de diferentes maneras[35]. Por eso, las familias preguntan si "se puede..." y el jardín aclara si "se puede...".

La cuarta modalidad de intervención pedagógica es la promoción, que alude a aquello que la institución recomienda, lo que manifiesta como consejo, aunque no se traduce en obligación. Por ejemplo, hay jardines que les dan valor a los museos, los visitan frecuentemente e invitan a las familias a que concurran a ellos durante las vacaciones y los fines de semana, pero no lo plantean como una obligación ni controlan su cumplimiento, sino como una conducta valiosa, que repercute de modo favorable en el proceso formativo de niñas y niños.

---

34. Por ejemplo, los padres y adultos responsables esperan en la vereda el horario de salida de los niños, salvo que haya una expresa prohibición. Los niños llevan bufandas en invierno, salvo que haya alguna regla al respecto. Todo lo que no está expresamente regulado, está permitido.
35. Por ejemplo, hemos visto diferencias respecto a los festejos de cumpleaños o el uso de juguetes.

Generalmente, las promociones se expresan verbalmente (en carteleras, en notas, en discursos orales, etc.) o a través de gestos cotidianos en los que el jardín adopta alguna costumbre entre otras posibles y suscita imitación en las familias.

Una lectura minuciosa de las prácticas institucionales permite distinguir lo que se prohíbe, lo que se permite, lo que se promueve y lo que es obligatorio. Se trata de cuatro categorías claramente diferenciables, aunque no necesariamente estables en el tiempo, pues los cambios en la normativa escolar implican pasajes de ciertas conductas de una a otra categoría[36]. Una de las cuestiones de debate frecuente, en todas las instituciones, es la ubicación de conductas en una u otra categoría y la decisión de pasaje de categoría algo que antes estaba ubicado en otra. Podríamos afirmar que, en esa definición se juega buena parte de la identidad institucional y se anticipan escenas futuras de la relación entre el jardín y los grupos familiares.

¿Sobre qué cuestiones debería la escuela pronunciarse en términos de obligaciones y prohibiciones? Básicamente sobre aquellas que afectan la convivencia en la diversidad y la tarea pedagógica. Esos son los polos organizadores de la vida institucional, a fin de que a nadie se le exija que renuncie a ser quien es para poder habitar el espacio público escolar y que a todos se ofrezca una experiencia formativa que le permita conquistar lo mejor del mundo en sí mismo[37]. Como hemos visto en el capítulo 6, las reglas del juego son un territorio de intervención pedagógica y disputa cultural, porque establecen límites dentro de los cuales se puede "jugar el juego" de aprender y enseñar en el jardín.

---

36. Por ejemplo, no estaba prohibido fumar en las escuelas unos años atrás y mi profesor de música de la escuela secundaria prendía un cigarrillo en cada hora de clase. Años antes, cuando un alumno iba a la dirección con dolor de panza, recibía una pequeña dosis de fernet de la botella que guardaba especialmente la señora directora. Cualquiera de estas conductas hoy están prohibidas y resultan escandalosas ante la sociedad.

37. Expuse anteriormente esta idea acerca de la tarea y la convivencia como polos organizadores de la justicia escolar en el artículo "Justicia en la escuela: reconocimiento y proyecto" (Siede, 2007).

Ahora bien, ¿sobre qué cuestiones la escuela debería transitar el sendero de las promociones y los permisos? Básicamente, sobre aquellas que no forman parte de su función social específica y, por el contrario, son competencia directa de las familias, atributo de la autonomía de cada sujeto y expresión de elecciones y creencias que atraviesan la vida de una sociedad pluralista. Como hemos visto en el capítulo 7, hay una gran variedad de elecciones, tradiciones y prácticas culturales sobre las cuales suele haber divergencia y las familias tienen derecho a que se reconozca su modo de vida, en tanto no afecte la dignidad ni los derechos de terceros. En medio de esa pluralidad, el jardín tiene legitimidad para orientar a quien lo pida y recomendar lo que aprecia, pero no puede imponerlo como marca civilizatoria o exigirlo como requisito, pues al hacerlo transgrede el límite de sus potestades. *Inés* menciona, por ejemplo, el trabajo minucioso que realizaban con algunas familias en torno a la higiene de sus hijos: "Se remontaba bastante, eso se remontó bastante. Había familias con las que se había trabajado muy bien en algún momento y ya después, cuando se reincorporaban por otro hijo, ya habían cambiado. Se trabajaba desde adentro, del niño hacia afuera, y después se charlaba. Se le sugería: 'mamá, al nene báñalo más seguido porque está bueno, porque él se va a sentir más cómodo también, se va a sentir bien, porque la ropa, viste, si está limpia... ¿Te falta ropa? Bueno, vemos cómo podemos hacer'. Nunca vi resistencia por escucharnos, no. Al contrario, creo que cuando vos te acercás cálidamente para sugerirle alguna cosa que la mejore, así son de cálidas también para demostrar que lo pueden hacer. Es una cuestión también de pensar desde otro lugar las cosas".

Ya a mediados del siglo XX se advertía la necesidad de ofrecer orientaciones sin establecer regulaciones para el hogar: "Los padres deben comprender ellos mismos cuáles son los hábitos saludables. La maestra puede serles útil precisamente haciéndoselo comprender. Responsabilidad de los padres es practicarlos en casa" (Wills y Stegeman, 1965: 314). Según estos autores de la década del '60, los docentes del jardín tienen que orientar a los padres acerca de los hábitos saludables, aun cuando no expresan que deban hacerlos obligatorios. Entre las preguntas de la entrevista inicial, ya a finales de esa década se sugería incluir un tópico sobre la alimentación: "Alimentos preferidos:... Alimentos rechazados:... Alimentos prohibidos por indicación médica:... Actitud de la madre o familiar en la comida:... ¿Come a la misma hora que toda la familia o come aparte?:... Problemas con la alimentación (masticación, digestión, etc.):..." (Fritzsche y San Martín, 1968: 238). No queda claro qué harían los docentes con dicha información, pero algunos de esos datos servirían para conocer más al niño en su singularidad y en su entorno doméstico. *Nidia* comenta los cambios en los hábitos alimenticios de la comunidad con que trabaja, debidos a las transformaciones del medio rural y las migraciones a la zona urbana: "Quizás antes se podía decir que había una alimentación mucho más sana ¿no? Te estoy hablando de que todos sembraban o tenían su huertita. Ahora no. Con esto de la venta de los campos, porque ha venido gente de afuera, incluso extranjera, que uno conoce quiénes son, y han comprado todos los campos que tenían. Toda la gente del campo ha vendido sus animalitos, sus terrenos y se ha venido aquí a la ciudad. Te hablo de la ciudad como si fuese que es una gran ciudad (risas). Pero, bueno, comparada con el monte santiagueño, esto es ciudad ¿no? Y bueno, no tienen absolutamente nada. Ni crianza de gallinas... Antes la alimentación quizás era más sana, porque tenías la huerta orgánica, tenías las gallinas que ponían los huevos y les dabas los huevos... Ahora todos compran, si pueden comprar, y si no, comen lo que hay en el comedor del jardín, que tampoco puedes dar mucho, porque es muy poco lo que te dan. Tratamos de buscar vasos con leche, manzanas, bananas, o sea, las frutas de la estación, una pizzetas, porque no alcanza tampoco para... En el invierno, sí, la polenta". *Inés* describe algunos problemas semejantes y quizá más preocupantes en su comunidad del conurbano bonaerense, donde hay niños "no subalimentados, pero mal alimentados. Mal por mucha comida chatarra. El porcentaje de chicos que toman leche es muy bajo y los planes dan leche. Entonces nos sobraba siempre leche y se llevaban leche, porque toman una cantidad y después no toman. O chocolatada fría o, si es mate cocido solo, pero eso pasa con todos los pibes. Entonces no tienen el hábito de tomar leche, pero porque tampoco hay familiarmente como un amor hacia la leche". El contraste de clase es nítido en el relato de *Judith*, quien afirma: "notamos que hay familias muy preocupadas por una alimentación cada vez más sana, más natural y familias que les dan todos los gustos y que pueden venir con millones de golosinas...". En los tres testimonios, los problemas de la alimentación no están tan relacionados con condiciones socioeconómicas, sino con desórdenes y desorientaciones en torno a la nutrición. *Inés* comenta que, en su jardín, los casos de desnutrición disminuyeron en la primera década del siglo XXI: "Digamos que había cambiado, el porcentaje de familias más vulnerables de la mañana pasó a la tarde y había un par de casos que sabíamos que si tenía mucho sueño era porque, le preguntábamos '¿tenés hambre?' '¿Comiste?' '¿Qué comiste?' 'No... tomé mate cocido'. 'Bueno, vení', y se lo llevaba a la cocina y se le daba algo de lo que había porque, como no hay comedor, por ahí se reforzaba la merienda antes. A los que no llegaban a la hora de la merienda, se les daba antes, pero igual estos casos, insisto, no eran casos extremos".

En la situación que estamos analizando, la directora quiere promover la alimentación saludable en su comunidad y, seguramente, esta buena intención genera adhesión en su equipo y entre sus colegas. Ahora bien, ¿es pertinente traducir esa promoción en una prohibición de ciertos alimentos? La prohibición, ¿favorece la promoción de una conducta o su rechazo? Hay muchos modos alternativos de interpretar la tozudez de esa madre al llevar golosinas y la empatía con quien narra lleva a que muchos colegas, en los talleres de formación, la consideren odiosa. Sin embargo, también puede interpretarse su conducta como una forma de resistencia ante una decisión autoritaria, en tanto el jardín mimetiza lo bueno y lo obligatorio. En muchas escuelas de la Argentina, comienzan a multiplicarse los "quioscos saludables", que ofrecen refrigerios nutritivos como opción alternativa a la llamada "comida chatarra". Ahora bien, ¿es lo mismo promover una alimentación saludable a través de estrategias como esa que prohibir el consumo de alimentos considerados poco saludables? La promoción puede hacerse mediante recomendaciones, ejemplos, provisión de alternativas, etc.

A veces alcanza con no naturalizar ni alentar las prácticas menos edificantes[38]. Por otra parte, una regulación tan severa sobre la comida saludable debería deslindar nítidamente lo prohibido y lo permitido. El jardín de la escena analizada plantea: "comida sana sí, golosinas no". Ahora bien, ¿en qué rubro se ubica un chupetín de gelatina? ¿Y una barrita de cereales? ¿Y un yogur descremado? ¿Y un alfajor de algarroba y dulce frutal? Varios de los alimentos que se compran en los kioscos no están necesariamente alejados de lo que muchos considerarían "comida sana" y, más que una distinción dicotómica, la regla alude a una gradación que (como hemos visto en el capítulo 5, al hablar de caracterización y disfraces) resulta confusa en las decisiones cotidianas de los grupos familiares. Por el contrario, si el jardín opta por promover la alimentación saludable, el análisis de cada uno de los casos mencionados puede ser objeto de interesantes diálogos en la sala, con chicos, con grupos familiares y con invitación a especialistas y referentes de distintas concepciones de "comida sana". *Judith* menciona sus estrategias institucionales de promoción de alimentación saludable: "Nosotros tenemos un librito, que les damos a principio de año, con los principios o las normativas generales de la escuela y donde promovemos que el desayuno sea un desayuno saludable y tratamos nosotros, desde la escuela, de hacerlo así también. Les damos agua o té verde, si puede ser, frío o caliente, alguna mermelada sin azúcar, sin conservantes, galletitas integrales y les ofrecemos que, si quieren compartir algo, que traigan algo saludable también. Que no

---

38. En un jardín privado de la Ciudad de Buenos Aires, a comienzos de año, las familias de los chicos de la sala de dos años reciben una nota en que los invitan a festejar los cumpleaños en la sala cuando sea la fecha indicada. La nota aclara que los papás pueden llevar comida para el festejo y, entre paréntesis, ejemplifican: "papas fritas, chizitos, gaseosas". ¿Es lo mismo permitir el ingreso de estos alimentos que promoverlo a través de ese paréntesis aclaratorio? Precisamente en la sala de dos, en la que muchos chicos no han adoptado todavía muchos de los vicios que difunde la publicidad comercial y muchas familias están ávidas de orientaciones, sería conveniente, al menos, evitar orientaciones como esta.

traigan golosinas, que traigan galletitas o frutas. Y en general hay una tendencia, en estas familias, a propiciar una alimentación cada vez más saludable. Hay una tendencia hacia eso, con lo cual no se generan mayores conflictos en este tema. Pero sí que es un tema nuevo que apareció en los últimos tiempos". *Leonor* comenta que, un tiempo atrás, la normativa religiosa de comer alimentos kosher llevaba a que se comiera alimentos saludables, pero ahora existen productos kosher de la llamada "comida chatarra": papas fritas, chizitos, gaseosas, etc. Desde las actividades del jardín, promueven una alimentación más saludable: "Este año hacemos un proyecto de Ciencias Naturales y, como la naturaleza atraviesa todo el cuerpo, vamos a hacer todo un proyecto de comida sana, desayunos naturales. Tenemos esa idea. Frutas, cereales, sacar un poquito los hidratos de carbono. Hacer los cumpleaños más saludables". *Cecilia* explica que la diversidad de hábitos de alimentación no era un tema problemático en su jardín: "No había conflictos sino que era una de las cosas que más se estimulaba, esto de 'vení a contarnos cómo es, cuál es la comida que ustedes comen, qué es lo que cocinan'. De hecho, durante muchísimos años la cocinera del jardín era una militante de la organización que era paraguaya y todos comíamos sopa paraguaya, sopa paraguaya rellena y chipa y lo que se te ocurra. Si había algo que circulaba como en una casa en ese jardín era la comida. Se cocinaba ahí y se trataba de respetar no sólo te hablo de 'tiene una dieta porque no puede', sino 'a tal no le gusta tal cosa'. La cocinera sabía y decía: 'no, porque a él no le gusta, entonces a él le hice otra cosa'. Eso funcionaba como en la casa, ¿no?" *Nidia*, en cambio, relata escenas de bastante tensión cotidiana, pero valora los pequeños logros alcanzados: "Nosotros tenemos prohibido, por una circular que ha salido, tener kiosco en el jardín, salvo que venda fruta o yogur, algo nutritivo. Y los papás no hay manera de que entiendan. Con la sala de 4 años suele suceder más que llevan, te llevan el chupetín, el chicle. Eso que les pides que no lleven chicles porque les van a doler los dientes. No, igual les compran y es, bueno... 'Guardá la golosina, comé a la hora de la merienda, comé lo que te servimos, fíjate, es una manzana, una fruta...'. De veinticinco, a lo mejor veinte te pueden hacer caso, pero los demás... En una sala este año no hemos tenido para nada problemas, pero veíamos de que tampoco tenían una buena solvencia económica, digamos, los padres para comprarles, así, golosinas ¿no? Pero había otras salas que vos veías desde gaseosa, a pesar de que vos le das una merienda, llevaban aparte la golosina. Hemos logrado pequeños cambios, pequeños, no puedo decirte 'no hemos logrado nada' porque algo hemos logrado".

Desde el punto de vista normativo, hay otro aspecto relevante para analizar. El relato de la directora ofrece una doble argumentación para justificar la prohibición: la salud y la igualdad. Remite a esta última la alusión a que, al impedir el ingreso de golosinas, "se evitan molestias en los niños humildes que muchas veces no tienen acceso a ello". Sin embargo, no queda claro qué pasaría si una familia decide enviar golosinas para todo el grupo. En la justificación de las decisiones regulativas, aumentar los argumentos de fundamentación puede no operar como una fortaleza sino como una debilidad, pues aumenta la superficie discursiva sobre la cual pueden realizarse objeciones. Si el jardín percibe dos problemas, uno vinculado con la salud y otro vinculado con la igualdad, no debería tratar de resolver ambos con una misma norma o no debería unificar dos normas bajo un mismo paraguas justificativo. En este caso, hay dos prescripciones simultáneas: la prohibición de las golosinas y la obligatoriedad de que todo lo que se lleve a la sala sea para compartir. Cada uno de estos enunciados tiene razones propias y deberían sostenerse por separado; al entremezclarse, no aumentan su potencia, sino que se debilitan mutuamente.

En torno a la alimentación, hemos podido apreciar que los límites no sólo se relacionan con las acciones que afectan o podrían afectar a otras personas, sino también con las ganas y los impulsos de cada chico, que podrían afectar su propio proceso formativo. Esto ocurre con muchas de las tentaciones habituales del entorno de cada familia y se activan, particularmente, cuando chicos y chicas visitan las casas de sus compañeritos. *Judith* comenta, por ejemplo, la variedad de regulaciones domésticas ante el uso de las nuevas tecnologías: "son de invitarse bastante, de hacer bastantes 'programas'. Hay algunas diferencias en cuanto a que hay familias que les permiten hacer un uso más libre de todo lo que son los dispositivos tecnológicos, desde el televisor hasta el ipad del papá, la playstation o lo último que haya salido. Algunos que son muy permisivos en el uso de estos aparatos y otros que lo tienen muy controladito ese tema, que prefieren que esto sea muy acotado. Entonces, hay veces que los chicos van a jugar a las casas de algunos amigos porque van a jugar a la playstation todo el tiempo y están fascinados con eso, pero en su casa saben que no lo van a hacer, que no lo pueden hacer y conviven con eso, porque los padres les explican: 'bueno, a fulanito le parece bárbaro eso, pero a nosotros nos parece que está bueno también hacer otras cosas'. Hay diversas maneras de pensar lo que para cada familia es bueno para su hijo". Como hemos visto en el capítulo 7, el contraste de discursos sobre "lo bueno" es un rasgo valioso de una escuela pluralista y se traslada a los intercambios que ocurren después del horario escolar. "Hay muy pocos casos en los que hay familias que prefieren no invitar a jugar a determinados niños o que no vayan a la casa de determinado niño. Son muy excepcionales situaciones, pero también existen, porque, por ahí, no comparten los criterios de crianza o saben que, si los padres no están presentes, se pueden generar situaciones de violencia, digamos, y que se pueden pegar o que pueden llegar a tener que poner un límite y no hay un adulto confiable en ese momento que pueda mediar. Pero son muy excepcionales". En torno a las nuevas tecnologías, las comidas, la vestimenta e infinidad de otros rubros, la crianza doméstica admite variados estilos y la elección de uno u otro es potestad de los adultos responsables de cada grupo familiar. Cuando la escuela se entromete en ese territorio, debe hacerlo con el sigilo de quien visita un espacio ajeno, sobre el cual tiene muchas propuestas de mejora, pero que sólo pondrá en juego si el dueño de casa está dispuesto a escucharlas.

En definitiva, la enseñanza más radical que podemos extraer de la escena analizada es que podemos actuar erróneamente con las mejores intenciones. El rol diferencial de un mismo sujeto como padre/madre y como docente puede tentarnos a trasladar decisiones de un ámbito a otro. En talleres con docentes, más de una vez, cuando estamos debatiendo esta u otra escenas semejantes, alguna colega afirma: "pero yo, como madre…" Es decir, proyecta sus decisiones parentales a su práctica docente y evalúa los criterios de crianza de los grupos familiares de sus alumnos según el cristal de su propia relación con los hijos. En este punto, aflora el modelo de continuidad y contigüidad, en tanto la docente se erige en modelo a ser imitado por las madres de su sala. No está de más recordar que nada nos da derecho a obrar de ese modo y, en nuestra práctica docente, esa traslación aplasta todo reconocimiento de la diversidad y deslegitima las elecciones y creencias de las familias. Con las mejores intenciones, somos responsables de acotar nuestras intervenciones al ámbito específico de nuestro accionar pedagógico, una restricción que, al mismo tiempo, preserva nuestra vida privada.

Capítulo 9

Senderos abiertos entre familias y jardines

¿Qué desafíos se abren hoy en la relación entre familias y jardines? De alguna manera, sintetizamos en esta pregunta algunas de las cuestiones que fuimos abriendo a lo largo de los capítulos anteriores. Vimos que las familias se transforman y se adecuan al contexto a un ritmo quizá más rápido que la escuela, no porque se hayan disuelto o hayan dejado de funcionar, sino porque han buscado modos de configuración más expresivos de las sensibilidades actuales, más creativos ante nuevos escenarios y más eficaces ante los embates de las circunstancias. Muchas de las familias que mandan a sus hijos a la escuela atraviesan situaciones críticas, debidas a procesos socioeconómicos, a cambios culturales, a eventos desafortunados o a las propias vicisitudes vinculares del grupo. Necesitan que los equipos docentes salgan del lugar del juez acusador y acompañen con mayor comprensión a sus alumnos y alumnas. *Nidia* evalúa que "no cumples únicamente la función de lo pedagógico, sino también cumples lo otro de escuchar... Sin llegar a poder solucionar todo, porque a veces vienes con un nudo en el estómago a casa, que llega el momento en que vos dices 'ay, Dios, tantas situaciones, tantas cosas...', que no puedes colaborar, pero que uno trata, en ese lugar, que es el jardín, de brindar un espacio de alegría de contención y que el niño aprenda disfrutando a través de juego." Inés, con cierta amargura, rememora los conflictos internos de su equipo: "el lugar del director es un lugar de mierda porque vos no sos...

O sea, fui juzgada por mis compañeras maestras porque yo, supuestamente, les di más espacio a las familias que a ellas". Recién cuando renunciemos a pensar el vínculo entre familias y escuelas como un tironeo entre dos polos enfrentados, podremos pensar diferentes alternativas de contrato entre el jardín y los grupos familiares reales.

En el capítulo 3, nos preguntábamos si es posible recrear la confianza, si sólo una enorme ingenuidad permite sostener la confianza, contra la tentación racional hacia la desconfianza entre familias y jardines. Quizá la primera pista para regenerar ese vínculo es entender que, entre la confianza y la desconfianza, hay una franja de no-confianza que es conveniente transitar durante un tiempo prudencial. Me refiero a la actitud de ir construyendo confianza recíproca en la medida en que los datos que conocemos de las familias y los que ellas conocen de los docentes van confirmando la apuesta sobre "la conducta futura del otro" y ofrecen algunas garantías que avalan la confianza. A veces, desde las escuelas, las representaciones de otras épocas o la cerrazón ideológica nos impiden dialogar con los que vemos, con lo que percibimos o con lo que nos pasa. *Inés* recoge un comentario sobre las contradicciones internas del equipo docente, en la mirada hacia los inmigrantes recientes: "No hay una cosa muy empática de decir 'somos iguales pero uno nació en un lugar y otro en el otro'. Está todavía, inconscientemente, aunque a alguno se le desliza: 'son todos negros'. Yo una vez escuché decir eso y yo hago 'uy, no escucho, no escucho, no escucho…', porque, si no, ¿qué?... El lugar del director de escuela pública es muy limitado como para ejercer una autoridad para cambiar ideológicamente a una persona". Su observación es importante, porque no todos parecen trabajar en la misma dirección: frecuentemente, el principal obstáculo para construir una institución inclusiva y pluralista radica en las limitaciones ideológicas del propio equipo. Hay una disputa de representaciones que se da dentro de la escuela, pero suele desdibujarse ante la ilusión de que todos los docentes hacemos y pensamos lo mismo frente a los grupos familiares. Así lo percibía *Nancy* cuando tomó su cargo y observó actitudes de desprecio en una de las docentes más antiguas: "uno transmite con todo el cuerpo, con la cara, con los gestos, con todo. Yo la noto a ella que con el tono de hablar, con el modo de mirar, ya está contestando mal. A mí no me gustaría que me contesten así. Y es una de las maestras que hace un montón que está ahí, que conoce y tiene muchísimos prejuicios con la gente del barrio".

En la larga estela del higienismo social e impregnados del influjo psicologista de mediados del siglo XX, algunos jardines indagan exhaustivamente el entorno familiar de los niños para encontrar allí posibles causas que avalen sus propios fracasos o su renuncia a cualquier intento de transformación. Si los chicos no aprenden, si no se integran al grupo, si no incorporan reglas de convivencia, ¿qué mejor excusa que decir "la culpa es de las familias"? Si no alcanza esta apelación a las familias, también se puede invocar las condiciones sociales, el sistema o la época, variables que efectivamente operan sobre nuestras prácticas y más de una vez obstaculizan o impiden nuestro trabajo, pero ¿hemos hecho lo posible de nuestra parte o elegimos descansar sobre los condicionantes que provee el contexto? "Un niño de Monte Chingolo o de los que viven en los vagones de la zona de Lanús está absolutamente distante del acceso a un conjunto enorme de bienes simbólicos, por sus condiciones de vida. Pero si tenemos un jardín de infantes y una escuela, si nos hacemos responsables de abrir la puerta y ampliar esos repertorios, sin preguntarnos a priori qué familia tienen, cómo es la mamá, si tuvo muchos embarazos o cambios de parejas, si fuman, si tienen DVD, DirecTV o lo que sea, no está tan lejos. Sin preguntarles eso, nosotros nos responsabilizamos por enseñar" (Redondo, 2007: 10). Sin explorar supuestas culpas ni buscar adónde derivar el origen de todos los males, el desafío es conquistar, ejercer y ampliar la potencia de nuestro propio cuerpo individual y colectivo, la responsabilidad de nuestra propia acción, nuestro proyecto de intervención pedagógica en el mundo para transformarlo.

Existen modos diferentes de vivir la sexualidad, de configurar las estructuras familiares y de establecer vínculos entre padres e hijos, pero eso no quiere decir que la escuela acepte cualquier cosa. La escuela es un agente de denuncia del maltrato, de abandono, del descuido. Es un agente de intervención ante daños a la dignidad de los chicos en la familia. Allí donde hay maltrato, el jardín tiene que asumir su rol de agente público y poner en funcionamiento a las instituciones responsables de asistir y acompañar a los grupos familiares para que salgan de ese territorio. Para los chicos que son poco cuidados dentro de su hogar, las horas de jardín son muy pocas, pero si esos chicos en algún momento pueden salir adelante, quizá sea por lo que la escuela les ofreció. Entonces, es muy importante que la escuela esté ahí para ofrecerles lo que el grupo familiar no les está ofreciendo, sin intención de suplir, pero tratando de mostrar otros modos de relacionarse. *Cecilia* asume que su trabajo no sólo responde a necesidades e intereses formativos de los chicos, sino también a las condiciones socioculturales de los grupos familiares: "Personalmente y el equipo con el que yo trabajé, consideramos que el jardín maternal, en particular, no es una necesidad de los niños. Ningún niño de 0 a 2 necesita ser institucionalizado ni para socializarse, ni para crecer, ni para ser más inteligente, ni para desarrollarse motrizmente, ni para ninguna cosa. Yo estoy convencida que el jardín maternal es una necesidad para la familia, en los contextos sociales y políticos y las múltiples demandas a las que la familia está sometida, y que el jardín debe existir para apoyar a las familias en este sentido"[39]. Desde otro punto de la escala social, *Judith* recibe a padres muy presentes en la cotidianidad del jardín, pero comenta que los docentes no se sienten invadidos: "No lo viven así, porque saben que esta escuela tiene como valor y como principio la comunicación y el encuentro con los padres, pero sí sienten que hay como una gran demanda y, en los tiempos que tenemos para dedicarles a los padres con seriedad, un espacio para poder comunicarnos bien y que no sea 'de pasillo', cada vez es más grande. Cada vez hace falta más tiempo para, por fuera de los horarios habituales, recibirlos y poder escucharlos y poder darles algún tipo de respuesta o ver cómo ayudarlos a encontrar ellos algún tipo de camino de respuesta, para poder acompañarlos mejor. Cada vez hay niños con mayores dificultades de convivencia

---

39. Se puede advertir una continuidad de esta reflexión de Cecilia y su equipo con lo que formulaban Lydia P. de Bosch y otras en su texto de 1969, según comentamos en el capítulo 2.

y a veces también de aprendizaje que son consecuencia de esto que te decía de que no hay muchos adultos que escuchen y que estén realmente disponibles para oír a los chicos en sus necesidades. Entonces acá aparecen como síntoma distintos lenguajes que nos narran que esos chicos están carentes de una buena escucha y de una buena disponibilidad por parte de los adultos. Nos amigamos con esa escena. Aprendimos que si un padre está dentro de la escuela es porque lo necesita".

Las tensiones en torno a la autoridad que, según hemos visto, no necesariamente traban el funcionamiento cotidiano del jardín pero quiebran las expectativas de futuro y las ilusiones que orientan y acompañan el pasaje de niñas y niños por el sistema formativo escolar, sólo pueden resolverse a través de gestos cotidianos de autorización. Cada vez que un docente actúa con solvencia, cuando ofrece una respuesta superadora del sentido común, cuando sorprende por su aplomo y templanza ante situaciones que desbordan a los novatos, capitaliza una autoridad que no le fue conferida por sus títulos o sus guardapolvos, sino que gana cuando los sabe usar. A veces, el jardín puede ofrecer orientaciones para la crianza familiar, teniendo en cuenta también que no somos portadores de todo el saber. Cada vez más la escuela está entrando (y debe entrar) en diálogo con toda la circulación de prácticas y conocimientos pedagógicos, médicos, psicológicos, que hay en los medios de comunicación y en la ciencia. La escuela es una voz más que entra en diálogo con las familias, pero con una modalidad argumentativa, no como imposición o como traspaso. Puede funcionar como espacio de circulación, difusión y recreación de saberes sobre la crianza, que contribuya a mejorar el difícil desafío de ser padres en la actualidad. Así lo afirma *Liliana*: "Estamos con distintos roles, donde compartimos el cuidado y el aprendizaje de los niños. Ellos como padres, nosotros como educadores, y siempre en esta negociación cultural. Poder aprender de ellos, poder darles nosotros y, sobre todo, poniéndonos en el lugar, en el lugar ese de la carencia material, de las necesidades no satisfechas ¿no? Generalmente, los educadores venimos de distintas posibilidades, de distintas experiencias de vida. Entonces el desafío es, bueno, ponerse en el lugar de estas familias que tienen otras experiencias de vida, con otros aprendizajes, que nosotros no los tenemos, y poder combinar eso. Pero creo que queremos ir caminando juntos con el objetivo de cuidar y de educar a este grupo de niños".

Las sospechas y los desengaños han logrado que, año a año, empecemos el vínculo con las familias con cierto malestar, pero de la inteligencia, la creatividad y la prudencia que pongamos en juego dependerá que encontremos nuevos modos de relacionarnos, y quizás el vínculo se torne un poco más agradable, un poco más productivo para los chicos y un poco más llevadero para los adultos que atravesamos la vida cotidiana del jardín. *Judith* valora algunos rasgos sorprendentes de la comunidad con la cual trabaja: "Son familias que, a pesar de tener una posibilidad económica relativamente relajada, son solidarios a la hora de colaborar con cualquier campaña que la escuela proponga de colaborar y ser solidario con alguna institución pública, ya sea escolar o de salud. En eso la escuela también participa bastante y es llamativamente interesante ver cómo los padres vienen y participan, no donando cosas solamente, sino invirtiendo su tiempo en la fabricación de objetos o participando activamente". *Cecilia* relata un episodio que le sirvió a su equipo para reflexionar sobre el tipo de intervenciones que debía realizar en su comunidad: "Habíamos decidido pintar la sala. La sala se iba a pintar un fin de semana. Se había conseguido una donación de pintura de una pinturería. Una familia había conseguido una donación. Entonces eran, un litro de esto, un litro de tal color, un litro de otro, un litro de otro. No lo decidimos conscientemente pero no participamos de esa pintura. Ese fin de semana no pintamos con las familias. Las familias decidieron pintar, eligieron los colores y, cuando nosotros llegamos el lunes, yo dije: 'el jardín es un elefante'. Estaba pintado en color gris elefante… Habían mezclado todos los colores. Y era un color un poco oscuro. Nosotros teníamos reuniones semanales los viernes de análisis de la semana del laburo y de planificación de la semana siguiente. El planteo fue: '¿Estuvo bien? ¿Estuvo mal no haber intervenido con respecto a la orientación? ¿No haber participado?' Esto fue objeto de debate durante mucho tiempo pero, bueno, esto así siguió, hasta que se pudo volver a pintar y que no fue inmediatamente. Pudimos charlar con ellos de por qué nosotros decíamos que no era sólo una categoría estética, que tenía que ver con cómo impactaba esto en la cantidad de horas que estaban los nenes en el espacio... Bueno, fue una experiencia que fue objeto de reflexión largamente... Nosotros como docentes teníamos un vínculo con las familias, en esta construcción, que no se nos hacía difícil llegar a consensos. Si nosotros le decíamos a un papá, hay que cambiar estas tablas del piso, ni hacía falta que le dijéramos 'por qué creemos nosotros', 'por qué es necesario', 'es urgente'. Los papás iban a hacer todo lo posible para cambiar esas tablas del piso. Había una relación de confianza, que se había construido, que para mí era una de las fortalezas más grandes. Y la relación de confianza creo que se pudo dar a partir de este empoderamiento que tienen las familias respecto de una institución que surge a partir de su esfuerzo, de su demanda y donde ellos son dueños de este espacio". En muchas instituciones, la lucha compartida por padres y docentes es una fragua donde se forjan fuertes lazos de compromiso y cooperación. *Elena* relata el largo camino recorrido por su institución para lograr que le construyeran un edificio en un terreno que tenían asignado: "Los padres han hecho movilizaciones, han hecho toda una panfleteada en el centro, una marcha donde se han unido no sólo los padres del 2011, que eran entonces a los que nos desalojaban y no teníamos adónde ir. Llegaban las inscripciones y no teníamos para decirle: 'mire, papá, su hijo el año que viene va a ir a tal lugar'. No teníamos. Los docentes acompañamos, los directivos y, bueno, toda la comunidad, todos los padres de años anteriores. Siempre se invitó a los padres de años anteriores, porque la lucha esta fue de muchos años, de dieciséis años. Cuando se abre el sobre, era la tercera vez que se hacía una licitación. Entonces, los papás decían: 'la tercera es la vencida, esta vez se tiene que hacer el jardín'. Para eso, hicimos toda una movida. Los papás construyeron un cartel que se puede ver afuera, donde dice: 'Aquí se construirá el jardín 51'. Ese cartel lo hicieron los nenes de ese año, junto con los papás. Se hizo un acto donde los padres invitaron a todos los medios de comunicación (radio, televisión, todos los que quisieron venir), hicieron cursar una invitación a todos los políticos de todos los partidos políticos donde se decía: 'Acompáñennos, sin banderas políticas' y, bueno, fue el 25 de noviembre. Fue un día en el que corrían ráfagas, hubo una emergencia e igual hicimos el acto. Con todo el viento, igual hicimos el acto. Llegó una empresa petrolera, que nos ayudó a hacer el cartel de hierro y a plantarlo, porque es un cartel bastante pesado, a cementarlo, con todo el viento".

Elena comenta que, a partir de esa gesta, la relación del jardín con la comunidad es excelente. "Este 25 de noviembre van a ser dos años y los vamos a esperar con el cartel. Le vamos a poner una franja que diga: 'sueño cumplido'. El hecho de estar un poco así con toda esa problemática ayudó a unir mucho más a las familias. Eran todos luchando por un mismo objetivo. De hecho, el acto de inauguración del jardín fue enorme, al punto de decirte que no entrábamos, no se podía caminar en el jardín. Fue algo histórico. Ya sabíamos que no íbamos a entrar, porque era la emoción que tenían papás de muchos años que los nenes ya eran grandes. Incluso vinieron alumnos de hace dieciséis años que hoy son papás y piensan mandar a sus hijos o tienen bebés chiquititos que piensan mandar. Fue una emoción muy grande". Por su parte, *Inés* menciona un gesto de cooperación de algunos papás presos que, en el penal donde estaban recluidos, participaban de un taller de carpintería y eligieron fabricar muebles para donarlos al jardín. "Había en realidad tres padres del jardín que estaban en ese mismo proyecto. Y bueno, hicieron esos mueblecitos con el acompañamiento y el asesoramiento de la fundación Montessori. Lo único que nos pedían era la madera que usaron como insumo". Fue un gesto conmovedor de algunos familiares de lo que se podría suponer que tendrían pocas posibilidades de colaborar con el jardín o de quienes se podría prejuzgar que habría poco interés de aportar a la educación de sus hijos e hijas. Por el contrario, decían "presente" como podían y encontraron eco en una directora que siguió todos los pasos formales y fue hasta el penal a agradecerles ese gesto solidario.

Al hablar de las tensiones en torno a la legitimidad, nos preguntamos de qué es legítimo que se ocupe el jardín, frente a las potestades de los grupos familiares. En un recorrido por los textos clásicos del Nivel Inicial, hemos visto la insuficiencia de sus aportes para abordar las complejas relaciones actuales entre familias y jardines. También hemos realizado cuestionamientos a su legitimidad en las condiciones actuales de la vida social: nos proponemos avanzar en la construcción de una sociedad pluralista, inclusiva y solidaria, sin civilizar bárbaros (como ocurre en el modelo de ruptura y reemplazo que proponían Sarmiento y Manso) ni suponer que integramos una comunidad culturalmente homogénea (como ocurre en el modelo de continuidad y contigüidad que proponían Pestalozzi, Froebel y Montessori). Podemos formar parte de un mismo país, compartir proyectos colectivos y participar en la deliberación sobre reglas justas de convivencia, reconociendo, al mismo tiempo, diversos modos de búsqueda de la felicidad y crianza de los hijos en el ámbito privado. En ese ámbito privado, los afectos y las lealtades mantienen rasgos muy primarios y, a veces, nos sorprenden. *Inés* ofrece un ejemplo sutil: "Yo una de las primeras charlas que tuve con un vecino del barrio, cuando armábamos el proyecto institucional, un vecino antiguo me contaba del barrio y me decía: 'el jardín es muy querido históricamente, porque adentro está el bien más preciado nuestro que son los niños'. Y él me decía: 'fijate que acá nomás –y es verdad– está el monumento a la madre y ese monumento generalmente no se altera, no lo rompen'. Y, claro, yo después empecé a observar y era cierto. El barrio estaba bastante destruido en ese momento, pero ese monumento era el único que... y, claro, era la madre de los niños. Yo, bueno, me di cuenta que, cuando tocan un chico, lo tocan al barrio".

Hemos comentado que existen expectativas desmesuradas sobre la comunicación como panacea general o solución mágica para todos los problemas. Sin desmerecer la necesidad de mejorarla, abogamos por ampliar su consideración a fin de atender los diferentes estratos comunicativos: el trato cotidiano, el contrato institucional y el sustrato de ideas y representaciones sobre las cuales reposan ambos. La organización y la estructura de las familias no sólo han cambiado sino que mantienen abiertos los senderos de su transformación y requieren una mirada atenta y flexible de las instituciones que pretenden interactuar con ellas. *Liliana* comenta el esfuerzo que realiza su equipo en esa dirección: "Todos los maestros de la escuela y del jardín nos juntamos todos los martes, tres horas por semana, fuera del horario escolar (o sea es un tiempo donado), como un espacio de formación. En este espacio de formación también se habla de estas familias más vulneradas, que nos preocupan porque vemos las consecuencias en los niños en la escuela. De cómo viven, del estado abandónico. Entonces los maestros también están muy al tanto de los que pasa con estas familias". *Nidia* comenta que se siente cargosa cuando les insiste a sus maestras para que profundicen en las miradas: "yo les digo: 'chicas, en tiempo de adaptación (no sé si es lo que soy tan hincha o lo que hace años que trabajo), observen, observen, observen, todo es con la observación. Fíjense si el niño se manifiesta enojado, si trata de hablar, si no trata de hablar. Todo observen, porque ese tiempo es muy rico para después ir directamente a ahondar y, bueno, entrar en todos los procesos. 'Ustedes no conocen a veces las realidades', porque no son todas de aquí de Campo Gallo, son de aquí a 80 kilómetros, son de la capital que vienen a enseñar aquí. Y ese tiempo es muy precioso, es donde uno tiene que tratar de recabar toda la información para saber cómo orientar a ese niño ¿no?" Ante la novedad, el conocimiento, la apertura a pensar, el diálogo en equipo y con las familias son herramientas fundamentales.

    Finalmente, hemos advertido que un modelo de cooperación entre familias y jardines sólo será viable si encaramos procesos de aprendizaje institucional, a contrapelo de las tendencias predominantes de avasallamiento del otro, desdén o competencia destemplada. Cooperar implica actitudes y habilidades para las cuales no hemos sido formados los docentes y que no prevalecen en la cultura societal argentina actual. Las tradiciones del sistema educativo se han asentado en la imagen de una nación estable y homogénea, conducida por un Estado poderoso y eficaz, que contrasta con la experiencia de vida de los adultos que hoy transitan por las escuelas. Ante los nuevos tiempos, Zygmunt Bauman plantea la necesidad de establecer nuevas estrategias de relación comunitaria en las que las diferencias no sean vistas como un obstáculo sino como una oportunidad de cooperar en un proyecto colectivo: "Podríamos decir que, en oposición al credo patriótico o al nacionalista, la clase de unidad más prometedora es la que *se logra*, día a día, por medio de la confrontación, el debate, la negociación y la concesión entre valores, preferencias y modos de vida y de autoidentificación de muchos, diferentes y siempre autodeterminados miembros de la *polis*" (Bauman, 2002: 189). En tal sentido, quienes integramos la sociedad argentina actual, estamos atravesados por hitos de la historia reciente que han afectado nuestra capacidad de cooperación, que requiere siempre una predisposición subjetiva, de carácter voluntaria y basada en la confianza. Algunos sectores, en diferentes niveles de la escala social, han adoptado los rasgos competitivos que constituyen el corazón del capitalismo y establecen relaciones de costo-beneficio, de enfrentamiento por la distribución de bienes escasos, de resguardo del propio bienestar a través de murallas que demarcan territorios. En esa dirección, algunas familias exigen del jardín (y de las instituciones, en general) la prestación de un servicio unidireccional, a la manera de un contrato "all inclusive": "pago la cuota para que ustedes resuelvan todas las necesidades de mi hijo". En otros niveles sociales, se espera que la educación formal satisfaga todo lo que niñas y niños requieren en su proceso formativo: "lo traigo al jardín para que ustedes se ocupen de todo lo que yo no puedo lograr en casa". También hay instituciones que proponen una relación de subordinación de las familias a sus dictámenes: "si ustedes no acompañan nuestras decisiones, nosotros no podemos hacer nada". Como contrapartida, hay instituciones que aceptan sin tamices todas las demandas familiares, lo que constituye otro modo de evitar la dinámica cooperativa: "hacemos lo que los padres quieren". Estas lógicas elusivas son los canales por donde se escapan las posibilidades de que jardines y familias cooperen en una acción diferenciada y convergente.

Cuando *Nancy* tomó la dirección, observó que había mucha distancia entre las docentes y los grupos familiares del jardín. Las docentes "se quejaban de que los padres no participaban en los talleres o que siempre venían los mismos o que pedían cosas y no traían. O, por ejemplo, algo de la cotidianidad. A veces no hay auxiliar, porque a la tarde hay una sola auxiliar y, por ahí, para alivianar un poco el trabajo del turno mañana, pedíamos si había mamás que nos ayuden para la limpieza de la sala, para dejar más o menos ordenado. Y no se quería quedar nadie". Según su relato, una de las madres le reprochó a una docente que pedía este favor: 'Ah, sí, para limpiar la sala nos necesitan y para otras cosas no...'". Las familias se mantenían alejadas y agresivas, "en algunas ocasiones, trataban mal a las maestras o les contestaban mal. Me parece que eso tiene que ver mucho con desde qué lugar se para uno. Si uno se para desde el lugar 'yo soy la maestra, yo sé todo' o 'yo soy la directora, la vicedirectora, y sé todo', sabiendo que hay una brecha, porque uno sabe que hay, que puede llegar a haber una brecha del nivel educativo". Como contrapartida, la cooperación se asienta en la confianza recíproca y en la construcción de acuerdos en los que cada una de las partes vea que se reconocen sus necesidades y sus posibilidades. En tal sentido, *Cecilia* evalúa cuáles eran las necesidades iniciales de las familias que enviaban sus hijos al jardín que ella coordinaba, cómo se fueron modificando y de qué modo colaboraban con la institución: "En un punto, lo que necesitaban era acompañamiento y ayuda para la crianza de los niños. Estamos hablando de nenes muy chiquititos y, por otra parte, necesitaban también, desde el punto de vista de lo social, cómo garantizar alimentación para los pibes. Esto era algo que en el jardín estaba garantizado: las cuatro comidas, una articulación con el centro de salud, también un apoyo para lo que es todo el seguimiento médico de los nenes tan chiquitos. Me parece que esto fue el origen. Después terminó siendo algo que excedió todo esto. A mí hay algo que me parece que, desde lo simbólico, es bien importante y es que semanalmente cada familia garantizaba la limpieza del jardín. Es decir que, como nosotros nos íbamos a las cuatro, estas familias venían a partir de las cuatro en cualquier momento, limpiaban y dejaban el jardín en condiciones para el día siguiente. Nosotros entrábamos y el jardín tenía que estar listo para empezar. Y las familias tenían la llave del jardín. Había una llave que cada familia tenía durante la semana. Los viernes esa familia le pasaba a la familia que le tocaba la llave. Una llave que circulaba autónomamente de nosotros, de los docentes. Circulaba autónomamente entre las familias. Desde lo simbólico, tener la llave del jardín me parece que es interesante ¿no? Las familias casi siempre iban con los nenes o se quedaban, en realidad, se quedaban a la salida. Había un nene que le tocaba esa semana quedarse. Iba él e iba con sus hermanitos. Los nenes tenían hasta oportunidad de esto, de jugar con los juguetes que durante el día tenía que compartir con todos, con sus hermanos o solos, era como una experiencia distinta".

Ante la incertidumbre, muchas voces levantan las banderas de la coherencia y la firmeza. Sin desmerecer ambas cualidades, creo que conviene evaluar cuándo y hasta dónde son útiles para capear el temporal de las novedades culturales. En más de una ocasión, necesitamos asumir nuestra vulnerabilidad para escuchar mejor y transitar incoherencias hasta alcanzar nuevas firmezas. En ese camino, no despreciemos la riqueza de las dudas y las contradicciones que motorizan el pensamiento colectivo, en el largo y apasionante desafío de construir cooperativamente una rica experiencia formativa de la primera infancia.

Bibliografía

Abbagnano, N. y Visalberghi, A. (1957) *Historia de la pedagogía.* Madrid, Fondo de Cultura Económica.

Álvarez Junco, José (2004) "Prólogo" en Carretero, Mario. *Documentos de identidad. La construcción de la memoria histórica en un mundo global.* Buenos Aires, Paidós.

Amuchástegui, Martha (1999) "Escolaridad y rituales" en Carli, Sandra (Comp.). *De la familia a la escuela. Infancia, socialización y subjetividad.* Buenos Aires, Santillana.

Bauman, Zygmunt (2002) *Modernidad líquida.* Buenos Aires, Fondo de Cultura Económica.

Bleichmar, Silvia (2008) *Violencia social - Violencia escolar. De la puesta de límites a la construcción de legalidades.* Buenos Aires, Novedades Educativas.

Borges, Jorge Luis (1960) *El Aleph.* Buenos Aires, Emecé.

Bosch, Lydia P. de (1986 [1979]) "Tendencias actuales en la educación preescolar" en Bosch, Lydia P. de y otras. *Un jardín de infantes mejor. Siete propuestas.* Buenos Aires, Paidós.

Bosch, Lydia P. de; Cañeque, Hilda R. de; Duprat, Hebe S. M. de; Galperín, Susana; Glanzer, Martha; Menegazzo, Lilia F. de y Pulpeiro, Sylvia (1986 [1979]) *Un jardín de infantes mejor. Siete propuestas.* Buenos Aires, Paidós.

Bosch, Lydia P. de; Menegazzo, Lilia F. de y Galli, Amanda P. R. (1969) *El jardín de infantes de hoy.* Buenos Aires, Librería del Colegio.

Bosch, Lydia Penchansky de y San Martín de Duprat, Hebe (1995) *El nivel inicial: estructuración: orientaciones para la práctica.* Buenos Aires, Colihue.

Brailovsky, Daniel (s/f) "De Patria, mujeres, geografía y kindergarten. Preguntas alrededor de Rosario Vera Peñaloza", en *Antes de Ayer*: www.infanciaenred.org.ar/antesdeayer

Brailovsky, Daniel; Miranda, Patricia y Ponce, Rosana (2006) *Una aproximación al discurso pedagógico del nivel inicial desde el mercado editorial para docentes (1940-1968).* Trabajo presentado en las XIVas. Jornadas Argentinas de Historia de la Educación "Habitar la escuela: producciones, encuentros y conflictos", La Plata - 9, 10 y 11 de agosto de 2006. Edición digital en: http://glosarioeducativo.wikispaces.com/file/view/MIRANDA+-+BRAILOSKY+-+PONCE.pdf Consultado el 2 de diciembre de 2013.

Calmels, Daniel (2013) *Fugas. El fin del cuerpo en los comienzos del milenio.* Buenos Aires, Biblos.

Capizzano de Capalbo, Beatriz y Larisgoitía de González Landa, Matilde (1982) *La mujer en la educación preescolar argentina.* Buenos Aires, Editorial Latina.

Consejo Nacional de Educación (1941) *Jardines de Infantes: plan, programas e instrucciones.* Buenos Aires, Consejo Nacional de Educación. Presentado por el Prof. Próspero Alemandri.

Cornú, Lawrence (1999) "La confianza en las relaciones pedagógicas" en Frigerio, Graciela; Poggi, Margarita y Korinfeld, Daniel (Comps.). *Construyendo un saber sobre el interior de la escuela.* Buenos Aires, Novedades Educativas.

Dahl, Robert (2004) "La democracia" en *PostData, Revista de reflexión y análisis político* N° 10. Diciembre de 2004.

Díaz González Iturbe, Alfredo (1986) *Pestalozzi y las bases de la educación moderna.* México, Secretaría de Educación Pública, Ediciones El Caballito.

Diez, María Laura (2004) "Reflexiones en torno a la interculturalidad" en *Cuadernos de Antropología Social.* Buenos Aires, Instituto de Ciencias Antropológicas (Facultad de Filosofía y Letras de la Universidad de Buenos Aires). N° 19, Julio de 2004.

Faure, Madeleine (1948) *El jardín de infantes*. Buenos Aires, Kapelusz.

Fernández, Andrea (2008) "Crear puentes entre contextos y escenarios diversos. ¿Jugar con niños de edades iguales? ¿Jugar todos con los mismos materiales?" en Soto, Claudia y Violante, Rosa (Comps.). *Pedagogía de la crianza. Un campo teórico en construcción*. Buenos Aires, Paidós.

Foucault, Michel (1989) *Vigilar y castigar. Nacimiento de la prisión*. Buenos Aires, Siglo Veintiuno.

Frabboni, Franco (1987) *La educación del niño de cero a 6 años*. Bogotá, Cincel-Kapelusz.

Fritzsche, Cristina E. y San Martín de Duprat, Hebe (1968) *Fundamentos y estructura del jardín de infantes*. Buenos Aires, Estrada.

Fröebel, Federico (1909 [1826]) *La educación del hombre*. Nueva York, D. Appleton y Compañía.

García Purón, Juan (1910) *Lector Nacional de Estrada. Curso completo, graduado y metódico de lectura. Libro tercero*. Buenos Aires, Estrada.

Geertz, Clifford (1996) *Los usos de la diversidad*. Buenos Aires, Paidós.

Giberti, Eva (1968) *Escuela para padres*. Buenos Aires, Esecé. 11ª edición. Tomo III.

Gil Bera, Eduardo (2003) *Historia de las malas ideas*. Barcelona, Destino.

Giúdice de Bovone, Elida A.; Capizzano de Capalbo, Beatriz; González Canda, Matilde L. de; González Cuberes, María Teresa y Trolla, María Teresa (1979) *Enciclopedia práctica pre-escolar: el jardín maternal*. Buenos Aires, Latina.

González Canda, Matilde L. de y Capizzano de Capalbo, Beatriz (1976) *Enciclopedia práctica pre-escolar: bases para la estructuración de un sistema educativo*. Buenos Aires, Latina.

Guimps, Roger E. (1944) *Vida y obra de Pestalozzi*. Buenos Aires, Futuro.

Hughes, James L. (1925) *La pedagogía de Fröebel*. Madrid, Daniel Jorro Editor.

Jelin, Elizabeth (1998) *Pan y afectos. La transformación de las familias*. Buenos Aires, Fondo de Cultura Económica.

Jodelet, Denise (1986) "La representación social: fenómenos, concepto y teoría" en Moscovici, Serge (Comp.) *Psicología social II. Pensamiento y vida social. Psicología social y problemas sociales.* Buenos Aires, Paidós.

Latallada de Victoria, Rita E. (1932) "Se necesita una muchacha" en *El Monitor de la Educación Común.* Órgano del Consejo Nacional de Educación. Buenos Aires, abril de 1932. Año LI - N° 712.

Lipovetsky, Gilles (1994) *El crepúsculo del deber. La ética indolora de los nuevos tiempos democráticos.* Barcelona, Anagrama.

Luzuriaga, Lorenzo (1932) "La pedagogía de María Montessori", estudio preliminar en Montessori, María. *Ideas generales sobre mi método.* Madrid, Publicaciones de la Revista de Pedagogía.

Manacorda, Mario Alighiero (1987) *Historia de la educación 2. Del 1500 a nuestros días.* México, Siglo Veintiuno.

Manso, Juana (1854) "De la educación de los niños" en *Álbum de Señoritas.* Tomo I, N° 3. Buenos Aires, 15 de enero de 1854.

Manso, Juana (1866) "Guía de las Escuelas-Jardines" en Revista *Anales de la Educación Común.* Volumen IV, N° 46, abril 30 de 1867.

Manso, Juana (1867) "Historia de la fundación de las escuelas de ambos sexos en Buenos Aires en Revista *Anales de la Educación Común*, Volumen V, N° 1, agosto de 1867.

Manso, Juana (1869) "Al Honorable Consejo de Instrucción Pública, Informe del estado de las Escuelas Infantiles según los exámenes practicados en ellas por orden del Consejo de Instrucción Pública" en Revista *Anales de la Educación Común*, Año 1869, Volumen VIII, N° 1, agosto de 1869.

Mantovani, Juan (1970) "Vida y espíritu de María Montessori" en su *Educación y vida.* Buenos Aires, Losada.

Marenholtz-Bülow, Baronesa [Bertha Marie von] (1947) *El niño y su naturaleza.* Buenos Aires, Albatros (Traducción de S. Ch. de Eccleston).

Meirieu, Philippe (2001) *La opción de educar. Ética y pedagogía.* Barcelona, Octaedro.

Ministerio de Cultura y Educación (1995) *Contenidos básicos comunes para el nivel inicial.* Buenos Aires, Ministerio de Cultura y Educación de la Nación.

Montessori, María (1926) "Fundamentos psicológicos y pedagógicos del método Montessori" en Revista *Humanidades*, Tomo XIII. La Plata, Facultad de Humanidades y Ciencias de la Educación de la Universidad Nacional de La Plata.

Montessori, María (1932) *Ideas generales sobre mi método*. Madrid, Publicaciones de la Revista de Pedagogía.

Montessori, María (1937) *El niño*. Barcelona, Araluce.

Moreau de Linares, Lucía (1993) *El jardín maternal. Entre la intuición y el saber.* Buenos Aires, Paidós.

Moreno, José Luis (2004) *Historia de la familia en el Río de la Plata*. Buenos Aires, Sudamericana.

Moscovici, Serge y Marková, Ivana (2003) "La presentación de las representaciones sociales: diálogo con Serge Moscovici" en Castorina, José Antonio (Comp.). *Representaciones sociales. Problemas teóricos y conocimientos infantiles.* Barcelona, Gedisa.

Municipalidad de la Ciudad de Buenos Aires (1995) *Anexo del Diseño Curricular para la Educación Inicial.* Buenos Aires, Dirección de Curriculum, Secretaría de Educación.

Narodowski, Mariano y Carriego, Cristina (2006) "La escuela frente al límite y los límites de la escuela" en Ospina, Héctor F.; Narodowski, Mariano y Martínez Boom, Alberto (Comps.). *La escuela frente al límite.* Buenos Aires, Novedades Educativas.

Neufeld, María Rosa y Thisted, Jens Ariel (1999): "El 'crisol de razas' hecho trizas: ciudadanía, exclusión y sufrimiento" en su *"De eso no se habla...".* Buenos Aires, Eudeba.

Nino, Carlos (2005) *Un país al margen de la ley. Estudio de la anomia como componente del subdesarrollo argentino.* Buenos Aires, Ariel.

Paew, M. de (1935) *El método Montessori. Tal como se aplica en las Casas de los niños, expuesto y comentado para el magisterio y para las madres.* Madrid, Ediciones de La Lectura.

Pestalozzi, Johann Heinrich (1967) *Cómo Gertrudis enseña a sus hijos.* Buenos Aires, Centro Editor de América Latina.

Prüfer, Gérard (1944) *Fröbel.* Buenos Aires, Americalee.

Pulpeiro, Sylvia (1986 [1979]) "El rol de la maestra jardinera" en Bosch, Lydia P. de y otras. *Un jardín de infantes mejor. Siete propuestas.* Buenos Aires, Paidós.

Pulpeiro, Sylvia y Menegazzo, Lilia F. de (1976) *Comunicación entre padres y maestras en el jardín de infantes (entrevistas y reuniones)*. Buenos Aires, Latina. Colección de Autoinstrucción.

Reato, Ceferino (2012) *Disposición final*. Buenos Aires, Sudamericana.

Redondo, Patricia (2007) "Prólogo" en Antelo, Estanislao y otros. *La educación inicial hoy: maestros niños, enseñanzas*. La Plata, Dirección General de Cultura y Educación de la Provincia de Buenos Aires.

Romano Yalour de Tobar, Margot (1969) *Cómo educan los argentinos a sus hijos*. Buenos Aires, Ediciones Libera.

Roudinesco, Elizabeth (2003) *La familia en desorden*. Buenos Aires, Fondo de Cultura Económica.

Sáenz Quesada, María (1995) *Mariquita Sánchez. Vida política y sentimental*. Buenos Aires, Sudamericana.

Salessi, Jorge (2000) *Médicos, maleantes y maricas. Higiene, criminología y homosexualidad en la construcción de la nación Argentina (Buenos Aires: 1871-1914)*. Rosario, Beatriz Viterbo Editora.

San Martín de Duprat, Hebe y Malajovich, Ana (1995 [1987]). *Pedagogía del nivel inicial*. Buenos Aires, Plus Ultra.

Santillán, Laura (2010) *Las familias en la escuela*. Buenos Aires, Ministerio de Educación, Programa de Capacitación Multimedial. Serie "Explora". Edición digital en: http://explora.educ.ar/wp-content/uploads/2010/04/PEDAG06-Las-familias-en-la-escuela.pdf

Santomauro, Héctor Nicolás (1994) *Juana Manso y las luchas por la educación pública en la Argentina*. Buenos Aires, Corregidor.

Sarmiento, Domingo F. (1915) *Educación popular*. Buenos Aires, Librería La Facultad de Juan Roldán.

Secretaría de Educación (2000) *Diseño curricular para la educación inicial*. Buenos Aires, Dirección de Currícula.

Siede, Isabelino A. (2007) *La educación política. Ensayos sobre ética y ciudadanía en la escuela*. Buenos Aires, Paidós.

Signorelli, Rosa (1970) *La mujer en el mundo antiguo*. Buenos Aires, La Pléyade.

Soto, Claudia; Violante, Rosa; Fernández, Andrea; Rebagliati, María Silvia; Vasta, Laura Estela; Ynoub, Roxana Cecilia

(2008) *Pedagogía de la crianza: un campo teórico en construcción.* Buenos Aires, Paidós.

VARELA, Brisa (Dir.); BENSEÑY, Cristina; FERRERO, Fabiana y GODOY, Juana (2004) *La trama de la identidad. Indagaciones en torno a la didáctica de la memoria en la enseñanza inicial.* Buenos Aires, Dunken.

VELÁSQUEZ, Raúl A. (1967) *Las maestras jardineras.* La Plata, Centro de Educación Histórica y Comparada (FaHCE-UNLP).

VILCHES, Gladys y COZZI, Virgilio (1966) *La educación en Pestalozzi y Froebel.* Buenos Aires, Huemul.

VOGT, Willi (1976) *El mundo del jardín de infantes. Una oportunidad para el niño.* Buenos Aires, Kapelusz.

WILLS, Clarice Dechent y STEGEMAN, William H. (1965) *La vida en el jardín de infantes.* Buenos Aires, Troquel.